Johann Wolfgang von Goethe

Goethes Werke

Die Vögel, Der Bürgergeneral und weitere Schriften

Johann Wolfgang von Goethe

Goethes Werke
Die Vögel, Der Bürgergeneral und weitere Schriften

ISBN/EAN: 9783742893901

Hergestellt in Europa, USA, Kanada, Australien, Japan

Cover: Foto ©Thomas Meinert / pixelio.de

Manufactured and distributed by brebook publishing software (www.brebook.com)

Johann Wolfgang von Goethe

Goethes Werke

Goethes Werke

Herausgegeben

im

Auftrage der Großherzogin Sophie von Sachsen

17. Band

———— ————

Weimar

Hermann Böhlau

1894.

Inhalt.

	Seite
Der Triumph der Empfindsamkeit	1
Die Vögel	75
Der Groß-Cophta	117
Der Bürgergeneral	251
Lesarten	309

Der Triumph der Empfindsamkeit.

Eine dramatische Grille.

Personen.

Anbrason, ein humoristischer König.
Mandanbane, seine Gemahlin.
Dieselbe noch einmal.
Feria, seine Schwester, eine junge Witwe.
Mana,
Sora,
Lato,
Mela, } Hoffräulein der Feria.
Oronaro, Prinz.
Merkulo, sein Cavalier.
Der Oberste seiner Leibwache.
Leibwache.
Mohren.
Bediente.
Askalaphus, Mandanbanens Kammerdiener.

Erster Act.

Saal,
im guten Geschmacke decorirt.

Mana und Sora begegnen einander.

Mana. Wo willst du hin, Sora?

Sora. In den Garten, Mana.

Mana. Hast du so viel Zeit? Wir erwarten den König jeden Augenblick; verliere dich nicht vom Schlosse.

Sora. Ich kann es unmöglich aushalten; ich bin den ganzen Tag noch nicht an die freie Luft gekommen.

Mana. Wo ist die Prinzessin?

Sora. In ihrem Zimmer. Sie probirt mit der kleinen Mela einen Tanz, und läuft jeden Augenblick an's Fenster, zu sehen, ob der Bruder kommt.

Mana. Es ist eine rechte Noth, seitdem die großen Herren auf das Incognito gefallen sind. Man weiß gar nicht mehr woran man ist. Sonst wurden sie Monate lang voraus angekündigt, und wenn sie sich näherten war alles in Bewegung; Couriere sprengten herbei, man konnte sich schicken und richten. Jetzo, eh' man sich's versieht, sind sie einem auf dem Nacken. Wahrhaftig, das letztemal hat er mich in der Nachtmütze überrascht.

Sora. Darum warst du heut so früh fertig?

Mana. Ich finde keine Lust daran. — Wenn mir ein Fremder auf der Treppe begegnet, wird mir's immer bang; ich denke gleich es ist wieder einmal ein König oder ein Kaiser, der seinen gnädigen Spaß mit uns zu treiben kommt.

Sora. Dießmal ist er nun gar zu Fuße. Andre lassen sich doch in's Gebirge zum Orakel in Sänften tragen, er nicht so; allein, mit einem tüchtigen Stabe in der Hand, trat er seine Reise an.

Mana. Schade, daß er nicht zu Theseus Zeiten gelebt hat!

Feria tritt auf, mit ihr Mela.

Feria. Seht ihr noch niemand? Wenn ihm nur kein Unglück begegnet ist!

Sora. Seid ruhig, meine Fürstin. Die Gefahren und der üble Humor scheinen sich beide vor ihm zu fürchten.

Feria. Er will mich nur einen Augenblick sprechen und bann gleich wieder fort.

Lato tritt auf.

Der König kommt.

Feria. Wohl! sehr wohl!

Lato. Ich sah hinüber in das Thal, und erblickte ihn eben als er über den Bach schritt.

Feria. Laßt uns ihm entgegen gehen.

Sora. Da ist er.

                    Andrason kommt.

Feria. Sei uns willkommen! herzlich willkommen!

Alle. Willkommen!

Andrason. Ich umarme dich, meine Schwester! Ich grüße euch, meine Kinder! Eure Freude macht mich glücklich, eure Liebe tröstet mich.

Feria. Mein Bruder, bedarfst du noch Trostes? Hat das Orakel dir keinen gegeben? Möchtest du doch immer vergnügt sein! Möchte dir doch immer wohl sein! Wir waren, seit du uns ehegestern verließest, voller Hoffnung für dich und dein Anliegen.

Mana. Majestät! —

Andrason. Schönheit!

Sora. Herr!

Andrason. Gebieterin!

Lato. Wie soll man euch denn nennen?

Andrason. Ihr wißt daß ihr keine Umstände mit mir machen sollt.

Mana (für sich). Nur damit er auch keine mit uns zu machen braucht.

Lato. Wir möchten von dem Orakel hören.

Sora. Hat das Orakel nichts Gutes gesagt?

Mela. Habt ihr das Orakel nicht unsertwegen gefragt?

Andrason. Liebe Kinder, das Orakel ist eben ein Orakel.

Lato. Sonderbar.

Andrason. Daß ein zartes Herz, voller Gefühle, Hoffnungen und Ahnungen, das einer ungewissen Zukunft sehnsuchtsvoll entgegen lebt, nach Würfeln hascht, den Becher schüttelt, Wurf über Wurf versucht, und in dem Glückstäfelchen sorgfältig forscht, was ihm die Würfe bedeuten, und dann fröhlich oder traurig einen halben Tag verlebt, das mag hingehn, mag recht gut sein.

Lato (für sich). Woher er alles weiß? Damit habe ich mich erst heute beschäftigt.

Andrason. Daß ein schönes Kind Puncte über Puncte tüpfelt, nachschlägt und sucht, was ihr für ein Gatte werden möchte? ob der Liebhaber treu ist? und so weiter, das find' ich wohlgethan.

Mela (für sich). Er ist ein Hexenmeister! Wenn wir allein sind, wissen wir uns nichts Bessers.

Andrason. Aber wer ein positives Übel, Zahnweh oder Unfrieden im Hause hat, der frage keinen Arzt und kein Orakel! Ihr Wissen und ihre Kunst fällt zu kurz: dieß und jenes Mittelchen, und vorzüglich Geduld, ist was sie euch empfehlen.

Feria. Kannst du, darfst du uns sagen? Hat's dir eine Antwort gegeben? Darfst du sie entdecken?

Andrason. Ich will sie in vier Sprachen über=
setzen und an allen Landstraßen aufhängen lassen, es
weiß doch kein Mensch was es soll.
Feria. Wie?
Andrason. Da ich ankomme und eingeführt werde —
Sora. Wie sieht's im Tempel aus?
Mana. Ist der recht prächtig?
Feria. Ruhe, ihr Mädchen!
Andrason. Wie mich die Priester zur heiligen
Höhle bringen —
Mela. Die ist wohl schwarz und dunkel?
Andrason. Wie deine Augen. — Ich trete vor
die Tiefe, und sage klar und vernehmlich: Geheimniß=
volle Weisheit! hier tritt ein Mann auf, der sich
bisher für den glücklichsten hielt; denn es geht ihm
nichts ab; alles was die Götter einem Menschen
Gutes zueignen können, schenkten sie mir, selbst das
köstlichste aller Besitzthümer versagten sie mir nicht:
ein treffliches Weib. Aber — ach! daß Aber und
Aber sich immer zu dem Danke gesellen, den wir den
Göttern zu bringen haben! — Diese Frau, dieses
Muster der Liebe und Treue, nimmt seit kurzem un=
glücklicher Weise an einem Menschen Theil, der sich
ihr aufdringt und der mir verhaßt ist. Dir, hohe
Weisheit, der alles bekannt ist, sag' ich nichts weiter,
und bitte: enthülle mir mein Schicksal! gib mir Rath,
und was mehr ist, Hülfe! — Ich dächte, das hieße
sich deutlich erklären?

Lato. Wir verstehn es wohl.

Feria. Und die Antwort?

Andrason. Wer sagen könnte: ich verstehe sie!

Sora. Ich bin höchst neugierig — Haben wir doch manches Räthsel errathen!

Mela. Geschwinde!

Andrason. Ich steh' und horche, und es fängt von unten auf an — erst leise — dann vernehmlich — dann vernehmlicher:

> Wenn wird ein greiflich Gespenst von
> schönen Händen entgeistert,

Alle. Oh!

Andrason. Gebt mir ein Licht. Das greifliche Gespenst soll entgeistert werden.

Lato. Von schönen Händen.

Andrason. Die fänden sich allenfalls. Ein greiflich Gespenst, das ist etwas aus der neuen Poesie, die mir immer unbegreiflich gewesen ist.

Feria. Es ist arg.

Andrason. Wartet nur und merkt; es kommt noch besser:

> Wenn wird ein greiflich Gespenst von
> schönen Händen entgeistert,
> Und der leinene Sack seine Geweide
> verleiht,

Alle. O! oh! Eh! O! ah! ha! ha!

Andrason. Seht! Ein leinen Gespenst, und ein greiflicher Sack, und Eingeweide von schönen Händen!

Nein, was zu viel ist bleibt zu viel! Was so ein Orakel nicht alles sagen darf!

Mana. Wiederholt es uns!

Andrason. Nicht wahr, ihr hört gar zu gerne was erhaben klingt, wenn ihr's gleich nicht versteht?

> Wenn wird ein greiflich Gespenst von schönen Händen entgeistert,
> Und der leinene Sack seine Geweide verleiht,

Seid ihr nun klüger, meine Lieben? Nun aber merkt auf:

> Wird die geflickte Braut mit dem Verliebten vereinet:
> Dann kommt Ruhe und Glück, Fragender, über dein Haus.

Sora. Nein das ist nicht möglich!

Andrason. O ja; die Götter haben sich dießmal sehr ihrer poetischen Freiheit bedient.

Lato. Habt ihr es nicht aufgeschrieben?

Andrason. Freilich! Hier ist die Rolle, wie ich sie aus den Händen der Priester erhielt.

Lato. Laßt es uns lesen, vielleicht wird es uns klärer.

(Andrason bringt eine Rolle aus dem Gürtel und wickelt sie auf. Die Frauenzimmer drängen sich wechselsweise zu, lesen, lachen, und machen ihre Anmerkungen. Es kommt auf den guten Humor der Schauspielerinnen an, dieses munter und angenehm vorzustellen; beßwegen ihnen überlassen bleibt hier zu extemporiren. Die Hauptabsicht dieser Wiederholung ist, daß das Publicum mit dem Orakelspruch recht bekannt werde.)

Feria. Das ist höchst sonderbar und unbegreiflich! Wie ist es dir weiter ergangen? Hast du nicht irgend eine Aufklärung gefunden?

Andrason. Nicht Aufklärung, aber Hoffnung. Verwundert über die unverschämte Dunkelheit der Antwort, aber nicht außer Fassung gebracht, trat ich aus der Höhle. Ich sah den ältesten Priester auf einem goldenen Sessel sitzen. Ich nahte mich ihm, und indem ich einige Edelsteine in seinen Schooß legte, rief ich aus: O welche Fülle der Weisheit kommt uns von den Göttern! Wie erleuchtet werden wir, die wir auf dunkeln Wegen irren, durch ihre Offenbarungen! Aber nicht rathen allein; helfen müssen die Unsterblichen. Der Jüngling, über den ich mich beklage, der mir das Leben verbittert, wird eh'stens hier erscheinen, voll Zutrauens und Gehorsams. Möge die alles durchdringende Stimme der Götter ihn ergreifen, sein Herz fassen, und ihm gebieten, nie wieder einen Fuß über meine Schwelle zu setzen! Mein Dank würde ohne Gränzen bleiben. — Der Alte nickte mit dem Kopfe, sein weißer Bart bewegte sich murmelnd; ich ging mit wechselnder Hoffnung und Sorgen zurück, und bin nun hier. —

Feria. Möge alles zum Besten ausschlagen! — Du verzeihst, Bruder; ich muß vor Tafel mit meinen Räthen, die schon lange warten, noch einige Geschäfte abthun; ich lasse dir die Kinder, unterhalte dich mit meinem muntern Geschlechte.

Andrason. Ich danke dir, Schwester. Wenn ich dich missen soll, weiß ich nichts Bessers als diese freundlichen Augen.

Feria. Bald seh' ich dich wieder. (Ab.)

Sora. Sagt uns nun, Herr, was ihr denkt.

Andrason. Von der geflickten Braut?

Sora. Ich meine, was ihr thun wollt.

Andrason. Thun! als ob das Orakel nichts gesagt hätte. Mit meinem Übel beladen wieder nach Hause gehn, und nach meiner Frau sehen, die ich in wunderbaren Zuständen anzutreffen fürchte.

Sora. Was macht sie denn indessen?

Andrason. Sie geht im Mondscheine spazieren, schlummert an Wasserfällen, und hält weitläufige Unterredungen mit den Nachtigallen. Denn seitdem der Prinz weg ist, einen Zug durch seine Provinzen und hiernächst zum Orakel zu thun, ist's nicht anders, als ob ihre Seele in einen langen Faden gezogen wäre, der bis zu ihm hinüber reichte. Eins noch, an dem sie großes Vergnügen findet, ist daß sie Monodramen aufführt.

Mana. Was sind das für Dinge?

Andrason. Wenn ihr Griechisch könntet, würdet ihr gleich wissen, daß das ein Schauspiel heißt, wo nur Eine Person spielt.

Lato. Mit wem spielt sie denn?

Andrason. Mit sich selbst, das versteht sich.

Lato. Pfui, das muß ein langweilig Spiel sein!

Andrason. Für den Zuschauer wohl. Denn

eigentlich ist die Person nicht allein, spielt aber doch
allein; denn es können noch mehr Personen dabei sein,
Liebhaber, Kammerjungfern, Najaden, Oreaden, Hama=
dryaden, Ehemänner, Hofmeister; aber eigentlich spielt
sie für sich, es bleibt ein Monodrama. Es ist eben
eine von den neuesten Erfindungen; es läßt sich nichts
darüber sagen. Solche Dinge finden großen Beifall.

Sora. Und das spielt sie ganz allein für sich?

Andrason. O ja! Oder, wenn etwa Dolch oder
Gift zu bringen ist — denn es geht meistens etwas
bunt her — wenn eine schreckliche Stimme aus dem
Felsen oder durch's Schlüsselloch zu rufen hat, solche
wichtige Rollen nimmt der Prinz über sich, wenn er
da ist, oder in seiner Abwesenheit ihr Kammerdiener,
ein sehr alberner Bursche; aber das ist eins.

Mela. Wir wollen auch einmal so spielen.

Andrason. Laßt's doch gut sein, und dankt
Gott, daß es noch nicht bis zu euch gekommen ist!
Wenn ihr spielen wollt, so spielt zu zweien wenig=
stens; das ist seit dem Paradiese her das Üblichste
und das Gescheidt'ste gewesen. Nun noch eins, meine
Besten, — daß wir die Zeit nicht mit fremden
Dingen verplappern — meine Hoffnung wieder glück=
lich zu werden ruht nicht allein bei den Göttern,
sondern auch auf euch, ihr Mädchen.

Sora. Auf uns?

Andrason. Ja auf euch! und ich hoffe ihr
werdet das Eure thun.

Mana. Wie soll das werden?

Andrason. Der Prinz, wenn er nach dem Orakel geht, wird hier vorbei kommen, euch seine Ehrerbietung zu bezeigen, wie Fremde gewöhnlich thun, die diesen Weg nehmen. Meine Schwester wird artig sein und ihm Quartier anbieten; ihm anbieten, daß sie seine Leute, sein Gepäcke beherbergen will, indeß er sich in's Gebirge nach dem Orakel tragen läßt, wo jeder, er sei wer er wolle, allein, ohne Gefolge anlangen muß. Wenn er nun kommt, meine Besten, so sucht sein Herz zu rühren. — Ihr seid liebenswürdig. Ich will die als eine Göttin verehren, die ihn an sich zieht und mich von ihm befreit.

Sora. Gut! Euch ist er unerträglich, und uns wollt ihr ihn zuschieben! Wenn er uns nun auch unerträglich ist?

Andrason. Seid ruhig, Kinder! Das findet sich. Ihr andern liebt meistentheils an den Männern, was Männer an sich unter einander nicht leiden können. Und gewiß er ist so übel nicht, und wäre, denk' ich, noch zu curiren.

Mela. Wie sollen wir es denn anfangen?

Andrason. Bravo, liebes Kind! du zeigst doch guten Willen! Ich muß erst eure Anlagen ein wenig kennen lernen. Laßt sehn! Stellt euch vor, ich sei der Prinz; ich will ankommen, schmachtend und traurig thun — wie wollt ihr mich empfangen?

(Sie beginnen einen lebhaften Tanz.)

Andrason. Nicht doch, Kinder, nicht doch! Meinet ihr, daß alles Wild nach Einer Witterung geht? Mit einem solchen Bauerntanz wollt ihr meinen sublimirten Helden gewinnen? Nein! seht auf mich! das muß in einem andern Geiste tractirt werden.

(Sanfte Musik.)

(Er macht ihnen die hergebrachten Bewegungen vor, womit die Schauspieler gewöhnlich die Empfindungen auszudrücken denken.)

Andrason. Habt ihr wohl Acht gegeben, Kinder? Erstlich, immer den Leib vorwärts gebogen, und mit den Knieen geknickt, als wenn ihr kein Mark in den Knochen hättet! Hernach immer eine Hand an der Stirne und eine am Herzen, als wenn's euch in Stücken springen wollte; mitunter tief Athem geholt, und so weiter. Die Schnupftücher nicht vergessen!

(Die Musik geht fort, und die Fräulein befolgen seine Vorschrift. Er stellt den Prinzen vor; bald corrigirt er sie, bald nimmt er die Person des Prinzen wieder an; endlich hört man eine Trompete in der Ferne.)

Andrason. Aha!

Lato. Es wird aufgetragen.

Andrason. Es heißt zu Pferde, und zu Tische! Beides eine schöne Einladung. Kommt! diese Empfindsamkeit zuletzt hat mich hungriger gemacht, als meine Reisen bisher.

Zweiter Act.

Saal,
in chinesischem Geschmacke, der Grund gelb mit bunten Figuren.

Mana und Sora.

Mana. Nun das heiß' ich ein Gepäcke! Der ganze Hof ist voll Kisten, Kasten, Mantelsäcke und ungeheurer Verschläge.

Sora (läuft an's Fenster). Wir werden ihm den ganzen Flügel des Palastes geben müssen, nur seine Sachen unterzubringen.

Mana. Es ist abscheulich, wenn Mannspersonen reisen, als wenn sie Wöchnerinnen wären. Über uns halten sie sich auf, daß, wenn wir doch auf vier Wochen in's Bad gehen, der Schachteln, Kästchen, Pappen und Wachstücher kein Ende werden will; und sich erlauben sie's!

Sora. Wie mehr Sachen, liebes Kind, die sie uns übel nehmen.

Ein Bedienter kommt.

Der Cavalier des Prinzen läßt sich melden.

Mana. Führt ihn herein. (Bedienter ab.) Sieh zu, es hat sich doch nichts an meinem Kopfputze verschoben?

Sora. Halt! — Die Locke hier — Er kommt.

Merkulo tritt herein.

Vollkommene Damen! Es sind nicht viel Augenblicke meines Lebens, worin ich mich so glücklich fühlte, als in dem gegenwärtigen. Sonst werden wir armen Diener meistentheils bei verdrießlichen Angelegenheiten vorgeschoben, bei angenehmen Ereignissen stehen wir zurück; aber dießmal erhebt mich mein Prinz über sich selbst, indem er mich voraus in die Wohnung des Vergnügens und der Reize sendet.

Mana. Sie sind sehr gütig.

Sora. Und recht willkommen. Wir haben so viel Gutes von dem Prinzen gehört, daß wir vor Neugierde brennen ihn zu sehen.

Merkulo. Mein Fürst ist glücklich, daß er schon in der Entfernung Ihre Aufmerksamkeit hat auf sich ziehen können; und wenn er, wie ich nicht anders hoffe, durch seine Gegenwart Ihre Gunst erhalten sollte, so kann er sich als den glücklichsten der Menschen preisen. Dürfte ich nicht indeß Ihrer Prinzessin aufwarten, an die er mir eine Unzahl Verbindlichkeiten aufgetragen hat?

Mana. Sie werden ihr bald vorgestellt werden können. Sie hat uns befohlen Ihnen diese und die

Zweiter Act.

anstoßenden Zimmer anzuweisen. Bedienen Sie sich davon so viel und wie Sie's nöthig finden.

Merkulo. Wollen Sie mir erlauben, daß ich unsere Geräthschaften, deren freilich nicht wenige sind, herein und in Ordnung bringen lasse?

Mana. Nach Ihrer Bequemlichkeit.

Merkulo mit einer Verbeugung ab.

Sora. Wir wollen bleiben. Ich bin gar zu neugierig was sie alles mitbringen.

(Es läßt sich ein lebhafter Marsch hören, und es kommt ein Zug. Merkulo voraus, der Oberste, die Wache, sodann Trabanten, welche Kasten von verschiedener Größe tragen, vier Mohren, die eine Laube bringen, und Gefolge. Sie umgehen das Theater. Die Kasten werden auf beiden Seiten, die Laube in den Grund, und ein großer Kasten auf die Laube gesetzt. Die stummen Personen gehn alle ab, der Marsch hört auf. Es bleiben)

Sora. Mana. Merkulo.

Sora. Wer sind denn die hübschen bewaffneten jungen Leute, und wer ist der Herr, der uns salutirte?

Merkulo. Das ist der Oberste über des Prinzen Kriegsvolk, und die andern sind junge Edelleute, militärische Edelknaben meines gnädigsten Herrn, und lose Vögel.

Mana. Wir erstaunen, mein Herr! Sie führen Decorationen mit sich! Wollen Sie etwa eine Komödie spielen? Vermuthlich ist die Theater-Garderobe in diesen Kasten?

Merkulo. Verzeihen Sie, meine Damen! — Eigentlich sollte ich den Finger auf den Mund legen, und Sie mit guter Art bitten, diesen Saal, der von nun an ein Platz der Geheimnisse wird, zu verlassen; allein wie vermag ich das gegen Ihre Güte und gegen Ihre Reize! Nur vor unheiligen fremden Augen bewahren wir unsere heiligen Empfindungen, nicht vor so angenehmen Seelen, deren Theilnehmung wir wünschen.

Sora. Sagen Sie uns um's Himmels willen, was soll die Laube!

Merkulo. An diesem Zug, meine schönen Kinder, können Sie einen großen Theil des Charakters meines liebenswürdigen Prinzen erkennen. Er, der empfindsamste Mann von allen Männern, der für die Schönheiten der Natur ein gefühlvolles Herz trägt, der Rang und Hoheit nicht so sehr schätzt, als den zärtlichen Umgang mit der Natur —

Sora. Ach das ist ein Mann für uns! Wir gehn auch gar zu gern im Mondschein spazieren, und hören die Nachtigallen lieber als alles.

Merkulo. Da ist Eins zu bedauern, meine vortrefflichen Damen! Mein Prinz ist von so zärtlichen, äußerst empfindsamen Nerven, daß er sich gar sehr vor der Luft, und vor schnellen Abwechselungen der Tageszeiten hüten muß. Freilich unter freiem Himmel kann man's nicht immer so temperirt haben, wie man wünscht. Die Feuchtigkeit des Morgen- und Abendthaues halten die Leibärzte für höchst schädlich, den Duft des Mooses und der Quellen bei heißen Sommertagen für nicht minder gefährlich! Die Ausdünstungen der Thäler, wie leicht geben die einen Schnupfen! Und in den schönsten wärmsten Mondnächten sind die Mücken just am unerträglichsten. Hat man sich auf dem Rasen seinen Gedanken überlassen, gleich sind die Kleider voll Ameisen, und die zärtlichste Empfindung in einer Laube wird oft durch eine herabfahrende Spinne gestört. Der Prinz hat durch seine Akademien Preise ausgesetzt, um zu erfahren, ob diesen Beschwerden, zum Besten der zärtlichen Welt, nicht abgeholfen werden könne? Es sind auch verschiedene Abhandlungen gekrönt worden; die Sache aber ist bis jetzo noch um kein Haar weiter.

Sora. O, wenn je ein Mittel gegen die Mücken und Spinnen erfunden werden sollte, machen Sie es doch ja gemeinnützig! Denn wenn man oft in himmlischen Entzückungen aufgefahren ist, erinnert einen das leidige Geziefer, mit seinen Stacheln und krabligen Füßen, gleich wieder an die Sterblichkeit.

Merkulo. Inzwischen, meine schönen Damen, hat der Prinz, der seinen Genuß weder verschoben noch unterbrochen haben will, den Entschluß gefaßt, durch tüchtige Künstler sich eine Welt in der Stube zu verschaffen. Sein Schloß ist daher auf die angenehmste Weise ausgeziert, seine Zimmer gleichen Lauben, seine Säle Wäldern, seine Kabinette Grotten, so schön und schöner als in der Natur; und dabei alle Be=

quemlichkeiten, die Stahlfedern und Ressorts nur geben können.

Sora. Das muß scharmant sein!

Merkulo. Und weil der Prinz so sehr dran gewöhnt ist, wie er denn in jedem Lustschloß seine Natur hat, so haben wir auch eine Reisenatur, die wir auf unsern Zügen überall mit herumführen. Unser Hof-Etat ist mit einem sehr geschickten Manne vermehrt worden, dem wir den Titel als Naturmeister, Directeur de la nature, gegeben haben. Er hat eine große Anzahl von Künstlern unter sich. Ein würdiger Schüler von ihm ist dieser Mann hier, der unsere Natur auf der Reise besorgt, und den ich die Ehre habe Ihnen in dieser Qualität zu präsentiren. Was uns allein noch abgeht, das sind die kühlen Lüftchen. Die Versuche davon sind immer noch unvollkommen; wir hoffen aber aus Frankreich auch diesem Mangel nächstens abgeholfen zu sehen.

Sora. Um Vergebung, was ist in den Kästen da? Darf man's wissen?

Merkulo. Geheimnisse, meine schönen Fräulein, Geheimnisse! Aber Sie haben das Geheimniß gefunden, die Geheimnisse meines Herzens aufzulösen, so daß Ihnen eben weiter nichts verborgen bleibt. Hier führen wir die vorzüglichsten Glückseligkeiten empfindsamer Seelen bei uns. In diesem Kasten sind sprudelnde Quellen.

Mana. O!

Merkulo. Hier in diesem ist der Gesang, der lieblichste Gesang der Vögel verborgen.

Mana. Warum nicht gar?

Merkulo. Und hier in diesem größern ist Mondschein eingepackt.

Sora. Es ist nicht möglich! Lassen Sie's uns doch sehn.

Merkulo. Es steht nicht in meiner Gewalt. Der Prinz allein weiß diese Herrlichkeiten in Bewegung und Leben zu setzen. Er ganz allein darf sie fühlen; ich könnte Ihnen nur den groben Stoff sichtbar machen.

Mana. O wir müssen den Prinzen bitten, daß er uns die Maschinen einmal spielen läßt.

Merkulo. Um's Himmels willen, lassen Sie sich nichts merken! Und besonders unter dem Titel von Spielen würde der Prinz seine Liebhabereien nicht erkennen. Jeder Mensch, meine schönen Fräulein, treibt seine Liebhabereien sehr ernsthaft, meistens ernsthafter als seine Geschäfte. Indessen halte ich für Schuldigkeit, Ihr Vergnügen, so viel an mir ist, zu befördern, und wollte Ihnen gern unsre Raritäten, wenn gleich nur leblos, vorzeigen, wäre nur die Decoration des Saales einigermaßen mit dieser eingeschloss'nen Natur übereinstimmend.

Mana. So vollkommen muß man die Illusion nicht verlangen.

Sora. Dem ist leicht abzuhelfen. Wir haben ja die gewirkten Tapeten, die nichts als Wälder und Gegenden vorstellen.

Merkulo. Das wird allerliebst sein.

Sora. He! (Ein Bedienter kommt.) Sagt dem Hof=tapezier, er soll die gewirkte Waldtapete gleich herun=ter lassen!

Merkulo. An mir soll's auch nicht fehlen.

(Musik.)

(Er gibt ein Zeichen, und in dem Augenblicke als sich die Scene in Wald verwandelt, verwandeln sich die Kasten in Rasenbänke, Felsen, Gebüsche und so weiter. Der Kasten über der Laube in Wolken. Der Decorateur wird sorgen, daß das Ganze überein=stimmend und reizend sei, und mit der verschwindenden Decoration einen recht fühlbaren Contrast mache.)

Merkulo. Bravo! Bravo!

Sora. O wie schön!

(Sie besehen alles auf das emsigste so lange die Musik fortdauert.)

Mana. Die Decoration ist allerliebst.

Merkulo. Um Vergebung, nicht Decoration, sondern künstliche Natur nennen wir das; denn das Wort Natur, merken Sie wohl, muß überall dabei sein.

Sora. Scharmant! Allerliebst!

Merkulo. Da muß ich Sie noch ein Kunstwort lehren, mit dem weit zu reichen ist. Scharmant! Allerliebst! das könnten Sie allenfalls auch von einer Florschürze, von einem Häubchen sagen. Nein, wenn Sie etwas erblicken, es sei was es wolle, sehn Sie

es steif an, und rufen: Ach was das für einen
Effect auf mich macht! — Es weiß zwar kein Mensch
was Sie eigentlich sagen wollen; denn Sonne, Mond,
Fels und Wasser, Gestalten und Gesichter, Himmel
und Erde, und ein Stück Glanzleinewand, jedes macht
seinen eignen Effect; was für einen, das ist ein bißchen
schwerer auszudrücken. Halten Sie sich aber nur an's
Allgemeine: Ach! was das für einen besondern
Effect auf mich macht! — Jeder der dabeisteht sieht
auch hin, und stimmt in den besondern Effect mit
ein; und dann ist's ausgemacht — daß die Sache
einen besondern Effect macht.

Mana. Mit allem dem scheint mir Ihr Prinz
Liebhaber vom Theater.

Merkulo. Sehr! sehr! Das Theater und unsere
Natur sind freilich nahe mit einander verwandt.
Dabei ist er ein trefflicher Schauspieler. Wenn Sie
ihn bereden könnten etwas vor Ihnen aufzuführen!

Sora. Haben Sie denn eine Truppe bei sich?

Merkulo. Das nicht! Wir sind aber alle eine
Art von Komödianten. Und dann agirt der Prinz,
wenn's dazu kommt, meistentheils allein.

Sora. Ach! davon haben wir schon gehört.

Merkulo. Ei! — Sehen Sie, meine Damen,
das ist eine Erfindung, oder vielmehr eine Wieder=
auffindung, die unsern erleuchteten Zeiten aufbehalten
war. Denn in den alten Zeiten, schon auf dem
römischen Theater, waren die Monodramen vorzüg=

lich eingeführt. So lesen wir zum Exempel vom Nero —

Mana. Das war der böse Kaiser?

Merkulo. Es ist wahr, er taugte von Haus aus nichts, war aber drum doch ein excellenter Schauspieler. Er spielte bloß Monodramen. Denn erstlich sagt Suetonius — Nun das werden Sie alles in der trefflich gelehrten Schrift eines unserer Akademisten über diese Schauspielart lesen! Sie wird auf Befehl unsers Prinzen geschrieben und auf seine Kosten gedruckt. Wir führen aber auch die neusten Werke auf, wie man sie von der Messe kriegt: Monodramen zu zwei Personen, Duodramen zu dreien, und so weiter.

Sora. Wird denn auch drin gesungen?

Merkulo. Ei gesungen und gesprochen! Eigentlich weder gesungen noch gesprochen. Es ist weder Melodie noch Gesang drin, deßwegen es auch manchmal Melodram genannt wird.

Sora. Wie ist das?

Merkulo. Gelegentlich, meine Fräulein! Gelegentlich!

Sora. Nun, wir hoffen, der Prinz soll gut Freund mit uns werden. Wir hoffen Sie sollen recht lange bei uns bleiben. Sie bleiben doch recht lange bei uns?

Merkulo. Gar zu gütig! — Ach! wer glauben könnte, daß so eine Einladung aus einem so schönen

Herzen käme! Es ist aber leider eines der gewöhn=
lichen Hofcomplimente, womit man einen Fremden
bewillkommt, nur um sich zu versichern, daß er bald
wieder weggehen werde.

Mana. Warten Sie nur, wir haben dem Prin=
zen schon allerlei Scherze von unsrer Art zugedacht,
die ihn gewiß unterhalten sollen.

Merkulo. Meine Fräulein, ich wünsche Ihnen
Glück und uns allen! Möchten Sie sein Herz, sein
zärtlich Herz gewinnen, und ihn durch Ihren Lieb=
reiz aus der sanften Traurigkeit ziehen, in der er
verschmachtet!

Sora. Ach! Wir haben auch zärtliche Herzen,
das ist just recht unsere Sache.

Mana. Bringen Sie uns nicht auch neue Lied=
chen mit?

Sora. Ja, wir haben's in der Art, wenn wir
eine hübsche Melodie finden, singen wir sie meist todt,
daß sie kein Mensch mehr hören mag.

Mana. Kein Liedchen an den Mond?

Merkulo. O deren haben wir verschiedene. Ich
kann gleich mit einem aufwarten.

Sora. Thun Sie's ja!

Merkulo (singt).
Du gedrechselte Laterne,
Überleuchtest alle Sterne,
Und an deiner kühlen Schnuppe
Trägst du der Sonne mildesten Glanz.

Sora. O pfui! das ist gar nichts Empfindsames!

Merkulo. Schönes Kind, um's Himmels willen, es ist aus dem Griechischen!

Mana. Es gefällt mir ganz und gar nicht.

Merkulo. Daran ist wohl die Melodie Schuld, ich hab' es immer gedacht. Das Lied an sich selbst ist gewiß vortrefflich, hören Sie nur!

(Er singt's auf die Melodie: *Monseigneur, royez nos larmes*, und die Fräulein fangen an mitzusingen.)

Bediente. Der Prinz kommt! man eilt ihm entgegen!

(Merkulo und die Fräulein gehn singend ab.)

Dritter Act.

Wald,
die Laube im Grunde wie zu Ende des vorigen Acts.

(Die vier Fräulein führen den Prinzen unter einer sanften Musik herein. Merkulo folgt ihnen. Die Frauenzimmer bemühen sich in einem gefälligen Tanze um den nachdenklichen und in sich selbst versunkenen Ankömmling; er antwortet ihren Freundlichkeiten nur gezwungen. Da die Musik einen Augenblick pausirt, spricht)

Merkulo (für sich). Das sind recht Homerische Sitten, wo die schönen Töchter des Hauses sich um die Fremden bemühen. Ich hätte wohl Lust, mich in's Bad zu setzen und mich abreiben zu lassen.

(Die Musik geht fort; endlich da die Fräulein ihre Bemühungen ganz vergeblich sehn, eilen sie verdrießlich davon, und es bleiben)

Prinz und Merkulo.

Prinz. Gesegnet seist du, liebe Einsamkeit! Wie erbärmlich habe ich mich seit dem Eintritt in dieses Haus zwingen müssen!

Merkulo. Das muß ich Eurer Durchlaucht bekennen, daß mir's manchmal unbegreiflich gewesen ist, wie Sie sich an einer wohlbesetzten Tafel und zwischen liebenswürdigen Frauen ennuyiren können?

Prinz. Es ist nicht Langeweile, es ist die Gefälligkeit dieser angenehmen Geschöpfe, die mich ängstet. Ach! warum muß ich dem weiblichen Geschlechte zur Qual geschaffen sein? Denn nur Eine kann mein Herz besitzen, und die übrigen — Ach! — —

Merkulo. Die hab' ich schon oft bedauert! und ich hab' ihnen auch gelegentlich mein Mitleiden auf eine so überzeugende Art zu verstehn gegeben, daß ich wirklich sagen kann: ich habe das Glück gehabt, einigen das Leben zu fristen, die auf dem Sprunge standen, durch Ihre Grausamkeit, in die elysischen Felder vertrieben zu werden.

Prinz. Rede davon nicht! vermehre nicht meinen Kummer!

Merkulo. Ich sage nichts! denn wenn man Ihren hohen Stand, und Ihre trefflichen Qualitäten zusammen nimmt, so ist's evident, daß Einer Ihrer Blicke ganz unglaubliche Bewegungen in einem schönen Herzen hervorbringen muß.

Prinz. Meinen Stand erwähnst du, Unglücklicher? Was ist mein Stand gegen dieses Herz?

Merkulo. Halten Sie mir's zu Gnaden! Wir wollen der Sache ihr Recht anthun. Eine wahre Liebe ist z. E. was Vortreffliches; aber eine wahre Liebe mit einem wohlgespickten Beutel, darüber geht gar nichts. So auch, was den Stand betrifft —

Prinz. Rede nur nicht immer! nicht solche Dinge!

Merkulo. Nein, ich müßte undankbar sein, wenn ich es nicht gestände, nicht bekennte. In Ihrer Nähe, mein Gebieter, bin ich ohnehin sicher. Ihre fürstliche Gegenwart zieht, wie ein Gewitterableiter, alle Elektricität zärtlicher Herzen an sich, daß wir andern vor'm Einschlagen ganz gesichert sind.

Prinz. Ist es bald Eilfe?

Merkulo. Es wird gleich sein, und ich gehe, um Sie Ihren Empfindungen in der feierlichen Stunde der Mitternacht allein zu überlassen. Es ist eine vortreffliche neuere Erfindung, daß jeder Stunde, jeder Tagszeit ihre eignen Gefühle gewidmet sind. Darin waren die Alten rechte Tröpfe. In ihren Schauspielen konnte das Feierlichste, Schrecklichste bei hellem Tage und unter freiem Himmel vorgehn; unter Eilfe und Zwölfe thun wir's aber gar nicht, und ohne Särge, Kirchhöfe und schwarze Tücher läßt sich nichts Rechts ausrichten.

Prinz. Sind meine Pistolen geladen?

Merkulo. Auf Ihren Befehl, wie immer. Aber ich bitte Sie um Gottes willen, erschießen Sie sich nicht einmal!

Prinz. Sei ruhig! (Es schlägt Eilfe.) Es schlägt!

Merkulo. Sie haben hier eine Glocke, die gar keinen feierlichen Ton hat. Es klingt als wenn man auf Blech hämmerte: mich könnte nun so etwas gleich vollkommen aus meiner zärtlichsten Fassung bringen.

(Die Musik gibt einige Laute und entfernte Melodien zum Folgenden an.)

Prinz. Schweig', Unheiliger! und entflieh!
Merculo. Ab!

(Ab.)

Prinz.

Vergebens sucht ihr mich durch eure Schönheit, durch euer einschmeichelndes Wesen abzuziehen, von den Gedanken wegzuwenden, die ich immer mit den Armen meiner Seele umschlungen halte. Fahrt wohl, ihr sterblichen Mädchen! Das Unsterbliche umschwebt meine Stirne, und die Geister steigen herab, meine Wohnung zu beleben und mein Herz zu beseligen.

(Die feierliche Musik geht fort, die Wasserfälle fangen an zu rauschen, die Vögel zu singen, der Mond zu scheinen.)

Prinz.

Dich ehr' ich, heiliges Licht,
Reiner hoher Gefühle Freund!
Du, der du mir
Der Liebe stockende Schmerzen
Im Busen auf zu sanften Thränen lösest!
Ach welche Seligkeiten säuselst du mir
In's tiefe Heiligthum der Nacht,
Und deutest mir
Auf der geheimnißvollen Liebe Ruhestätte!
Ach verzeih! Ach mein Herz
Fühlt nicht immer gleich!
Verzeih dem trüben Blick auf deine Schönheit!
Verzeih dem flüchtigen!

Dritter Act.

(Nach der Laube gekehrt.)

Hier, hier wohnt meine Gottheit,
Die ganz mein Herz nach ihrem Herzen zieht!
Dieß Pochen und dieß Zittern!
Ha! es schlägt dem Augenblick entgegen,
Wo die Zauberei
Die Seligkeit des Wahren überflügelt!
O den Genuß, ihr Götter, gabt ihr mir!
O den Genuß bewahret mir, ihr Götter!

(Die Laube thut sich auf, man sieht ein Frauenzimmer darin sitzen: sie muß vollkommen an Gestalt und Kleidung der Schauspielerin gleichen, die nachher als Manbanbane auftritt.)

Prinz.

Himmel sie ist's! Himmel sie ist's!
Seligkeit thauet herab. — —
Deine Hand an dieses Herz,
Geliebte, süße Freundin!
Du ganz für mich geschaffne,
Ganz durch Sympathie gefundene,
Gewählte!
In dieser schönen Stimmung unsrer Herzen
Wird mir ein Glück, das nur die Götter kennen.

Ach in hohen Himmelsfreuden
Fühl' ich schaudernd mich verschweben!
Ha! vor Wonne stockt mein Leben,
Stockt der Athem in der Brust!

Ach umweht mich, Seligkeiten!
Lindert dieses heiße Streben,
Und in wonnevolles Leben
Löset auf die schöne Lust!

(Während der letzten Cadenz, da die Instrumente die Stimme zu lange nachahmen, setzt sich der Prinz auf eine Rasenbank, und schläft endlich ein. Man gibt ihm verschiednemal den Ton an, damit er einfallen und schließen möge; allein er rührt sich nicht, und es entsteht eine Verlegenheit im Orchester; endlich sieht sich die erste Violine genöthigt die Cadenz zu schließen, die Instrumente fallen ein, die Laube geht zu, der mittlere Vorhang fällt nieder, und es zeigt sich)

Ein Vorsaal.

Feria und die Vier Fräulein.

Feria. Mich dünkt, der Prinz pflegt seiner Ruhe ziemlich lange. Es soll nicht gesagt sein, daß ein Mann in unserm Schlosse ungestraft die Morgenröthe herbeigeschlafen habe! Sind die Klappern bei der Hand und die Rasseln? Wir wollen ihm ein Scharivari machen, und die fatale Schläfrigkeit, unsre verhaßte Nebenbuhlerin, von seinen Augen peitschen.

(Lebhafter Tanz zu fünfen mit Castagnetten und Metallbecken; mitunter tanzt Feria solo. Der Oberste kommt, die Prinzessin zu bitten, daß sie des Prinzen Ruhe nicht stören möge, indem die Wache die Fräulein aufhalten will. Diese machen immer ärgern Lärm. Der hintere Vorhang geht auf; das Theater ist wieder wie zu Anfang des Acts: Merkulo tritt zu gleicher Zeit herein, der Prinz fährt bewegt von seiner Rasenbank in die Höhe, ergrimmt und singt)

Ja ihr seib's Erinnyen, Mänaden!
Ohne Gefühl für Liebe,
Ohne Gefühl für Schmerz!
Ich hofft' im Arm der Grazien zu baden,
Und ihr zerreißt mein Herz!
Mein Herz! mein Herz!
Zerreißt mein leidend Herz!

(Während der Arie begibt sich Feria, die Fräulein und die Wache, eins nach dem andern, auf die Seite; es bleiben allein)

Prinz und Merkulo.

Merkulo. Mein Prinz, fassen Sie sich!

Prinz. Mein Freund, welche tödliche Wunde!

Merkulo. Gnädiger Herr, nur Scharivari!

Prinz. Ich will weg! diesen Augenblick mich in die Einsamkeit des Gebirgs verlieren!

Merkulo. Was wird die Prinzessin, was werden die Damen denken?

Prinz. Denken sie doch auch nicht wen sie vor sich haben. Ohne das mindeste Gefühl für das Hohe, Überirdische meiner Stimmung, rasseln sie mit knirschenden Tönen der Vorhölle drein. Ach ihr goldnen Morgenträume, wo seid ihr hin? auf ewig! auf ewig!

Merkulo. Es war nicht böse gemeint. Schon vor Sonnenaufgang waren die Mädchen geschäftig, ein Déjeuné im Garten zurecht zu machen; wir haben auch wirklich den Morgenstern mit Bratwürsten in der Hand und einem vortrefflichen Glas Cyperwein bewillkommt. Man fürchtete, es möchte alles kalt werden, verderben, und wir wollten Ihr angenehmes Gesicht im Glanz der ersten Morgen-Sonne genießen.

Prinz. Ja mit Schellen und Klapperblechen genießt man den Morgen! — Fort! — Leb' wohl!

Merkulo. Gnädiger Herr!

Prinz. Du weißt, meine Entschließungen sind rasch und fest.

Merkulo (für sich). Leider!

Prinz. Ich gehe nach dem Orakel! Laß auf's schärfste dieses Heiligthum bewachen, daß unter keinem Vorwand eine lebendige Seele einen Fuß herein setze!

Merkulo. Bleiben Sie beruhigt.

Prinz. Leb' wohl.

(Ab.)

Vierter Act.

Andrasons Schloß,
eine rauhe und felsige Gegend, Höhle im Grunde.

(Mandandanens Kammerdiener als **Askalaphus** tritt auf
mit einem Reverenz, und spricht den Prologus.)

Herrn und Frauen allzugleich,
Merkt wohl, das hier ist Pluto's Reich,
Und ich, wie ich mich vor euch stelle,
Das ich zuerst bedeuten muß,
Ich nenne mich Askalaphus,
Und bin Hofgärtner in der Hölle.

Die Charge ist hier unten neu:
Denn ehmals war Elysium dadrüben,
Die rauhen Wohnungen dahüben,
Man ließ es eben so dabei.

Nun aber kam ein Lord herunter,
Der fand die Hölle gar nicht munter,
Und eine Lady fand Elysium zu schön.
Man sprach so lang, bis daß der seltne Gusto siegte,
Und Pluto selbst den hohen Einfall kriegte,
Sein altes Reich als einen Park zu sehn.

Da schleppen nun Titanen ohne Zahl,
Den alten Sisyphus mit eingeschlossen,
Rastlos geschunden und verdrossen,
Gar manches schöne Berg und Thal
Zusammen.
Aus den fluthenden Flammen
Des Acherons herauf
Müssen die ewigen Felsen jetzt!
Und, gält's tausend Hände,
Sie werden an irgend einem Ende
Als Point de vue zurecht gesetzt.

Um Eins nur ist es Jammerschade,
Um's schöne Erdreich im Elysium!
Aber es ist keine Gnade,
Wir gehn damit ganz sündlich um.
Sonst dankt man Gott, wenn man die Steine
Vom Acker hat:
Aber hier! sechs Meilen herum sind keine
Zu finden mehr, und wir haben es noch nicht satt;
Damit verschütten wir den Boden,
Wo das weichste Gras,
Die liebsten Blümchen blühen, und warum das?
Alles um des Mannichfaltigen willen.
Ein frischer Wald, eine feine Wiese,
Das ist uns alles alt und klein;
Es müssen in unserm Paradiese
Dorn und Disteln sein.

Dafür aber auch graben wir in den Hainen
Elysiums die schönsten Bäume aus,
Und setzen sie, wo wir es eben meinen,

An manche leere Stelle
Herüber in die Hölle,
Um des Cerberus Hundehaus,
Und formiren das zu einer Capelle.

5 Denn, Notabene! in einem Park
Muß alles Ideal sein,
Und, Salva Venia, jeden Quark
Wickeln wir in eine schöne Schal' ein.
So verstecken wir zum Exempel
10 Einen Schweinstall hinter einen Tempel;
Und wieder ein Stall, versteht mich schon,
Wird geradeswegs ein Pantheon.
Die Sach' ist, wenn ein Fremder drin spaziert,
Daß alles wohl sich präsentirt;
15 Wenn's dem denn hyperbolisch dünkt,
Posaunt er's hyperbolisch weiter aus.
Freilich der Herr vom Haus
Weiß meistens wo es stinkt.

Wie ich also sagte: unsre elysischen Bäume
20 Schwinden wie elysische Träume,
Wenn man sie verpflanzen will.
Ich bin zu allen Sachen still:
Denn in einem Park ist alles Prunk;
Verdorrt ein Baum und wird ein Strunk,
25 Ha! sagen sie, da seht die Spur,
Wie die Kunst auch hinterdrein der Natur
Im Dürren ist. — Ja leider stark!
Was ich sagen wollte! Zum vollkommnen Park
Wird uns wenig mehr abgehn.
30 Wir haben Tiefen und Höhn,

Eine Musterkarte von allem Gesträuche,
Krumme Gänge, Wasserfälle, Teiche,
Pagoden, Höhlen, Wieschen, Felsen und Klüfte,
Eine Menge Reseda und andres Gebüfte,
Weimuthsfichten, babylonische Weiden, Ruinen,
Einsiedler in Löchern, Schäfer im Grünen,
Moscheen und Thürme mit Kabinetten,
Von Moos sehr unbequeme Betten,
Obelisken, Labyrinthe, Triumphbogen, Arkaden,
Fischerhütten, Pavillons zum Baden,
Chinesisch-gothische Grotten, Kiosken, Tings,
Maurische Tempel und Monumente,
Gräber, ob wir gleich niemand begraben,
Man muß es alles zum Ganzen haben.

Ein einziges ist noch zurücke,
Und drauf ist jeder Lord so stolz:
Das ist eine ungeheure Brücke
Von Holz
Und Einem Bogen von Hängewerk,
Das ist unser ganzes Augenmerk.
Denn erstlich kann kein Park bestehn
Ohne sie, wie wir auf jedem Kupfer sehn.
Auch in unsern toleranten Tagen
Wird immer mehr drauf angetragen,
Auf Communication, wie bekannt,
Dem man sich auch gleich stellen muß;
Elysium und Erebus
Werden vice versa tolerant.

Wir freuten uns der Brücke schon;
Doch leider Acheron und Phyriphlegethon

Speien ewige Flammen,
Da fehlt's uns an gescheidten Leuten;
Und bringen wir die Brücke nicht zusammen,
So will der ganze Park nichts bedeuten;
5 Das Costume leidet weder Erz noch Stein,
Von Holz muß so eine Brücke sein.

Aber warum ich komme! ohne Zeit zu verlieren:
Pluto's schönes junges Weib
Geht gewöhnlich hierher spazieren,
10 Denn drin ist nicht viel Zeitvertreib.
Da sucht sie bei den armen Todten
So schöne Gegenden, wie auf Siciliens Boden;
Wir haben's aber nur in Gedichten.
Dann fragt sie täglich nach herrlichen Früchten;
15 Wir haben aber keine zu reichen:
Pfirschen, Trauben, darnach liefen wir weit;
Holzbirn', Schleen, rothe Beerchen und dergleichen
Ist alles, was bei uns gedeiht.

(Zwei höllische Geister bringen einen Granatenbaum in einem Kübel.)

20 Drum hab' ich zu einem Treibhaus gerathen,
Und brüte, zum Exempel, diese Granaten
In einem frostbedeckten Haus
Mit unterirdischem Feuer aus;
Den will ich in die Erde kleben,
25   (Er macht alles zurecht wie er's sagt.)
Mit Felsen, Rasen, Moos umgeben,
Daß meine Königin vermeine,
Es wüchse alles aus dem Steine,
Und wenn sie den Betrug verspürt,
30 Den Künstler lobe, wie sich's gebührt.
(Ab.)

(Vorbereitende Musik, ahnend seltne Gefühle.)

Mandandane
als
Proserpina.

Halte! halt' einmal, Unselige! Vergebens
Irrst du in diesen rauhen Wüsten hin und her!
Endlos liegen vor dir die Trauergefilde,
Und was du suchst, liegt immer hinter dir.

Nicht vorwärts,
Aufwärts auch soll dieser Blick nicht steigen!
Die schwarze Höhle des Tartarus
Verwölbt die lieben Gegenden des Himmels,
In die ich sonst
Nach meines Ahnherrn froher Wohnung
Mit Liebesblick hinauf sah!
Ach! Tochter du des Jupiters,
Wie tief bist du verloren! —

Gespielinnen!
Als jene blumenreichen Thäler
Für uns gesammt noch blühten,
Als an dem himmelklaren Strom des Alpheus
Wir plätschernd noch im Abendstrahle scherzten,
Einander Kränze wanden,
Und heimlich an den Jüngling dachten,
Dessen Haupt unser Herz sie widmete;
Da war uns keine Nacht zu tief zum Schwätzen,
Keine Zeit zu lang,
Um freundliche Geschichten zu wiederholen,

Und die Sonne
Riß leichter nicht aus ihrem Silberbette
Sich auf, als wir voll Lust zu leben
Früh im Thau die Rosenfüße badeten. —

5 O Mädchen! Mädchen!
Die ihr, einsam nun,
Zerstreut an jenen Quellen schleicht,
Die Blumen auflef't,
Die ich, ach Entführte!
10 Aus meinem Schoose fallen ließ,
Ihr steht und seht mir nach, wohin ich verschwand!

Weggerissen haben sie mich,
Die raschen Pferde des Orkus;
Mit festen Armen
15 Hielt mich der unerbittliche Gott!
Amor! ach Amor floh lachend auf zum Olymp —
Hast du nicht, Muthwilliger,
Genug an Himmel und Erde?
Mußt du die Flammen der Hölle
20 Durch deine Flammen vermehren? —

Herunter gerissen
In diese endlosen Tiefen!
Königin hier!
Königin?
25 Vor der nur Schatten sich neigen!

Hoffnungslos ist ihr Schmerz!
Hoffnungslos der Abgeschiedenen Glück,
Und ich wend' es nicht.

Den ernsten Gerichten
Hat das Schicksal sie übergeben;
Und unter ihnen wandl' ich umher,
Göttin! Königin!
Selbst Sklavin des Schicksals!

Ach das fliehende Wasser
Möcht' ich dem Tantalus schöpfen,
Mit lieblichen Früchten ihn sättigen!
Armer Alter!
Für gereiztes Verlangen gestraft! —
In Irions Rad möcht' ich greifen,
Einhalten seinen Schmerz!
Aber was vermögen wir Götter
Über die ewigen Qualen!
Trostlos für mich und für sie,
Wohn' ich unter ihnen und schaue
Der armen Danaiden Geschäftigkeit!
Leer und immer leer!
Wie sie schöpfen und füllen!
Leer und immer leer!
Nicht Einen Tropfen Wassers zum Munde,
Nicht Einen Tropfen Wassers in ihre Wannen!
Leer und immer leer!
Ach so ist's mit dir auch, mein Herz!
Woher willst du schöpfen? — und wohin? —

Euer ruhiges Wandeln, Selige,
Streicht nur vor mir vorüber;
Mein Weg ist nicht mit euch!
In euern leichten Tänzen,
In euern tiefen Hainen,

In eurer lispelnden Wohnung,
Rauscht's nicht von Leben wie droben,
Schwankt nicht von Schmerz zu Lust
Der Seligkeit Fülle. —

5 Ist's auf seinen düstern Augenbrauen,
Im verschlossenen Blicke?
Magst du ihn Gemahl nennen?
Und darfst du ihn anders nennen?
Liebe! Liebe!
10 Warum öffnetest du sein Herz
Auf einen Augenblick?
Und warum nach mir,
Da du wußtest,
Es werde sich wieder auf ewig verschließen?
15 Warum ergriff er nicht eine meiner Nymphen,
Und setzte sie neben sich
Auf seinen kläglichen Thron?
Warum mich, die Tochter der Ceres?

O Mutter! Mutter!
20 Wie dich deine Gottheit verläßt
Im Verlust deiner Tochter,
Die du glücklich glaubtest,
Hinspielend, hintändelnd ihre Jugend!

Ach du kamst gewiß
25 Und fragtest nach mir,
Was ich bedürfte?
Etwa ein neues Kleid,
Oder goldene Schuhe?
Und du fandest die Mädchen
30 An ihre Weiden gefesselt,

Wo sie mich verloren,
Nicht wieder fanden,
Ihre Locken zerrauften,
Erbärmlich klagten,
Meine lieben Mädchen! — 5

Wohin ist sie? Wohin? rufst du.
Welchen Weg nahm der Verruchte?
Soll er ungestraft Jupiters Stamm entweihen?
Wohin geht der Pfad seiner Rosse?
Fackeln her! 10
Durch die Nacht will ich ihn verfolgen!
Will keine Stunde ruhen, bis ich sie finde,
Will keinen Gang scheuen,
Hierhin und dorthin.

Dir blinken deine Drachen mit klugen Augen zu, 15
Aller Pfade gewohnt folgen sie deinem Lenken:
In der unbewohnten Wüste treibt dich's irre —

Ach nur hierher, hierher nicht!
Nicht in die Tiefe der Nacht,
Unbetreten den Ewiglebenden, 20
Wo bedeckt von beschwerendem Graus
Deine Tochter ermattet!

Wende aufwärts,
Aufwärts den geflügelten Schlangenpfad,
Aufwärts nach Jupiters Wohnung! 25
Der weiß es,
Der weiß es allein, der Erhabene,
Wo deine Tochter ist! —

Vater der Götter und Menschen!
Ruhst du noch oben auf deinem goldnen Stuhle,
Zu dem du mich Kleine
So oft mit Freundlichkeit aufhobst,
In deinen Händen mich scherzend
Gegen den endlosen Himmel schwenktest,
Daß ich kindisch droben zu verschweben bebte?
Bist du's noch, Vater? —

Nicht zu deinem Haupte,
In dem ewigen Blau
Des feuerdurchwebten Himmels,
Hier! Hier! — —

Leite sie her!
Daß ich auf mit ihr
Aus diesem Kerker fahre!
Daß mir Phöbus wieder
Seine lieben Strahlen bringe,
Luna wieder
Aus den Silberlocken lächle!

O du hörst mich,
Freundlichlieber Vater,
Wirst mich wieder,
Wieder aufwärts heben;
Daß, befreit von langer schwerer Plage,
Ich an deinem Himmel wieder mich ergetze!

Letze dich, verzagtes Herz!
Ach! Hoffnung!
Hoffnung gießt
In Sturmnacht Morgenröthe!

Dieser Boden
Ist nicht Fels, nicht Moos mehr;
Diese Berge
Nicht voll schwarzen Grauses!
Ach hier find' ich wieder eine Blume!
Dieses welke Blatt,
Es lebt noch,
Harrt noch,
Daß ich seiner mich erfreue!

Seltsam! seltsam!
Find' ich diese Frucht hier?
Die mir in den Gärten droben
Ach! so lieb war —

(Sie bricht den Granatapfel ab.)

Laß dich genießen,
Freundliche Frucht!
Laß mich vergessen
Alle den Harm!
Wieder mich wähnen
Droben in Jugend,
In der vertaumelten
Lieblichen Zeit,
In den umduftenden
Himmlischen Blüthen,
In den Gerüchen
Seliger Wonne,
Die der Entzückten,
Der Schmachtenden ward!

(Sie ißt einige Körner.)

Labend! labend!

Wie greift's auf einmal
Durch diese Freuden,
Durch diese offne Wonne
Mit entsetzlichen Schmerzen,
Mit eisernen Händen
Der Hölle durch! — —
Was hab' ich verbrochen,
Daß ich genoß?
Ach warum schafft
Die erste Freude hier mir Qual?
Was ist's? was ist's? —
Ihr Felsen scheint hier schrecklicher herabzuwinken
Mich fester zu umfassen!
Ihr Wolken tiefer mich zu drücken!
Im fernen Schooße des Abgrunds
Dumpfe Gewitter tosend sich zu erzeugen!
Und ihr weiten Reiche der Parzen
Mir zuzurufen:
Du bist unser!

   Die Parzen (unsichtbar).
Du bist unser!
Ist der Rathschluß deines Ahnherrn:
Nüchtern solltest wiederkehren;
Und der Biß des Apfels macht dich unser!
Königin, wir ehren dich!

   Proserpina.
Hast du's gesprochen, Vater?
Warum? warum?
Was that ich, daß du mich verstößest?
Warum rufft du mich nicht
Zu deinem lichten Thron auf!

Warum den Apfel?
O verflucht die Früchte!
Warum sind Früchte schön,
Wenn sie verdammen?

Parzen.

Bist nun unser!
Warum trauerst du?
Sieh, wir ehren dich,
Unsre Königin!

Proserpina.

O wäre der Tartarus nicht eure Wohnung,
Daß ich euch hin verwünschen könnte!
O wäre der Cocht nicht euer ewig Bad,
Daß ich für euch
Noch Flammen übrig hätte!
Ich Königin,
Und kann euch nicht vernichten!
In ewigem Haß sei ich mit euch verbunden! —

So schöpfet, Danaiden!
Spinnt, Parzen! wüthet, Furien!
In ewig gleich elendem Schicksal.
Ich beherrsche euch,
Und bin darum elender als ihr alle.

Parzen.

Du bist unser!
Wir neigen uns dir!
Bist unser! unser!
Hohe Königin!

Proserpina.

Fern! weg von mir
Sei eure Treu' und eure Herrlichkeit!
Wie haff' ich euch!
5 Und dich, wie zehnfach haff' ich dich —
Weh mir! ich fühle schon
Die verhaßten Umarmungen!

Parzen.

Unser! Unsre Königin!

10 Proserpina.

Warum reckst du sie nach mir?
Recke sie nach dem Avernus!
Rufe die Qualen aus stygischen Nächten empor!
Sie steigen deinem Wink entgegen,
15 Nicht meine Liebe.
Wie haff' ich dich,
Abscheu und Gemahl,
O Pluto! Pluto!
Gib mir das Schicksal deiner Verdammten!
20 Nenn' es nicht Liebe! —
Wirf mich mit diesen Armen
In die zerstörende Qual!

Parzen.

Unser! unser! hohe Königin!

25 (Andrason erscheint bei den Worten: Abscheu und Gemahl ꝛc. Mandandane richtet die Apostrophe an ihn, und flieht vor ihm mit Entsetzen. Er erstaunt, sieht sich um, und folgt ihr voller Verwunderung.)

Fünfter Act.

Vorsaal.

Mana. Sora. Lato. Mela.

Sora. Liebe Schwestern, es koste was es wolle, wir müssen in des Prinzen Zimmer.

Mana. Aber die Wache?

Sora. Die hindert uns nicht; es sind Männer. Wir wollen ihnen schön thun, und Wein geben; damit führen wir sie wie wir wollen.

Lato. Laß sehn!

Sora. Ich habe vom süßen Wein genommen, und ihn mit Schlaftrunk gemischt. Denn, ihr Kinder, es liegt viel dran.

Mela. Wie so?

Sora. Wer nicht neugierig ist, erfährt nichts. Mir brannt' es auf dem Herzen zu wissen, wie's im Zimmer wohl sein möchte, wenn die schönen Sachen alle spielten. Gegen Mitternacht schlich ich mich an, und guckte durch einen Ritz in der Thür, den ich von Alters her wohl kenne.

Mana. Was sahst du?

Sora. Was ihr nicht denkt! Nun glaub' ich wohl, daß der Prinz gegen uns so unempfindlich blieb, so verachtend von uns wegging!

Lato. Ach! er ist ein schöner Geist von der neuen Sorte, die sind alle grob.

Sora. Das nicht allein. Er führt seine Geliebte mit sich herum.

Mana. Nicht möglich!

Lato. Ei wie?

Sora. Wenn ich euch nichts aufspürte! In dem verfluchten Kasten in der geheimnißvollen Laube sitzt sie. Mich wundert nur, wie sie sich mag so herumschleppen lassen, so stille sitzen!

Mana. Drum wurde das Ding von Mauleseln getragen!

Mela. Wie sieht sie aus?

Sora. Ich habe nur einen Zipfel vom Kleide sehen können, und daß der Prinz ihre Hand nahm und küßte. Gar nichts weiter. Hernach entstand ein Geräusche; da rusch' ich fort.

Lato. O laßt uns sehen!

Mana. Wenn sich's nur schickte!

Sora. Es ist ja Nacht, kein Mensch wird es erfahren. Ich habe schon den Hauptschlüssel. Nun spielt mit der Wache hübsch die Mädchen.

(Musik.)

(Die Frauenzimmer spielen unter sich kleine Spiele. Die von der Wache kommen einzeln herein und sehen zu; sie rufen einander herbei, endlich mischen sie sich in die Spiele. Die Fräulein thun erst fremd, dann freundlich, endlich bringen sie Wein und Früchte; die Jünglinge lassen sich's wohl schmecken, Tanz und Scherz geht fort, bis die Wache anfängt, schläfrig zu werden; sie taumeln hin und her, zuletzt in die Coulissen, und die Mädchen behalten das Feld.)

Sora. Nun frisch ohne Zeitverlust in's Zimmer! Laßt uns die Verwegene aus ihrer Dunkelheit reißen, ihre Schande zu unserm Triumph offenbaren!

(Alle ab.)

(Der hintere Vorhang geht auf, das Theater verändert sich in die Waldscene. Nacht ohne Mondschein. Um die Laube ist alles düster und stille. Die vier Fräulein kommen mit Fackeln: Pantomime und Tanz, worin sie Neugierde und Verdruß ausdrücken. Sie öffnen die Laube, leuchten starrend hinein, und fahren zurück.)

Sora. Was ist das? Mandandane!

Lato. Ein Gespenst oder Andrasons Gemahlin!

Mela. Eine Maske. Was steckt darunter?

(Sie nähern sich wieder allmählich.)

Mana. Wir wollen sie anrufen.

Lato. Heda, junge Dame!

Sora. Sie rührt sich nicht.

Mela. Ich dächte, wir blieben aus dem Spiele, ich fürchte es steckt Zauberei dahinter.

Sora. Ich muß es doch näher besehn.

Mana. Nimm dich in Acht! wenn's auffährt —

Lato. Sie wird dich nicht beißen.

Mela. Ich gehe meiner Wege.

Sora (die es anrührt und zurückfährt). Ha!

Mana. Was gibt's?

Mela. Es ist wahrlich lebendig! Sollt' es denn Manbandane selbst sein? Es ist nicht möglich!

Lato (indem sie sich immer weiter entfernt). Wir müssen's doch heraus haben.

Mela. So redet es doch an!

Sora (die sich furchtsam nähert). Wer du auch seist, seltsame, unbekannte Gestalt, rede! rühre dich! und gib uns Rechenschaft von deinem abenteuerlichen Hiersein!

Mana. Es will sich nicht rühren.

Lato. Geh' eins hin und nehm' ihr die Maske ab.

Sora. Ich will einen Anlauf nehmen! Kommt alle mit!

(Sie halten sich an einander, und es zerrt eine die andre nach sich, bis zur Laube.)

Mana. Wir wollen am Sessel ziehen, ob's leicht oder schwer ist?

(Sie ziehen am Sessel und bringen ihn mit leichter Mühe bis ganz hervor an's Theater; sie gehen drum herum, machen allerlei Versuche, die Maske fällt herunter, und sie thun einen allgemeinen Schrei.)

Mana. Eine Puppe!

Sora. Eine ausgestopfte Nebenbuhlerin!

Lato. O ein schönes Gehirn!

Sora. Wenn sie eben so ein Herz hat?

Mana. Die soll uns nicht umsonst vexirt haben! Auskleiden soll man sie und in den Garten stellen, die Vögel damit zu scheuchen.

Lato. So was ist mir in meinem Leben nicht vorgekommen.

Mela. Es ist doch ein schönes Kleid.

Mana. Man sollte schwören, es gehöre Mandandanen.

Mela. Ich begreife nicht was der Prinz mit der Puppe will.

(Sie versuchen an der Puppe verschiedenes, endlich bringen sie aus der Brust einen Sack hervor, und erheben ein lautes Geschrei.)

Sora. Was ist in dem Sack? Laßt sehn, was ist in dem Sack?

Mana. Häckerling ist drin, wie sich's anfühlen läßt.

Sora. Es ist doch zu schwer —

Lato. Es ist auch etwas Festes drin.

Mela. Bindet ihn auf; laßt sehn!

A n d r a s o n kommt.

Ihr Kinder, wo seid ihr? Ich such' euch überall, ihr Kinder.

Mana. Du kommst eben zur gelegenen Zeit! Da sieh!

Andrason. Was Teufel ist das? meiner Frauen Kleider? meiner Frauen Gestalt?

Mana (ihm den Sack zeigend). Mit Häckerling ausgestopft.

Sora. Sieh dich um; das ist die Natur, worin der Prinz lebt, und das ist seine Geliebte.

Andrason (auffahrend). Ihr großen Götter!

Sora. Mach nur den Sack auf!

Andrason (aus tiefen Gedanken). Halt!

Mana. Was ist dir, Andrason?

Andrason. Mir ist, als wenn mir in dieser Finsterniß ein Licht vom Himmel käme.

Sora. Du bist verzückt.

Andrason. Seht ihr nichts, ihr Mädchen? Begreift ihr nichts?

Mana. Ja, ja! das Gespenst, das uns geängstet hat, ist begreiflich genug, und der Sack, den ich in meinen Armen habe, dazu.

Andrason. Verehre die Götter!

Sora. Du machst mich mit deinem Ernst zu lachen.

Andrason. Seht ihr nicht die Hälfte des mir Glück weissagenden Orakels erfüllt? —

Mana. Daß wir nicht darauf gefallen sind!

Andrason.
Wenn wird ein greiflich Gespenst von
schönen Händen entgeistert,

Sora. Nichts kann klärer sein!

Andrason.
Und der leinene Sack seine Geweide
gibt her.

Nun aufgemacht, ihr Kinder! laßt uns vor allem sehn, was der enthält!

(Sie binden ihn auf, und wie sie ihn umschütteln, fällt eine ganze Partie Bücher, mit Häckerling vermischt, heraus.)

Andrason. Gebt Acht, das werden Zauberbücher sein. (Er hebt eins auf.) Empfindsamkeiten!

Mana. O gebt's her!

(Die andern haben indessen die übrigen Bücher aufgehoben.)

Andrason. Was hast du? Siegwart, eine Klostergeschichte, in drei Bänden.

Mana. O das muß scharmant sein! Gib her, das muß ich lesen. — Der gute Jüngling!

Lato. Den müssen wir kennen lernen!

Sora. Da ist ja auch ein Kupfer dabei!

Mela. Das ist gut, da weiß man doch wie er ausgesehen hat.

Lato. Er hat wohl recht traurig, recht interessant ausgesehn.

(Es bleibt den Schauspielern überlassen, sich hier auf gute Art über ähnliche Schriften lustig zu machen.)

Andrason. Eine schöne Gesellschaft unter Einem Herzen!

Mela. Wie kommen die Bücher nur da herein?

Andrason. Laßt sehn! Ist das alles? (Er wendet den Sack völlig um, es fallen noch einige Bücher und viel Häckerling heraus.) Da kommt erst die Grundsuppe!

Sora. O laßt sehn!

Andrason. Die neue Heloise! — weiter! — Die Leiden des jungen Werthers! — Armer Werther!

Sora. O gebt's! das muß ja wohl traurig sein.

Andrason. Ihr Kinder, da sei Gott vor, daß ihr in das Zeug nur einen Blick thun solltet! Gebt her! (Er packt die Bücher wieder in den Sack zusammen, thut den Häckerling dazu und bindet's um.)

Mana. Es ist nicht artig von euch, daß ihr uns den Spaß verderben wollt! wir hätten da manche schöne Nacht lesen können, wo wir ohnedem nicht schlafen.

Andrason. Es ist zu euerm Besten, ihr Kinder! Ihr glaubt's nicht, aber es ist wahrlich zu euerm Besten. Nur in's Feuer damit!

Mana. Laßt sie nur erst die Prinzessin sehn.

Andrason. Ohne Barmherzigkeit! (Nach einer Pause.) Aber was erscheinen mir für neue Lichter auf dem dunkeln Pfade der Hoffnung! Ich seh', ich seh'! die Götter nehmen sich meiner an.

Sora. Was habt ihr für Erscheinungen?

Andrason. Hört mich! Diese Bücher sollen nicht in's Feuer!

Mana. Das ist mir sehr lieb.

Andrason. Und ihr sollt sie auch nicht haben!

Sora. Warum?

Andrason. Hört, was das Orakel ferner gesagt hat:

> Wird die geflickte Braut mit dem Ver=
> liebten vereinet:
> Dann kommt Ruhe und Glück, Fragen=
> der, über dein Haus.

Daß von dieser lieblichen Braut die Rede sei, das ist wohl keine Frage mehr. Wie wir sie aber mit dem lieben Prinzen vereinen sollen, das seh' ich noch nicht ein. Ich will auch nicht darüber nachdenken: das ist der Götter Sache! Aber geflickt muß sie zuerst wer= den, das ist klar, und das ist unsere Sache!

(Er thut den Sack wieder an den vorigen Ort, die Mädchen helfen dazu, und man bittet, daß alles mit der größten Decenz geschehe. Darauf wird die Maske wieder vorgebunden und die Puppe in gehörige Positur gesetzt.)

Sora. Ich verstehe noch von allem dem kein Wort; und das, was mir an dem Orakel nicht gefällt, ist, daß es von so gemeinen Sachen und in so niedrigen Ausdrücken spricht.

Andrason. Liebes Kind, die gemeinen Sachen haben auch ihr hohes Interesse, und ich verzeihe dir, daß du den tiefen Sinn des Orakels nicht einsiehst.

Mana. Nun, so seid nicht so geheimnißvoll, erklärt einem was.

Andrason. Ist es nicht deutlich, meine schönen Kinder, daß in diesen Papieren eine Art von Talisman steckt; daß in ihnen diese magische Gewalt liegt, die den Prinzen an eine abgeschmackte ausgestopfte Puppe fesselt, wozu er die Gestalt von eines ehrlichen Mannes Frau geborgt hat? Seht ihr nicht, daß, wenn wir diese Papiere verbrennten, der Zauber aufhören, und er seine Geliebte als ein hohles Bild der Phantasie gleich erkennen würde? Die Götter haben mir diesen Wink gegeben, und ich danke ihnen, daß ich sie nicht mißverstanden habe. O du liebliche, holde, geflickte Braut, möge die Kraft aller lügenhaften Träume auf dich herabsteigen! möge dein papiernes Herz, deine leinenen Gedärme so viel Kraft haben, den hoch und fein empfindenden Prinzen an sich zu ziehen, wie sonst magische Zeichen, geweihte Kerzen, Alraune und Todten=

köpfe Geister und Schätze an sich zu ziehen pflegen! — Die Laube war wohl der Aufenthalt dieser himmlischen Nymphe? Kommt! wir wollen sie verwahren, alles in Ordnung bringen, niemand etwas davon entdecken, und der Mitwirkung der Götter für's Folgende gewiß sein.

Mana. Andrason, nun kommt mir's erst wunderbar vor, daß ihr da seid!

Andrason. Ein Seltsames verdrängt die Empfindung des andern.

Sora. Wie kommt ihr so schnell wieder, und in tiefer Nacht bei uns an?

Andrason. Laßt's euch sagen und klagen, meine lieben Kinder. Als ich von euch wegging, eilte ich gerade nach Hause. Ich machte den Weg in ziemlich kurzer Zeit; das Verlangen, mein Haus, meine liebe Frau wieder zu sehen, wurde immer größer bei mir. Ich fühlte mich schon in ihren Armen, und letzte mich für die lange Abwesenheit recht herzlich. Wie ich in meinen Schloßhof hinein trete, ihr Kinder, höre ich oben ein Gebrause, ein Getöne, Rufen, hohles Anschlagen und eine Wirthschaft durch einander, daß ich nicht anders dachte, als der wilde Jäger sei bei mir eingezogen. Ich gehe hinauf; es wird immer ärger; die Stimmen werden unvernehmlicher und hohler, je näher ich komme; nur meine Frau höre ich schreien und rufen, als wenn sie unsinnig geworden wäre. Ganz verwundert tret' ich in den Saal. Ich finde ihn finster wie eine Höhle, ganz zur Hölle decorirt, und mein Weib fährt mir in ungeheurer Leidenschaft und mit entsetzlichem Fluchen auf den Hals, tractirt mich als Pluto, als Scheusal, und flieht endlich vor mir, daß ich eben wie versteint dastehe und kein Wort hervorzubringen weiß.

Mana. Aber um Gottes willen, was war ihr denn?

Andrason. Wie ich's bei'm Licht besah, war's ein Monodrama!

Mela. Das muß doch ganz curios sein.

Andrason. Nun muß ich euch noch eine Neuigkeit sagen: sie ist mit hier.

Mana. Mit hier?

Sora. O laßt uns gleich zu ihr gehen! Wir haben sie doch alle recht lieb.

Mana. Wie kommt's denn aber, daß ihr sie mit hierher bringt, da ihr wißt, der Prinz wird wieder durchkommen?

Andrason. Ihr kennt ja, lieben Kinder, meine alte Gutmüthigkeit. Wie sie sich aus ihrer poetisch theatralischen Wuth ein bißchen erholt hatte, war sie wieder gefällig und gut gegen mich. Ich erzählte ihr allerlei um sie zu zerstreuen, erzählte ihr allerhand von euch und meiner Schwester; sie sagte, sie hätte längst gewünscht euch wieder einmal zu sehn; ich sagte ihr, daß eine Reise ihr sehr gut sein würde, und weil die schnellsten Entschlüsse die besten seien, sollte

Fünfter Act.

sie sich gleich in den Wagen setzen. Sie nahm's an, und erst hinterdrein fiel mir ein, daß ich einen dummen Streich gemacht hatte, sie, ehe es nöthig war, mit dem Prinzen wieder zusammen zu bringen. Doch war's gleich mein Trost, wie gewöhnlich, daß ich dachte, es entsteht vielleicht etwas Gutes daraus. Und wie ihr seht, gelegner hätten wir nicht kommen können.

Mandandane, Feria kommen.

Mana. Sei uns willkommen, Mandandane!

Mandandane. Willkommen, meine Freundinnen!

Feria. Das war eine rechte unvermuthete Freude! — Was macht ihr in des Prinzen Zimmer?

Mandandane. Ist das sein Zimmer?

Feria. Was gibt's denn da? was ist das?

Mandandane. Wie? Meine Gestalt? Meine Kleider?

Andrason (für sich). Wie wird das ausgehn?

Mana. Wir haben diese ausgestopfte Puppe in der Laube gefunden, die der Prinz mit sich herumschleppt.

Sora. Dieß ist die Göttin, die seine vollkommene Anbetung hat.

Mandandane. Es ist Verläumdung! Der Mann, dessen Liebe ganz in geistigen Empfindungen schwebt, sollte sich mit so einem schalen Puppenwerk abgeben? Ich weiß, daß er mich liebt; aber es ist meine Ge=

sellschaft, die Unterhaltung, die er für seinen Geist bei mir findet. — Ihn mit so einem kindischen Spiel im Verdacht haben, heißt ihn und mich beleidigen!

Sora. Man könnte sagen: daß er euer Andenken so werth hält, und euer Bild überall mit sich herum trägt, um sich mit ihm wie mit euch selbst zu unterhalten.

Andrason (leise zu ihr). Halte dein verwünschtes Maul!

Feria. Ich weiß nicht was ich dazu sagen soll.

Mandandane. Nein! Sollte sein Andenken so eine erlogene abgeschmackte Nahrung brauchen, so müßte seine Liebe selbst von dieser kindischen Art sein; er würde nicht mich, sondern eine Wolke lieben, die er nur nach meiner Gestalt zu modeln Belieben trüge.

Andrason. Wenn du wüßtest, womit sie ausgestopft ist.

Mandandane. Es ist nicht wahr!

Mana. Wir betheuern's. Wo sollten wir denn die Puppe her nehmen? Sieh hier noch den Platz, wo sie gesteckt hat.

Andrason. Wenn du es nicht glauben willst, so ist das beste Mittel: wenn wir merken, daß der Prinz wiederkommt, nimm die Maske vor, setze dich selbst in die Laube, thue, als seist du mit Häckerling ausgestopft, und sieh alsdann zu, ob wir wahr reden.

(Die Mädchen setzen indeß die Puppe wieder in die Laube.)

Mandandane. Das ist ein seltsamer Vorschlag.

Feria. Laßt uns gehen, eh' der Tag und jemand von seinen Leuten uns überrascht.

(Alle ab bis auf Andrason, der Sora zurückhält.)

Andrason. Sora!

Sora. Herr!

Andrason. Ich bin in der größten Verlegenheit.

Sora. Wie?

Andrason. Der fünfte Act geht zu Ende und wir sind erst recht verwickelt!

Sora. So laßt den sechsten spielen!

Andrason. Das ist außer aller Art.

Sora. Ihr seid ein Deutscher, und auf dem deutschen Theater geht alles an.

Andrason. Das Publicum dauert mich nur; es weiß noch kein Mensch woran er ist.

Sora. Das geschieht ihnen oft.

Andrason. Sie könnten denken, wir wollten sie zum Besten haben.

Sora. Würden sie sich sehr irren?

Andrason. Freilich! denn eigentlich spielen wir uns selber.

Sora. Ich habe so etwas gemerkt.

Andrason. Muth gefaßt! — O ihr Götter! Seht wie ihr euerm Orakel Erfüllung, dem Zuschauer Geduld und diesem Stück eine Entwicklung gebt! denn ohne ein Wunder weiß ich nicht, wie wir auf gute Art aus einander kommen sollen.

Sechster Act.

Wald und Laube.

Prinz und Merkulo.

Prinz auf dem Rasen liegend.

Merkulo (für sich). Der Besuch bei'm Orakel ist meinem Prinzen nicht wohl bekommen. War er vorher betrübt, so ist er jetzt außer sich. Könnt' ich seinen Schmerz nur zu Worten bringen! (Zum Prinzen.) Theuerster Herr! Hat die kurze Abwesenheit Ihr Herz so gegen mich zugeschlossen, daß Sie mich nicht würdigen der Vertraute Ihres Schmerzes zu sein, da ich so oft der Vertraute Ihres Entzückens gewesen bin?

Prinz. Ich verstehe nicht was sie sagen — und doch ist mir's, als wenn die Götter etwas Großes über mich verhängten. Mein Gemüth ist von unbekannten Empfindungen durchdrungen.

Merkulo. Wie lautet der Ausspruch des Orakels?

Prinz. Seine Worte sind zweideutig, und was mich am meisten verdrießt, ihnen fehlt der Stempel der Ehrfurcht, den meine Fragen und mein Zustand selbst den Göttern einflößen sollten. Ich bat sie mit gerührtem Herzen, mir zu entwickeln: Wann denn diese stürmische Bewegung meines Herzens endlich aufhören, wann dieses tantalische Streben nach ewig fliehendem Genuß endlich ersättiget werden würde? wann ich, für meine Mühseligkeiten und Leiden endlich belohnt, die Entzückungen mit der Ruhe, und diese holde Traurigkeit mit einem bestätigten Herzen würde verbinden können? Und was gaben sie mir für eine Antwort! Ich mag sie meinem Gedächtniß nicht wieder zurück rufen! Nimm und lies!

(Er gibt ihm eine Rolle.)

Merkulo (liest).

Wird nicht ein kindisches Spiel vom ernsten Spiele vertrieben,
Wird dir lieb nicht und werth, was du besitzend nicht hast,
Gibst entschlossen dafür was du nicht habend besitzest;
Schwebt in ewigem Traum, Armer, dein Leben dahin.

Ein witziges Orakel! ein antithetisches Orakel!

(Er liest weiter.)

Was du thöricht geraubt, gib du dem Eigener wieder;
Eigen werde dir dann, was du so ängstlich erborgst.

Ober fürchte den Zorn der überschwe=
benden Götter!
Hier und über dem Fluß fürchte des
Tantalus Loos.

(Merkulo kann nach Belieben den Orakelspruch wiederholen, An=
merkungen machen ꝛc., bis er glaubt, das Publicum habe die
Worte genugsam gehört.)

Prinz. Warum mußt' ich Thörichter fragen, da
ich nunmehr wider meinen Willen folgen, oder der
Götter Zorn auf mich laden muß!

Merkulo. Bei dieser Gelegenheit, dächt' ich,
könnten Sie sich immer mit der Unwissenheit ent=
schuldigen; denn ich sehe wenigstens nicht, wie
das Orakel prätendiren kann, daß man's ver=
stehen soll.

Prinz. Ich versteh' es nur zu wohl! Nicht die
Worte; aber den Sinn. (Gegen die Laube gekehrt.) Dich
soll ich weggeben! Dich soll ich aufopfern! Als
wenn ich Ruhe der Seele und Glück erwerben könnte,
wenn ich mich ganz zu Grunde richte!

Merkulo. Freilich lassen sich allenfalls die Worte
des Orakels dahin deuten.

Prinz. Es ist allzu grausam!
            Wegzugeben was ich habe,
            Götter ach! ist allzu viel.

            Merkulo.
        Nennen doch die hohe Gabe
        Götter selbst ein Kinderspiel!

Prinz.
Ich verliere diese Freuden!
Mir verschwindet dieses Licht!

Merkulo (für sich).
O wahrhaftig! zu beneiden
Sind die Seligkeiten nicht.

Prinz.
Götter neiden dieß Entzücken,
Und sie nennen es ein Spiel.

Merkulo.
Uns weit besser zu erquicken
Gibt's noch andrer Sachen viel.

Prinz. Es ist ein entsetzlicher Entschluß, der in meiner Seele sich hin und her bewegt, und was für Empfindungen auf= und absteigen, die mir diesen Entschluß bald zu erleichtern, bald zu erschweren scheinen! — Laß mich allein, und sei bereit, auf meinen Wink alle meine Leute, alle Bewohner dieses Hauses zusammen zu rufen: denn was ich thun will, ist eine große und männliche That, und leidet den Anblick vieler Zeugen.

Merkulo. Bester Herr, Sie machen mir bange.

Prinz. Erfülle deine Pflicht!

Merkulo (im Weggehen umkehrend). Noch eins! Andrason ist wieder hier; wollen Sie den auch zum Zeugen haben?

Prinz. Himmel! Andrason!

Merkulo. Er selbst. Ich hab' ihn, wie ich aufstand, mit seiner Schwester am Fenster gesehen.

Prinz. Laß mich allein! — Meine Sinnen verwirren sich; ich muß Luft haben, um die tausend Gedanken, die in mir durch einander gehn, zurecht zu legen.

(Merkulo ab.)

Prinz (allein nach einer Pause).

Fasse dich! Entschließe dich: denn du mußt! — Weggeben sollst du das, was dein ganzes Glück macht; aufgeben, was die Götter wohl Spiel nennen dürfen, weil ihnen die ganze Menschheit ein Spiel zu sein scheint. Dich weggeben! (Er macht die Laube auf. Mandandane mit einer Maske vor dem Gesicht sitzt drin.) Es ist ganz unmöglich! Es ist als griff' ich nach meinem eignen Herzen, um es heraus zu reißen! und doch! — (Er fährt zusammen und von der Laube weg.) Was ist das in mir? wie unbegreiflich! Wollen mir die Götter meinen Entschluß erleichtern? Soll ich mir's läugnen oder gestehn? Zum erstenmal fühl' ich den Zug, der mich nach dieser himmlischen Gestalt zieht, sich verringern! Diese Gegenwart umfängt mich nicht mehr mit dem unendlichen Zauber, der mich sonst vor ihr mit himmlischen Nebeln bedeckte! Ist's möglich? In meinem Herzen entwickelt, bestimmt sich das Gefühl: du kannst, du willst sie weggeben! — Es ist mir unbegreiflich! (Er geht auf sie los.) Geliebteste! (Er wendet kurz wieder um.) Nein, ich belüge mich! Mein

Herz ist nicht hier! In fremden Gegenden schwärmt's herum, und sucht nach voriger Seligkeit — Mir ist's als wenn du es nicht mehr wärest, als wenn eine Fremde mir untergeschoben wäre. O ihr Götter! die ihr so grausam seid, welche seltsame Gnade erzeigt ihr mir wieder, daß ihr mir das so erleichtert, was ich auf euern Befehl thue! — Ja, lebe wohl! Von ungefähr ist Andrason nicht hier. Ich hatte ihm die beste Hälfte seines Eigenthums geraubt; hier nehme er sie wieder! Und ihr, himmlische Geister, gebt euerm folgsamen Sohn aus den Weiten der Welt neues unbekanntes Glück! (Er ruft.) Merkulo!

Merkulo kommt.

Prinz. Bringe sie zusammen, die Meinigen, das Haus: könnt' ich die Welt zusammen rufen, sie sollte Zeuge der wunderbollen That sein!

(Merkulo ab.)

(Der Prinz verschließt die Laube. Unter einer feierlichen Musik kommen: der Oberste, die Wache, das ganze Gefolge, nach ihnen die Fräulein, alles stellt sich zu beiden Seiten, wie sie stehen müssen, um das Schluß-Ballett anzufangen. Zuletzt kommen Feria, und Andrason mit Merkulo. Die Musik hört auf.)

Prinz. Tritt näher, Andrason, und höre mich einen Augenblick geruhig an. Bisher sind wir nicht die besten Freunde gewesen: nunmehr haben die Götter mir die Augen geöffnet. Das Unrecht, seh' ich, war auf meiner Seite; ich raubte dir die beste Hälfte des Weibes das du liebst. Auf Befehl der Unsterblichen geb' ich dir sie zurück. Nimm als ein Heiligthum wieder, was ich als ein Heiligthum bewahrt habe; und verzeih das Vergangne meiner Noth, meinem Irrthum, meiner Jugend, und meiner Liebe!

Andrason (laut). Was soll das heißen? (Für sich.) Was wird das geben?

Prinz (eröffnet die Laube, man sieht Mandandane sitzen). Hier, erkenne das Geheimniß und empfange sie zurück!

Andrason. Meine Frau! Du entführst mir meine Frau? schleppst sie mit dir herum? beschimpfest mich öffentlich, da du sie mir vor den Augen aller Welt zurückgibst?

Prinz. Dieß sei ein Beweis der Heiligkeit meiner Gesinnungen, daß ich jetzt das Licht nicht scheue!

Andrason. Himmel und Hölle! Ich will es rächen. (Er greift nach dem Schwert, Feria hält ihn, er spricht leise zu ihr.) Laß sein! Ich muß ja so thun.

Prinz. Entrüste dich nicht! Mein Schwert hat auch eine Schärfe. Sei stille, gib der Vernunft Gehör! Du kannst nicht sagen: Es ist mein Weib; und es ist doch dein Weib.

Andrason. Ich hasse die Räthsel! (Nach einem Augenblick, stille für sich.) Ich erstaune! Wieder entbindet sich in meiner Seele ein neuer Verstand, eine Erklärung der letzten Worte des Orakels! Wär' es möglich? O helft mir, gütige Götter! (Laut.) Verzeih! ich fühle, daß ich dir Unrecht thue. Hierin ist Zauberei oder eine andere geheime Kraft, die der Menschen Sinne zwiespaltig mit sich selbsten macht. Was soll ich mit zwei Weibern thun? Ich verehre den Wink des Himmels und deinen Schwur. Diese nehm' ich wieder an; aber gern geb' ich dir jene dagegen, die ich gegenwärtig besitze.

Prinz. Wie?

Andrason. Bringt sie her!

(Die Sklaven ab.)

Prinz. Sollte ich nach so viel Leiden noch glücklich werden können?

Andrason. Vielleicht thun hier die Himmlischen ein Wunder, um uns beide zur Ruhe zu bringen. Laß uns diese beiden als Schwestern betrachten, jeder darf Eine besitzen, und jeder die Seinige ganz.

Prinz. Ich vergeh' in Hoffnung!

Andrason. Komm du auf mein Theil, immer gleich Geliebte!

(Die Mohren heben den Sessel aus der Laube und setzen ihn an die linke Seite des Grundes.)

Mandandane (im Begriff die Maske abzuwerfen, an Andrasons Hals). O Andrason!

Andrason (der sie nicht aufstehn noch die Maske abnehmen läßt). Still Püppchen! Stille Liebchen! Es naht der entscheidende Augenblick!

(Die Sklaven bringen die Puppe, der Prinz auf sie los und fällt vor ihr nieder.)

Prinz. Himmel, sie ist's! Himmel, sie ist's! Seligkeit thauet herab!

(Die Puppe wird an die andere Seite des Theaters Mandandanen gegenübergesetzt. Hier muß die Ähnlichkeit beider dem Zuschauer noch Illusion machen, wie es überhaupt durch's ganze Stück darauf angesehen ist.)

Andrason. Komm und gib mir deine Hand! Aller Groll höre unter uns auf, und feierlich entsag' ich hier dieser zweiten Mandandane, und vereine sie mit dir auf ewig! (Er legt ihre Hände zusammen.) Sei glücklich! (Für sich.) mit deiner geflickten Braut!

Prinz. Ich weiß nicht wo mich die Trunkenheit der Wonne hinführt. Diese ist's, ich fühl' ihre Nähe, die mich so lang an sich zog, die so lang das Glück meines Lebens machte! Ich fühl's, ich bin wieder in dem Zauberstrudel fortgerissen, der unaufhörlich von ihr ausfließt. (Zu Mandandanen.) Verzeih und leb' wohl! (Auf die Puppe deutend.) Hier, hier ist meine Gottheit, die ganz mein Herz nach ihrem Herzen zieht!

Mandandane
(die die Maske abwirft, zu Andrason).

Laß uns den Bund erneuen,
Gib wieder deine Hand!
Verzeih daß ich den Treuen,
So thöricht dich verkannt.

Prinz (zur Puppe).

Was Menschen zu erfreuen
Die Götter je gesandt,
Das Leben zu erneuen,
Fühl' ich an deiner Hand!

Merkulo.

Wie mir's ist sag' ich nicht!
Als zögen uns die Wände ein Fratzengesicht!
Himmel und Erde scheint uns Esel zu bohren,
Wir sind unwiederbringlich verloren.

Mandandane (zu Andrason).

Laß uns den Bund erneuen,
Gib wieder deine Hand!
Verzeih daß ich den Treuen,
So thöricht dich verkannt.

Prinz (zur Puppe).

Was Menschen zu erfreuen
Die Götter je gesandt,
Das Leben zu erneuen,
Fühl' ich an deiner Hand!

Andrason. Wenn je ein seltsam Orakel buchstäblich erfüllt worden, so ist's dieses, und alle meine Wünsche sind befriedigt, da ich dich so wieder in meinen Armen halte. Auf, Schwester, Kinder, Freunde! Laßt's nun an Lustbarkeiten nicht fehlen. Wir wollen unsers Glücks genießen, über die wunderbare Geschichte unsere stillen Betrachtungen anstellen, (Mehr hervortretend gegen die Zuschauer.) und von hundert Lehren, die wir daraus ziehen könnten, uns besonders diese merken: daß ein Thor erst dann recht angeführt ist, wenn er sich einbildet, er folge gutem Rath oder gehorche den Göttern.

(Ein großes Ballett zum Schlusse.)

Die Vögel.

Nach dem Aristophanes.

Personen.

Treufreund, als Scapin.
Hoffegut, als Pierrot.
Schuhu.
Papagei.
Chor der Vögel.

Waldiges felsiges Thal
auf einem hohen Berggipfel, im Grunde eine Ruine.

Hoffegut
(von der einen Seite oben auf dem Felsen).

5 O gefährlicher Stieg! o unglückseliger Weg!

Treufreund (auf der andern Seite in der Höhe, ungesehn). Still! ich hör' ihn wieder. — Houp!

Hoffegut (antwortend). Houp!

Treufreund. Auf welche Klippe hast du dich
10 verirrt?

Hoffegut. Weh mir! o weh!

Treufreund. Gedulbig, mein Freund!

Hoffegut. Ich stecke in Dornen.

Treufreund. Nur gelassen!

15 **Hoffegut.** Auf dem feuchten betriegrischen Moos schwindl' ich am Abhang des Felsens!

Treufreund. Immer ruhig! — Mach' dich herunter! Da seh' ich ein Wieschen!

Hoffegut. Ich fall', ich falle!

20 **Treufreund.** Nur sachte! ich komme gleich!

Hoffegut. Au, au, ich liege schon unten!

Treufreund. Wart', ich will dich aufheben!

Hoffegut (auf der Erde liegend). O daß den bösen Verführer, den landstreicherischen Gesellen, den waghalsigen Kletterer die Götter verderblich verdürben!

Treufreund. Was schreist du?

Hoffegut. Ich verwünsche dich!

Treufreund (den man oben auf dem Felsen auf allen Vieren erblickt). Hier ist der Muscus cyperoides polytrichocarpomanidoides.

Hoffegut. Er bringt mich um.

Treufreund. Hier ist der Lichen canescens pigerrimus, welch eine traurige Figur!

Hoffegut. Mir sind alle Gebeine zerschellt.

Treufreund. Siehst du, was die Wissenschaft für ein Nothanker ist! In den höchsten Lüften, auf den rauhsten Felsen findet der unterrichtete Mensch Unterhaltung.

Hoffegut. Ich wollte, du müßtest im tiefsten Meergrund ein Konchylienkabinett zusammenlesen, und ich wäre, wo ich herkomme!

Treufreund. Ist dir's nicht wohl? Es ist so eine reine Luft da oben.

Hoffegut. Ich spür's am Athem!

Treufreund. Hast du dich umgesehen? Welche treffliche Aussicht!

Hoffegut. Die kann mir nichts helfen.

Treufreund. Du bist wie ein Stein —

Hoffegut. Wenn die Kälte ausschlägt: ich schwitze über und über.

Treufreund (herunter kommend). Das ist heilsam; und ich versichere dich, wir sind am rechten Ort —

Hoffegut. Ich wollte, wir wären wieder unten —

Treufreund. Und sind den nächsten Weg gegangen.

Hoffegut. Ja, grad auf, aber ein paar Stunden länger. Ich kann kein Glied rühren, von der Müh und vom Fall. Weh! o weh!

Treufreund (hebt ihn auf). Nu, nu, du hängst ja noch zusammen.

Hoffegut. O müss' es allen denen so ergehen, die zu Hause unzufrieden sind!

Treufreund. Faß dich, faß dich!

Hoffegut. Wir hatten wenigstens zu essen und zu trinken —

Treufreund. Wenn uns jemand borgte, oder es was zu schmarutzen gab.

Hoffegut. Warm im Winter —

Treufreund. So lange wir im Bette lagen.

Hoffegut. Keine Strapazen; und es waren gewiß Leute schlimmer dran als wir, die wir wie unsinnig in die Welt hinein rennen und was Tolles auf die tollste Art aufsuchen.

Treufreund (gegen die Zuschauer). Unsere Geschichte ist mit wenigen Worten diese: Wir konnten's in der Stadt nicht mehr aushalten. Denn, ob wir gleich nicht viel verlangten, so kriegten wir doch immer weniger als wir hofften; was wir thaten wurde gut bezahlt, und wir hatten immer weniger als wir brauchten; wir schränkten uns auf alle mögliche Weise ein, und konnten niemals auskommen. Wir lebten gern auf unsere Weise, und konnten selten eine Gesellschaft finden, die für uns paßte. Kurz, wir sehnten uns nach einem neuen Lande, wo's eben anders zuginge.

Hoffegut. Und haben uns auf dem Wege vortrefflich verbessert.

Treufreund. Der Ausgang gibt den Thaten ihre Titel. — Große Verdienste bleiben in den neuern Zeiten selten verborgen; es gibt Journale, wo man jede edle Handlung gleich verewigt. Wir haben gehört, daß auf dem Gipfel dieses überhohen Berges ein Schuhu wohnt, der mit nichts zufrieden ist, und dem wir deßwegen große Kenntnisse zuschreiben. Sie nennen ihn ihm ganzen Lande den Kriticus. Er sitzt den Tag über zu Hause, und denkt alles durch was die Leute gestern gethan haben, und ist immer noch einmal so gescheidt als einer der vom Rathhaus kommt. Wir vermuthen, daß er alle Städte, obwohl nur bei Nacht, wie der hinkende Teufel, wird gesehen haben, und daß er uns wird einen Ort anzeigen können, wo wir mit Vergnügen unser Leben zubringen mögen. Sieh doch, sieh, das schöne Gemäuer dahinten! Ist's doch als wenn die Feen es hin gehext hätten.

Hoffegut. Entzückst du dich wieder über die alten Steine?

Treufreund. Gewiß dahinten wohnt er. Heda, he! Schuhu! he! he! Herr Schuhu! Ist niemand zu Hause?

Papagei (tritt auf und spricht schnarrend). Herren, meine Herren! Wie haben wir die Ehre? Wo kommen Sie her? Welch eine angenehme Überraschung!

Treufreund. Wir kommen den Herrn Schuhu hier oben aufzusuchen.

Hoffegut. Und haben fast die Hälse gebrochen, um die Ehre zu haben ihm aufzuwarten.

Papagei. Was thut man nicht um die Bekanntschaft eines großen Mannes zu gewinnen! Sie werden meinem Herrn willkommen sein. Wenn er gleich kein freundlich Gesicht macht, so sieht er's doch gern, wenn man ihn besucht.

Treufreund. Sind Sie sein Diener?

Papagei. Ja, so lang als mir's denkt.

Hoffegut. Wie ist denn Ihr Name?

Papagei. Man heißt mich den Leser.

Treufreund. Den Leser!

Papagei. Und von Geschlecht bin ich ein Papagei.

Hoffegut. Das hätt' ich Ihnen eher angesehen.

Treufreund. Seid ihr denn mit euerm Herrn zufrieden?

Papagei. Ach ja, ja. Wir schicken uns recht für einander. Er denkt den ganzen Tag, und ich denke gar nichts; er urtheilt über alles, und das ist mir sehr recht, da brauch' ich's nicht zu thun. Wenn mir so was recht in der Seele wohl thut, wenn ich's auswendig gelernt habe, ich mich den ganzen Tag mit trage, da geh' ich eben des Abends hin und frage ihn ob's auch was taugt?

Treufreund. Ihr müßt aber hier jämmerliche Langeweile haben.

Papagei. Glaubt das nicht; wir sind von allem unterrichtet.

Hoffegut. Was thut und treibt ihr aber den ganzen Tag?

Papagei. Je nun, wir warten eben bis der Abend kommt.

Treufreund. Ihr habt aber wahrscheinlich noch besondre Liebhabereien?

Papagei. Ich bin ein erklärter Freund von Nachtigallen, Lerchen und andern dergleichen Singvögeln. Ganze Stunden lang bei Tag und Nacht kann ich stehen und ihnen zuhören, und so entzückt sein, so selig sein, daß ich manchmal meine, die Federn müßten mir vom Leibe fließen. Zum Unglück ist mein Herr auch sehr auf diese Thierchen gestellt, nur von einer andern Seite; wo er eins habhaft werden kann, schnaps! hat er's bei'm Kopfe und rupft's. Kaum ein paar hat er auf mein inständiges Bitten hier oben leben lassen, und just nicht die besten.

Treufreund. Ihr solltet ihm remonstriren.

Papagei. Das hilft nichts wenn er hungrig ist.

Hoffegut. Ihr solltet ihm ander Futter unterschieben.

Papagei. Das geschieht auch, so lang's möglich ist, und das ist eben mein Leidwesen. Wenn's nur immer Mäuse gäbe! Denn Mäuse find't er so delicieux wie Lerchen, und die schönste Lerche schnabelirt er wie eine Maus.

Hoffegut. Warum dient ihr ihm denn aber?

Papagei. Er ist nun einmal Herr.

Hoffegut. Ich ließ' ihn hier oben in seiner Wüste, und suchte mir dort unten so ein schönes, allerliebstes, dichtes, feuchtliches Hölzchen, das voller Nachtigallen wäre, und wo die Lerchen über dem Felde dran zu Hunderten in der Luft herum sängen: da wollte ich mir's recht wohl werden lassen!

Papagei. Ach wenn's nur schon so wäre!

Treufreund. Nun so macht, daß ihr von ihm los kommt.

Papagei. Wie soll ich's anfangen?

Hoffegut. Gibt er euch denn so gute Nahrung, daß ihr's wo anders nicht besser haben könnt?

Papagei. Behüte Gott! Ich muß mir mein bißchen selbst suchen. Ja, wenn ich Gebeine und Gerippe fressen könnte; das ist alles, was er von seinen Mahlzeiten übrig läßt.

Treufreund. Das heiße ich ein Attachement!

Macht doch, daß wir einen Herrn kennen lernen, der so einen treuen Diener verdient.

Papagei. Nur stille, stille, daß ihr ihn nicht aufweckt! denn wenn man ihn aus den Träumen stört, da ist er so unartig wie ein Kind; sonst ist er ein recht gesetzter Mann. Doch ich höre, daß er eben von seinem Mittagsschläfchen erwacht, sich schüttelt! da ist er am freundlichsten; ich will euch melden. — Mein theurer Herr, ich bitte euch, hier sind ein paar liebenswürdige Fremde! Der Himmel ist bedeckt, es wird euern Augen nichts schaden.

Schuhu (tritt auf).

Über was verlangen die Herrn mein Urtheil?

Treufreund. Nicht sowohl Urtheil als guten Rath.

Papagei. Das ist eben recht seine Sache. Ich habe noch nicht gesehen, daß einer etwas gemacht hat, den er nicht hinterdrein mit der Nase auf's Beßre gestoßen hätte.

Schuhu. Einen guten Rath, meine Herren?

Hoffegut. Oder auch eine Nachricht, wie Sie's nehmen wollen.

Papagei. Damit wird er Ihnen auch dienen können; denn er ist von allem unterrichtet.

Schuhu. Ja, ich habe Correspondenz mit allen Malcontenten in der ganzen Welt; da erhalte ich die geheimsten Nachrichten, Papiere und Documente; und wenn man mit den Leuten spricht die unzufrieden sind, da erfährt man recht die Wahrheit.

Treufreund. Ganz natürlich!

Hoffegut. Ohne Zweifel.

Papagei. O gewiß!

Schuhu. Ich habe meine rechte Freude allen Vögeln bange zu machen. Es wird keinem wohl, wenn er mich nur von weitem wittert. Sie führen ein Gekreische und Gekrächze und Gekrakse, und können, wie ein schimpfendes altes Weib, gar von dem Orte nicht wegkommen, wo man sie ärgert. Es ist aber auch einer oder der andere sich bewußt, daß ich ihm seine Jungen anatomirt habe, um ihm zu zeigen wie er ihnen hätte sollen schärfere Flügel, rüstigere Schnäbel und wohlgebautere Beine anschaffen.

Treufreund. Wir haben uns also an die rechte Schmiede gewendet; denn wir suchen eine Stadt, einen Staat, wo wir uns besser befänden als da, wo wir herkommen.

Schuhu. Wenn Sie Nachricht haben wollten von einem wo's schlimmer hergeht, damit könnt' ich eher dienen. Sein Sie versichert, kein Volk in der Welt weiß sich aufzuführen und kein König zu regieren.

Hoffegut. Und sie leben doch alle.

Schuhu. Das ist eben das Schlimmste. Aber was treibt Sie aus Ihrem Vaterlande?

Treufreund. Die ganz unerträgliche Einrichtung. Bedenken Sie, wenn wir zu Hause saßen und ein Pfeifchen Tabak rauchten, oder in's Wirthshaus gingen und uns ein Gläschen alten Wein schmecken ließen, wollte uns kein Mensch für unsere Mühe bezahlen. Was wir am liebsten thaten, war am strengsten verboten, und wenn wir es ja einmal doch probirten, wurden wir für unsere gute Meinung noch dazu gestraft.

Schuhu. Sie scheinen seltsame Begriffe zu haben.

Hoffegut. O nein, unsere meisten Freunde sind so gesinnt.

Schuhu. Allein, was für eine Stadt suchen Sie eigentlich?

Treufreund. O eine ganz unvergleichliche! so eine weiche, wohlgepolsterte — so eine, wo's einem immer wohl wäre.

Schuhu. Es gibt verschiedene Arten von Wohlsein.

Treufreund. Eine Stadt, wo es einem nicht fehlen könnte, alle Tage an eine wohlbesetzte Tafel geladen zu werden.

Schuhu. Hm!

Hoffegut. So eine Stadt, wo vornehme Leute die Vortheile ihres Standes mit uns Geringern zu theilen bereit wären.

Schuhu. He!

Treufreund. Eben eine Stadt, wo die Regenten fühlten, wie es dem Volk, wie es einem armen Teufel zu Muthe ist.

Schuhu. Gut!

Hoffegut. Ja, eine Stadt, wo reiche Leute Zinsen gäben, damit man ihnen nur das Geld abnähme und verwahrte.

Schuhu. So!

Treufreund. Eine Stadt, wo Enthusiasmus lebte, wo ein Mann, der eine edle That gethan, der ein gutes Buch geschrieben hätte, gleich auf Zeitlebens in allem frei gehalten würde.

Schuhu. Sind Sie ein Schriftsteller?

Treufreund. Ei wohl!

Schuhu. Sie auch?

Hoffegut. Freilich! wie alle meine Landsleute.

Schuhu. Da gehören Sie vor meinen Stuhl.

Hoffegut. Wenn Sie was dazu beitragen können, so sorgen Sie, daß wir besser bezahlt werden.

Schuhu. Das bekümmert mich nicht.

Treufreund. Daß wir nicht nachgedruckt werden.

Schuhu. Das geht mich nichts an.

Hoffegut. Eine Stadt, wo Vater und Mutter nicht gleich so gräßliche Gesichter schnitten, wenn man sich ihren liebenswürdigen Töchtern nähert.

Schuhu. Wie?

Treufreund. So eine Stadt, wo Ehemänner einen Begriff von dem bedrängten Zustande eines unverheiratheten wohlgesinnten Jünglings hätten.

Schuhu. Was?

Hoffegut. Eine Stadt, wo ein glücklicher Autor weder Schuster noch Schneider, weder Fleischer noch Wirth zu bezahlen brauchte, da wo mir selbst ein niedliches Schätzchen ihre Annehmlichkeiten gratis aufdränge, weil ich einmal gewußt habe ihr Herz zu rühren.

Schuhu. Zu wem, denkt ihr, daß ihr gekommen seid?

Treufreund. Wie so?

Schuhu. Wie finde ich Worte, die eure Ungezogenheit ausdrücken?

Hoffegut. Sonst habt ihr deren doch einen guten Vorrath.

Schuhu. Schändlich! und was schlimmer ist, abscheulich! und was schlimmer ist, gottlos! und was schlimmer ist, abgeschmackt!

Treufreund. Er hat die Leiter erstiegen.

Schuhu. Für euch ist kein Weg als in's Zuchtoder in's Tollhaus.

(Ab.)

Papagei. Aber um Gottes willen! was macht ihr, ihr Herren? Ihr scheint ja so vernünftige Leute und mein Herr ist so ein vernünftiger Herr!

Treufreund. Das macht, daß just vernünftige Leute sich unter einander am wenigsten vertragen können.

Papagei. So einen ernsthaften Mann, den Vogel der Vögel!

Treufreund. O ja! er gleicht dem Wiedehopf, denn er macht sein Nest aus Quark.

Hoffegut. Oder dem Guckguck, denn er legt seine Eier in fremde Nester.

Papagei. Meine Herren, ich leide ganz erbärmlich!

Treufreund. Wir auch — an Hunger und Durst.

Papagei. Ach meine Leiden sind viel grausamer! es sind Seelenleiden. Ist's denn nicht möglich, daß treffliche, mit so vielen Gaben ausgerüstete und ausgezeichnete Männer auf Einen Zweck wirken, und vereint das Gute, das Vollkommene erschaffen können?

Hoffegut. Es wird sich schon finden. Ich dächte, ihr rettetet indeß die Hausehre und gäbt uns was zum Besten.

Papagei. Die Herren scheinen sonderliche Kenner zu sein. Erlauben Sie nicht, daß ich Ihnen meine Nachtigallen und meine Lerchen producire?

Hoffegut. Schaum und Wind!

Papagei. Nun sollt ihr sie hören, meine lieblichen, allerliebsten, unsere Stunden mit ewiger Freude umkränzenden Sängerinnen.

Treufreund. Leser, lieber Leser!

Papagei. O du kleine, leichtbewegliche, aufspringende, schwirrende, schmetternde, hellklingende Lerche, du Gast der frisch gepflügten Erde, laß deine Stimme hören, und schaffe neue Bewunderung und Freude!

Treufreund. Der wäre vortrefflich, eine Ode auf eine mittelmäßige Actrice zu machen.

(Die Lerche hinter der Scene singt, während der Zeit der Papagei sein unendliches Entzücken, und die Zuhörer ihre Verwunderung äußern.)

Papagei. Dank dir, heißen Dank!

Treufreund. Hunger, heißen Hunger!

Hoffegut. Durst, heißen Durst! Ist nicht irgend eine Quelle hier in der Nachbarschaft?

Treufreund. Gibt's keine Heidelbeeren, Himbeeren, Mehlbeeren, Brombeeren hier oben, daß ich dem Scheidewasser meines Magens nur etwas zur Nahrung einfüllen könnte?

Papagei. Ihr sollt meine Nachtigall hören, die sanftzaubernde Huldin, die Beseelerin der Nächte! — Wecke, rufe hervor jedes schlummernde Gefühlchen! belebe mit Wollust jeden Flaum, und mache mich von der Kralle bis zum Schnabel ganz zur Empfindung!

Hoffegut. Wenn sie sich nur kurz faßt!

Treufreund. Das ist gar ihre Art nicht. Wenn so eine Nachtigall einmal in's Schlagen kommt, da muß man ihr den Hals umdrehen, wenn sie aufhören soll.

(Nachtigall hinter der Scene, eine lange zärtliche Arie nach Belieben.)

Papagei. Brav! brav! Das ist ein Ausdruck! eine Mannichfaltigkeit!

Treufreund. Mir ist's, als wär' ich in der deutschen Komödie, es will gar kein Ende nehmen.

Hoffegut. Sie hat eine hübsche Stimme; ich möchte sie doch in der Nähe sehen.

Papagei. Nun noch zu guter Letzt ein Rondeau von der allerliebsten Lerche; sie hat so was Humoristisches in ihrem Gesange.

(Rondeau von der Lerche, während dessen Treufreund den Tact tritt, und zuletzt Bewegungen macht wie einer der tanzen will.)

Papagei. Um Gotteswillen, wer wird den Tact treten? Merkt doch auf den Ausdruck!

Treufreund. Der Tact ist das Einzige, was ich von der Musik höre; da fährt's einem so recht in die Beine.

(Das Rondeau geht fort. Treufreund fängt an für sich zu tanzen.)

Treufreund. Ich glaube, ich werde toll vor Hunger.

(Hoffegut wird auch angesteckt. Ter Schuhu kommt und ruft.)

Schuhu. Soll denn des Gelärms noch kein Ende werden?

(Treufreund kriegt den Schuhu und Hoffegut den Papagei zu fassen, und nöthigen sie zu tanzen. Wie das Rondeau zu Ende ist, klatschen Treufreund und Hoffegut in die Hände und rufen: Bravo! bravo! — Hinter der Scene entsteht ein Getümmel.)

Hoffegut. Was hör' ich! welch ein Geschrei! welch ein Geräusch!

Treufreund. Die Äste werden lebendig.

Hoffegut. Ich höre piepsen und kratzen, und sehe eine Versammlung unzähliger Vögel.

Die Vögel kommen nach und nach herein.

Treufreund. Welch ein buntes abgeschmacktes Gefieder! Lauter Tagvögel! Sie spüren ihren nächtlichen Feind, den mächtigen Kriticus.

Hoffegut. Welch ein abenteuerlicher Kamm! Wie das Thier sich verwundert!

Treufreund. Dieser hat sich noch ärger ausgeputzt und sieht noch alberner aus.

Hoffegut. Sieh den dritten, wie er wichtig thut! Sie berathschlagen sich unter einander.

Treufreund. Bis sie einig werden, haben wir gute Zeit.

Hoffegut. O weh mir! Der Haufe vermehrt sich. Sieh diese kleine Brut, diesen gefährlichen Anflug! Wie's trippelt, wie's stutzt, wie's hüpft, scheut, und wiederkommt! Weh uns! weh! — O welche Wolke von scheußlichen Creaturen! Welch ein schändlicher Tod droht uns von abscheulichen Feinden!

Treufreund. Warum nicht gar! Ich habe Appetit sie zu fressen!

Hoffegut. Ein Wagehals nimmt kein gutes Ende; davon haben wir ein Exempel in der Historie. Du wirst umkommen, und ich werde umkommen, und ich werde nicht das mindeste Vergnügen davon gehabt haben.

Treufreund. Hast du die Geschichte des Regulus gelesen?

Hoffegut. Leider!

Treufreund. Des Cicero?

Hoffegut. Nun ja!

Treufreund. Kein großer Mann muß eines natürlichen Todes sterben.

Hoffegut. Hätteft du mir das eher gesagt!

Treufreund. Es ist noch immer Zeit.

Hoffegut. Hast du mir darum solche Lehren gegeben? mir immer vorgesagt, daß ein Mensch leben müsse, als wenn er hundert Jahre alt werden wollte; daß er sich ordentlich, mäßig, keusch und in allen Dingen sparsam erzeigen müsse? Hast du mir nicht eine brave, niedliche Frau versprochen, wenn ich mich aufführte, wie sich unsere jungen Leute nicht aufführen? — und nun soll ich so schändlich untergehen! Hätt' ich das eher gewußt, ich hätte mir wollen mein bißchen junges Leben zu Nutze machen.

Treufreund. Laß dich deine Tugend nicht gereuen!

Hoffegut. Sie schmieden einen Anschlag, sie wetzen ihre Schnäbel, sie schließen sich in Reihen, sie fallen uns an!

Treufreund. Halte den Rücken frei, drücke den Schlapphut in's Gesicht, und wehre dich mit dem Ärmel! Jedem Thier und jedem Narren haben die Götter seine Vertheidigungswaffen gegeben.

Erster Vogel. Versäumt keinen Augenblick! Sie sind's! unsere gefährlichsten Feinde! Es sind Menschen!

Zweiter Vogel. Vogelsteller? Verschont keinen! Fallet sie an mit vereinten Kräften, mit schneller Gewalt!

Chor der Vögel.

Pickt und kratzt und krammt und hacket,
Bohrt und krallet den Verwegnen,
Den verfluchten Vogelstellern
Ungesäumt die Augen aus!

Schlagt und klatscht dann mit den Flügeln
Ihre Wangen, ihre Lippen,
Die uns zum Verderben pfeifen,
Ihre mordgesinnten Schläfe;
Daß sie taumelnd niederstürzen!

Und dann zerrt und reißt euch gierig,
Keiner sie dem andern gönnend,
Um die vielgeliebten Augen!
Schlänkert die geliebten Bissen,
Sie gemächlich zu verschlucken!
Jagt euch um die Leckerbissen!
Selig wer den Fraß verschlingt!

Hoffegut. Wer wird sich der Menge entgegen setzen!

Treufreund. Freilich nicht allein mit zehn Fingern. Die größten Generale loben die Verschanzungen. Hier, mein Freund ist das Rüst= und Zeughaus unsers alten großglasäugigen Kriticus. Diese Geräthschaften und Waffen sind uns gerade willkommen. Hier ist ein Ballen, noch einer, und noch einer.

(Die Ballen und Bücher werden nach und nach von beiden Freunden herausgeschafft, und eine Art von Festung aufgebaut. An den Ballen kann außen angeschrieben stehn, aus welchem Fache die Bücher sind.)

Lauter neue Bücher, die er nach dem Geruche recensirt hat! Hier sind die großen Lexica, die großen Krambuden der Literatur, wo jeder einzeln sein Bedürfniß pfennigweise nach dem Alphabet abholen kann! — Nun wären wir von unten auf gesichert, denn jene verfluchten kleinen Kröten scheinen uns von gefährlichen Seiten angreifen zu wollen. Halt' hier! halt' fest!

Hoffegut. Was soll ich weiter holen? Es geht verflucht langsam mit unserer Verschanzung im Angesicht der Feinde.

Treufreund. Sei nur still, das ist homerisch.

(Die nachbenannten Geräthschaften müssen colossalisch und in die Augen fallend sein, besonders die Feder und das Tintenfaß.)

Nimm zuerst diesen knotigen Prügel, womit der Kriticus alles junge Geziefer auf der Stelle breit zu schlagen pflegt! Nimm diese Peitschen, mit denen er, sich gegen den Muthwillen waffnend, die Ungezogenheit noch ungezogener macht! Nimm diese Blasröhre, womit er ehrwürdigen Leuten, die er nicht erreichen kann, Lettenkugeln in die Perrücken schießt — und so wehre dich gegen jeden in seiner Art! Hier, nimm das Tintenfaß und die große Feder, und beschmiere damit dem ersten, der mit buntem Gefieder herankommt, die Flügel! denn wer die Gefahr nicht scheut,

fürchtet doch verunziert zu werden. Halte dich wohl!
Fürchte nichts! und wenn du Schläge kriegst, so denke,
daß sie dem Tapfern wie dem Feigen von den Göttern
zugemessen sind.

Hoffegut. Ich bin ein lebendiges Herz.

Chor.
Pickt und kratzt und krammt und hacket
Bohrt und krallet den Verwegnen,
Den verfluchten Vogelstellern
Ungesäumt die Augen aus!

Papagei. Bedenkt, meine Freunde! hört das Wort der Vernunft!

Erster Vogel. Bist du auch hier? Zerreißt den Verräther zuerst!

Zweiter Vogel. Er hat sie eingeführt, er muß mit ihnen sterben.

Dritter Vogel. Du verfluchter Sprecher!

(Sie hacken auf den Papagei und treiben ihn fort.)

Treufreund. Sie scheinen getheilt. Man muß sie nicht zu Athem kommen lassen.

Hoffegut. Nur immer zu!

Treufreund. Diese Nation ist in ihrer Kindheit. Ich habe von den Seefahrern gehört, daß man dergleichen Völker durch Honnetetät am ersten betriegen kann. Ich werde diese Stöcke wegwerfen, wirf die Peitsche aus der Hand! Siehst du, wie sie Acht geben und sich verwundern?

Hoffegut. Ich sehe, wie sie ihre Schnäbel auf uns richten und uns grimmig zu zerhacken drohen.

Treufreund. Ich entäußere mich dieser Feder, ich setze das Tintenfaß bei Seite, ich demolire die Festung.

Hoffegut. Bist du rasend?

Treufreund. Ich glaube an Menschheit!

Hoffegut. Unter den Vögeln?

Treufreund. Am ersten.

Hoffegut. Was wird das werden!

Treufreund. Weißt du nicht, daß die Gegenwart eines großen Mannes ihm alle seine Feinde versöhnt?

Hoffegut. Wenn sie Narren sind.

Treufreund. Das ist eben, was wir versuchen wollen.

Hoffegut. Nun aber mach' deine Sache!

Treufreund (tritt vor). Nur einen Augenblick euern raschen, auf unser Verderben gerichteten Entschluß mit Überlegung zurückzuhalten, wird euch zum ewigen Ruhm gereichen, geflügelte Völker! die ihr vor andern euers Geschlechts so ausgezeichnet seid, daß ihr nicht bloß mit Gekrakse und Geschrei in den Lüften hin und her fahret, sondern durch die himmlische Gabe der Rede und vernehmlicher Worte euch zu versammeln und gemeinschaftlich zu handeln vermögt! Großes Geschenk der alten Parze! Etwas zum Schaden Bekannter oder Unbekannter vornehmen, kann uns der

größte Vorwurf werden; dagegen es immer lobens=
würdig ist, auch wenn wir etwas für gut erkennen,
die Erinnerungen derer anzuhören, die, bekannter mit
uns verborgenen Umständen, unserm rasch gefaßten
Entschluß eine bessere Richtung zu geben wissen.

Erster Vogel. Er spricht gut.

Zweiter Vogel. Ganz allerliebst!

Dritter Vogel. Ich wollte, ihr hörtet die Sache,
nicht die Worte.

Hoffegut. Es ist, als wenn ein Franzos unter
die Deutschen kommt.

Treufreund. Oder ein Virtuos unter Liebhaber.

Dritter Vogel. Laßt sie nicht reden! Folgt
eurem Entschluß! wer Gründe anhört kommt in Ge=
fahr nachzugeben.

Hoffegut (zu Treufreund). Es wird dir nichts
helfen.

Treufreund. Gib nur Acht wie ich pfeife. (Zu
den Vögeln.) Ihr seid in Gefahr euch selbst einen großen
Schaden zu thun, indem ihr eure nächsten Verwandten
und besten Freunde aus Mißverständniß zu tödten be=
reit seid.

Erster Vogel. Mit keinem Menschen sind wir
verwandt noch freund. Ihr sollt umkommen, wir
haben's wohl überlegt.

Treufreund. Und irrt euch doch. Denn frei=
lich, das ganz Unwahrscheinliche vorauszusehn und
zu bedenken, kann man von keinem Rathe erwarten.

Wir scheinen euch feindselig hier zu sein, und sind die besten, edelsten, uneigennützigsten von euern Freunden, sind keine Menschen, sind Vögel!

Zweiter Vogel. Ihr! — Vögel? Welch eine unverschämte Lüge! Wo habt ihr eure Federn?

Treufreund. Wir sind in der Mause; wir haben sie alle verloren.

Vierter Vogel. Zu welchem Geschlecht wagt ihr euch zu rechnen?

Treufreund. Die Seefahrer haben uns vom Südpole mitgebracht. Dieses ist der Otahitische Mistfinke, nach dem Linné Monedula ryparocaudula; und ich bin von den Freundsinseln, der große Hosenkackerling, Epops maximus polycacaromerdicus; es gibt auch einen kleinen, der ist aber nicht so rar.

Erster Vogel (zu den andern). Was haltet ihr davon?

Dritter Vogel. Es sieht völlig aus wie eine Lüge.

Vierter Vogel. Es kann aber doch auch wahr sein.

Treufreund. Von Menschen unserer Freiheit beraubt, in der wir so angenehm auf den Zweigen saßen, uns wiegten, Kirschkerne aufknackten, Ananas beschnupperten, Pisangs naschten, Hanfsamen knusperten —

Erster Vogel. Ach, das muß gut geschmeckt haben!

Treufreund. In böse Käfige gesteckt, auf dem langweiligen Schiffe! Umgang eines verdrießlichen Capitäns und grober Matrosen! schlechte Kost, ein trübseliges und heimlichen Haß nährendes Leben!

Zweiter Vogel. Sie sind zu beklagen.

Treufreund. Angekommen in Europa; wie Scheusale angestaunt, von Standspersonen nach Belieben, von Bürgern um vier Groschen, von Kindern um sechs Pfennige, und von Gelehrten und Künstlern gratis.

Dritter Vogel. Sie haben mich auch einmal so dran gehabt.

Treufreund. Sie glaubten uns zahm gemacht zu haben, weil wir, durch den Hunger gebändigt, nicht mehr wie anfangs hackten und krallten, sondern Mandelkerne und Nüsse aus den Händen schöner Damen annahmen und uns hinter den Ohren krauen ließen.

Vierter Vogel. Das muß doch auch wohl thun.

Treufreund. Aber vergebens! Wir, im Herzen wie Hannibal, oder ein Rachsüchtiger auf dem englischen Theater, ungebeugt durch die Noth, ohne Dank gegen tyrannische Wohlthäter, schmiedeten einen doppelten, heimlichen, großen Anschlag — unserer Freiheit und ihres Verderbens. — Ist es der Bescheidenheit erlaubt, Aufmerksamkeit auf ihre Thaten zu lenken: o! so laßt mich euch bemerklich machen, daß sonst jeder geflügelte Gefangene schon sich selig fühlt, wenn das

Thürchen seines Kerkers sich eröffnet, der Faden, der ihn hält, zerreißt, und er sich mit einem schnellen Schwung aus dem Gesichte seiner Feinde entfernen kann. Aber wir, ganz anders gesinnt, verachteten oft eine leichte Gelegenheit zur Freiheit; andere Plane wechselten wir im Busen, und saßen lauschend und getrost indeß auf dem Stängelchen.

Hoffegut. Die Federn fangen mir an zu wachsen, ich werde zum Vogel, wenn du so fortfährst.

Treufreund. Wer lügen will, sagt man, muß sich erst selbst überreden. (Zu den Vögeln.) Was uns täglich in die Augen fiel, war ihre Einbildung und ihre Albernheit, ihre Untüchtigkeit etwas vorzunehmen, ihr Müßiggang, ihre plumpe Gewaltthätigkeit und ihr ungeschickter Betrug. Ach! — seufzeten wir so oft in der Stille — soll dieß Volk, so unwürdig von der Erde genährt zu werden, die ihnen durch den Diebstahl des Prometheus verrätherisch zugewandte Herrschaft so mißbrauchen, und sie den urältesten Herren, dem ersten Volke, vorenthalten!

Erster Vogel. Wer ist das erste Volk?

Treufreund. Ihr seid's! Die Vögel sind das erste, urälteste Geschlecht, vom Schicksale bestimmt, Herren zu sein des Himmels —

Vögel. Des Himmels?

Treufreund. Und der Erde!

Vögel. Und der Erde?

Treufreund. Nicht anders!

Vögel. Aber wie?

Treufreund. Denn nicht allein die Menschen, sondern auch die Götter vorenthalten euch euer rechtmäßiges Erbtheil. Sie sitzen auf euern väterlichen Thronen; und ihr indeß, wie armselige Vertriebene, einzelne Ausschößlinge einer alten Wurzel, werdet auf euerm eignen Boden, wie in einem fremden Garten, als Unkraut behandelt.

Zweiter Vogel. Er rührt mich!

Treufreund. Die Thränen kommen mir in die Augen, wenn ich euch ansehe. Ein Prinz, dessen Eltern von Reich und Krone vertrieben worden, der seiner Sicherheit wegen in armseligen Hütten bei Fischern sein Leben zubringen muß — wird durch den Zufall einem Freunde vom Hause, einem würdigen General entdeckt; dieser eilt ihn aufzusuchen, und wirft sich ihm zu Füßen — Nein, ich würde nicht mit mehr Rührung die Knie des entstellten Erhabenen umfassen, nicht mit mehr wahrer Inbrunst ihm mein Leben, meine Treue, mein Vermögen anbieten, als ich mich euch nähere, und zum erstenmal seit langer Zeit einen hoffnungsvollen Schmerz genieße.

Hoffegut. Sie schweigen. Wahrhaftig sie schluchzen, sie trocknen sich die Augen. Sie sind doch noch zu rühren! So ein Publicum möcht' ich küssen.

Erster Vogel. Du bringst uns ein unerwartetes Licht vor die Augen.

Hoffegut. Sie geberden sich wie Fasanen, die man bei der Laterne schießt. Wie willst du auskommen? Du hast dich in einen schlimmen Handel gemischt.

Treufreund. Merk' auf und lern' was! (Zu den Vögeln.) Es wird euch bekannt sein, ihr werdet gelesen haben —

Vögel. Wir haben nichts gelesen.

Treufreund (der den Perioden in eben dem Tone wieder aufnimmt). Ihr werdet nicht gelesen haben, es wird euch nicht bekannt sein, daß nach dem uralten Schicksal die Vögel das Älteste sind.

Vögel. Wie beweis't ihr das?

Hoffegut. Ich bin selbst neugierig.

Treufreund. Ganz leicht. Es sagt der Dichter Periplektomenes, da er vom Anfang der Anfänge spricht:

Und in der Urwelt Schooß, voll ruhender innrer
                                      Geburten,
Lag das Ei des Anfangs, erwartend Leben und
                                      Regung.

Nun wo will das Ei hergekommen sein, wenn es kein Vogel gelegt hat.

Dritter Vogel. Es muß ein groß Ei gewesen sein!

Hoffegut. Allenfalls vom Vogel Rock oder einem Lindwurm.

Treufreund. Das ist lange noch nicht alles; hört weiter; er fährt fort:

> Und auf die stockende Nacht senkt warm die ur-
> sprüngliche Liebe
> Sich mit den Fittigen her und brütet über den
> Wesen.

Ihr seht also deutlich, wo will die Liebe Fittige her-
genommen haben, wenn nicht von den Vögeln? und
wie von den Vögeln, wenn keine gewesen sind? und
wenn ihrer gewesen sind, sind sie nicht älter als die
Liebe? Ja, sogar sind Verschiedene der Meinung, daß
die Liebe selbst ein Vogel gewesen sei. — Nun, was
sagt ihr dazu? — Die uralten Götter und Göttinnen,
die Nacht, der Erebus, die Erde, werden bei den Dich-
tern alle mit Flügeln eingeführt; und werden sie's
nicht, so ist's ein Versehn: denn wenn sie, wie ich eben
bewiesen habe, von den Vögeln herkommen, so müssen
sie Flügel haben.

Hoffegut. Deutlich und zusammenhängend.

Vögel. O anschauliche Lehre, o ehrenvolles Denk-
mal!

Treufreund. Die Zeit hat Flügel! das ist Sa-
turnus! Das zweite Geschlecht der herrschenden Götter
war von euerm Stamme gesetzt: seine Frau aber hatte
wohl keine gehabt; da entstanden die letzten Bastarde,
Jupiter und seine Geschwister und Kinder — ihnen
waren die Flügel versagt, das Schicksal und die Vögel
ihnen gram! Sie legten sich auf's Schmeicheln und
nahmen Vögel zu ihren Günstlingen, um ihnen das
Recht auf die Herrschaft vergessen zu machen; Jupiter

den Adler, Juno den Pfau, den Raben Apollo, und Venus die Taube. Seinem geliebten Sohn und Kuppelboten Mercur negotiirte Jupiter selbst zwei Paar Flügel. Dem Siege mußten sie Fittige zu verschaffen, den Horen, dem Schlaf.

Hoffegut. Es ist wahr, ich hab' sie alle so gemahlt gesehen.

Treufreund. Und, was sag' ich? Amorn, den losesten aller Vögel, zierten ein Paar regenbogenfarbene Schwingen. Er, der Herr ist der Götter und Menschen, ist unstreitig ein Vogel! Er setzte die erste uralte Gewalt eures Geschlechts fort. Und so hat die Liebe bloß von den Vögeln ihre Macht. Und was noch merkwürdiger ist, will ich euch auch sagen.

Dritter Vogel. Rede weiter, laß uns nicht in Ungewißheit.

Hoffegut. Das heiß' ich einen Kindersinn! Hätt' ich nur ein Netz! die wären mein.

Treufreund. Hätte Prometheus, als ein weiser vorsichtiger Vater, statt des so sehr beneideten Flämmchens, seinen Menschen Flügel gegeben: weit einen größern Schaden hätt' er seinen Göttern gethan; aber auch euch, meine Freunde! Drum dankt dem Schicksal und euern Ahnherrn, die ihm seine klugen Sinne verdunkelten; denn in so mannichfaltiger Kunst, als die Menschen sich geübt haben, ist doch immer noch das Fliegen ein vergeblicher Wunsch, eine eitle Bemühung gewesen. Sie scheinen ihre eigenen Vorzüge darüber zu vergessen, stehn mit aufgereckten Mäulern da und beneiden euch, wenn ihr von den hohen Felsen über die undurchdringlichen Wälder dahin fahrt. Kein Wasser hält einen Verliebten auf; mit den Fischen eifern sie in die Wette: aber euer Reich ist unzugänglich, und zu euern Künsten ein Sterblicher zu plump. Im Traume finden sie die höchste Seligkeit, wenn sie zu fliegen wähnen, und man hört die Zärtlichen an allen Ecken seufzen: „Wenn ich ein Vögle wär' und auch zwei Flügel hätt' —" aber vergebens!

Vierter Vogel. Unsere Feinde beneiden uns.

Hoffegut. Neider sind Feinde.

Treufreund. Aber im tiefsten Herzen ist eurer Vorzüge Übermacht ihnen eingeprägt; und von Geschlecht zu Geschlechten beugen sie sich, ohn' es zu wissen, vor dem uralten Recht eurer Herrschaft, wenigstens im Bilde.

Zweiter Vogel. Sag' uns keine Räthsel! Wir lieben die Deutlichkeit; wir lieben nicht nachzudenken noch zu rathen.

Treufreund. Ja, übereinstimmend geben alle Völker euch göttliche und königliche Ehre. Sie bilden sich ein, sehr viel Imagination zu haben; und wenn sie den Vortrefflichsten unter ihnen mit etwas Rechtem vergleichen wollen, so können sie nicht weiter als bis zum Adler. Ihr seid so weit herumgekommen in der Welt, ihr solltet wissen —

Vögel. Wir wissen nichts.

Treufreund. Habt ihr niemals von jener mächtigen Stadt gehört? — Sie unterjochte die bewohnte Welt, und es waren so vortreffliche Leute darin, daß nachher kein Held und kein großer Mann entstanden ist, der nicht gewünscht hätte einem ihrer Bürgermeister oder Stadtwachtmeister ähnlich zu sehen — Rom, sag' ich, das freie Rom, das keinen König über sich leiden konnte, setzte den Adler auf die Stange, und den Senat mit dem Volk in einem demüthigen Monogramm zu seinen Füßen! So ließen sie ihn dem Heer vortragen, und folgten mit Ehrfurcht und Muth, als seine Söhne, als seine Knechte. So ehrenvoll behandelt man euch, indeß ihr, gleich jungen Prinzen, gar nicht zu begreifen scheint, was für Vorzüge die Götter euch angeboren haben. Erlaubt, daß ich euch mit der Nase darauf stoße.

Vögel. Wie es dir beliebt.

Treufreund. Es ist schon lange, daß von der Macht Roms und seiner Herrlichkeit kaum einige Backsteine mehr übrig sind. Aber andere Völkerschaften haben sich zu der Ehrfurcht bekannt, die euch niemals entgehen kann. Im Norden ist jetzt das Bild des Adlers in der größten Verehrung: überall seht ihr's aufgestellt, und wie vor einem Heiligen neigen sich alle Völker, wenn er auch von dem schlechtesten Sudler gemahlt oder geschnitzt worden ist. Schwarz, die Krone auf dem Haupt, sperrt er seinen Schnabel aus einander, streckt eine rothe Zunge heraus, und zeigt ein

Paar immer bereitwillige Krallen. So bewahrt er
die Landstraßen, ist das Entsetzen aller Schleichhändler,
Tabakskrämer und Deserteure. Es wird niemanden
recht wohl, der ihn ansieht — Und was soll ich von
dem zweiköpfigen sagen?

Erster Vogel. Wir wollten, ihr thätet dem
Adler weniger Ehre an; wir können ihn selbst nicht
wohl leiden.

Treufreund. Diese Ehre ist euch allen gemein.
Denn wenn Fürsten und Könige sich und die Ihrigen
vor andern geringen Menschen recht auszeichnen wollen,
wählen sie irgend einen Vogel und tragen ihn mit
Gold und Silber gestickt auf der Brust. Ja, sie
schlagen euch an vergoldete und diamantene Kreuze
(die größte Ehre, die jemand widerfahren kann!) und
tragen euch in Knopflöchern schwebend am Busen.

Zweiter Vogel. Was hilft uns diese zeitliche
Ehre, diese leere Achtung, wodurch sie sich mehr unter
einander selbst als unsere Vorzüge preisen? Götter
und Menschen besitzen unser Reich, und wir irren als
Fremdlinge zwischen Himmel und Erde.

Treufreund. Mit nichten, meine Kinder! Die
Gewalt habt ihr ihnen gelassen; euer Vaterland, euer
Reich sind sie untüchtig einzunehmen. Noch ist es frei
wie vom Anfang her.

Vögel. Zeig' es uns!

Hoffegut. Ich gehe mit.

Vögel. Führ' uns hin!

Dritter Vogel. Gibt's Wicken, gibt's Mandel=
kerne drin?

Vierter Vogel. Es wird doch an Würmchen nicht fehlen?

Alle.

Führ' uns hin!
Daß wir da trippeln,
Daß wir uns freuen,
Naschen und flattern —
Rühmliche Wonne!
Mandeln zu knuspern!
Erbsen zu schlucken!
Würmchen zu lesen!
Preisliches Glück!
Führ' uns hin!

Treufreund. Ihr seid drin.

Vögel. Du stellst uns auf den Kopf.

Treufreund. Tretet näher! — Hierher! Nun seht euch um! Hier in die Höhe! Was seht ihr da oben?

Erster Vogel. Die Wolken und den uralten ausgespannten Himmel.

Dritter Vogel. Er steht wohl schon eine Weile?

Hoffegut. Ich denk's! Es ist mir auch noch gar nicht bange für ihn.

Treufreund. Da droben wohnen, wie jedermann bekannt ist, seit vielen Jahrtausenden die Götter. Nun seht hinunter, was seht ihr da?

Vierter Vogel. Berge und Flüsse, Wälder und Seen, Wohnungen der verderblichen Menschen.

Treufreund. Nun merkt auf, und schaut auf! Und zwischen diesen beiden, was seht ihr?

Zweiter Vogel. Zwischen Himmel und Erde?

Treufreund. Ja, dazwischen.

Vögel. Nun, nun, da sehen wir — nichts.

Treufreund. Nichts? O ihr seid ja fast so blind wie die Menschen! Seht ihr nicht den ungeheuern Raum, ausgebreiteter als das Oben und Unten, das unermeßliche Land, das an alles gränzt, diesen luftig wäss'rigen See, der alles umgibt, diesen ätherischen Wohnplatz, dieses mittelweltische Reich?

Vögel. Was meinst du damit?

Treufreund. Die Luft mein' ich. Wer bewohnt sie als ihr? wer beschifft sie, wer begibt sich darin von einem Orte zum andern? wem gehört sie zu, als euch?

Vögel. Daran haben wir gar nicht gedacht.

Treufreund. Und fliegt drin herum!

Erster Vogel. Aber wie sollen wir's anfangen?

Treufreund. Hier ist mit vereinten Kräften das große Werk zu beginnen; eine Stadt zu gründen; mit einer festen Mauer den ganzen Äther zu umgeben; eine regulirte Miliz einzurichten; die Gränzen wohl zu besetzen; eine Accise anzulegen und so den Göttern und Menschen die Nahrung zu erschweren!

Hoffegut. Da gibt's Ämter zu vergeben! Ich werde alle meine Freunde und Verwandte anbringen.

Zweiter Vogel. Aber Jupiter wird donnern.

Treufreund. Wir lassen ihm keine Blitze aus dem Ätna ohne schweren Impost verabfolgen, und legen selbst uns einen Donnerthurm an. Die Adler sind ja ohnehin gewohnt damit umzugehn. Wir lassen keine Opfergerüche hinauf, ohne daß sie Transito bezahlen.

Dritter Vogel. Werden sie so zusehen?

Treufreund. Ihr wißt nicht, wie's droben aussieht. Sicher in ihren alten, lang unangetasteten Rechten, sitzen sie schläfrig auf ihren Stühlen, sind aller Mühe, sind alles Widerstands entwohnt, sind leicht zu überraschen und zu überwinden.

Vierter Vogel. Aber die Menschen, das Pulver und Blei, und die Netze?

Treufreund. Die sind übel dran. Sie haben unter sich so viel zu kriegen, zu scharmuziren und zu schikaniren; keiner denkt weiter als heute; und wenn einer ihrer Nachbarn gut haushält oder sich rüstet, haben sie nicht leicht ein Arges dran. Widersetzen sie sich, so sind wir ihnen überlegen; ergeben sie sich, so sollen sie's wohl haben; besser als jetzt! Wir wollen's machen, wie alle Eroberer, die Leute todtschlagen, um es mit ihrer Nachkommenschaft gut zu meinen.

Vierter Vogel. Werden sie's geschehen lassen?

Treufreund. Wir haben sie in Händen. Wir handeln den Göttern den Regen ab, legen große Cisternen an, und vereinzeln ihn an die Irdischen, wenn's Dürrung gibt, so viel jeder für seinen Acker und Garten braucht. Sie sollen alle zufriedner sein als jetzt. Ich geb' euch nur eine Skizze von meinem großen Plan; denn das Detail ist unübersehbar. Kurz, ihr werdet Herren! Die Götter tractiren wir als alte Verwandte, die aber zurückgekommen sind; die Menschen als überwundene Provinzen, die Thiere, besonders die Insecten, die in unserm Reich doch leben müssen, als kaiserliche Kammerknechte, ungefähr wie die Juden im Römischen Reich.

Vögel. Nur gleich, nur gleich! Wir können's nicht erwarten.

Treufreund. Gleich, gleich! Das geht so geschwind nicht. Überlegt's wohl! Wählt ein Dutzend, oder wie viel ihr wollt, aus euern Mitteln, die das große Werk mit gesammten Kräften unternehmen.

Vögel. Mit nichten! Du hast's erfunden, führ' es aus! Sei du unser Rathgeber, unser Leiter, unser Heerführer!

Treufreund. Ihr beschämt mich!

Hoffegut. Du bedenkst nicht!

Treufrend. Sei ruhig, unser Glück ist gemacht.

Vögel (auf Hoffegut zeigend). Und dieser? Was soll der? Darf er hierbleiben? Zu was ist er nütze?

Treufreund. Er ist uns unentbehrlich.

Vögel. Was kannst du? Worin übertriffst du das Volk?

Hoffegut. Ich kann pfeifen!

Vögel. Schön! o schön! o ein köstlicher, ein nothwendiger Bürger! Wir sind ein glückliches Volk von diesem Tage an! (Zu Treufreund.) Du sollst uns regieren, er soll uns pfeifen! Was geht uns noch ab?

Treufreund (beschämt). Soll es so sein?

Vögel. Du nimmst's an?

Treufreund neigt sich.

Vögel.

Halte Wort!
Wir geben dir die Herrschaft,
Verleihen dir das Reich!
Mach' uns den stolzen Göttern,
Den stolzern Menschen gleich!

Epilog.

Der erste der den Inhalt dieses Stücks
Nach seiner Weise auf's Theater brachte,
War Aristophanes, der ungezogne
Liebling der Grazien.
Wenn unser Dichter, dem nichts angelegner ist,
Als euch ein Stündchen Lust
Und einen Augenblick Beherzigung
Nach seiner Weise zu verschaffen,
In ein= und anderem gesündigt hat;
So bittet er durch meinen Mund
Euch allseits um Verzeihung.
Denn, wie ihr billig seid, so werdet ihr erwägen,
Daß von Athen nach Ettersburg
Mit einem Salto mortale
Nur zu gelangen war.
Auch ist er sich bewußt,
Mit so viel Gutmüthigkeit und Ehrbarkeit
Des alten declarirten Bösewichts
Verrufene Späße
Hier eingeführt zu haben,
Daß er sich euers Beifalls schmeicheln darf.
Dann bitten wir euch, zu bedenken,
Und etwas Denken ist dem Menschen immer nütze,

Daß mit dem Scherz es wie mit Wunden ist,
Die niemals nach so ganz gemeff'nem Maß,
Und reinlich abgezogenem Gewicht geschlagen werden.
Wir haben, nur gar kurz gefaßt,
Des ganzen Werkes Eingang
Zur Probe hier bemüthig vorgestellt;
Sind aber auch erbötig,
Wenn es gefallen hat,
Den weiteren weitläufigen Erfolg
Von dieser wunderbaren, doch wahrhaftigen Geschichte
Nach unsern besten Kräften vorzutragen.

Der Groß-Cophta.

Ein Lustspiel
in fünf Aufzügen.

Personen.

Der Domherr.
Der Graf.
Der Ritter.
Der Marquis.
Die Marquise.
Ihre Nichte.
Der Oberst der Schweizergarde.
Saint Jean, Bedienter des Domherrn.
La Fleur, Bedienter des Marquis.
Jäck, ein Knabe, Diener der Marquise.
Gesellschaft von Herren und Damen.
Zwei Hofjuweliere.
Jünglinge.
Kinder.
Ein Kammermädchen.
Sechs Schweizer.
Bediente.

Erster Aufzug.

Erster Auftritt.

Erleuchteter Saal.

Im Grunde des Theaters an einem Tische eine Gesellschaft von zwölf bis funfzehn Personen bei'm Abendessen. An der rechten Seite sitzt der Domherr, neben ihm hinterwärts die Marquise, dann folgt eine bunte Reihe; der letzte Mann auf der linken Seite ist der Ritter. Das Dessert wird aufgetragen und die Bedienten entfernen sich. Der Domherr steht auf und geht nachdenklich am Proscenio hin und wieder. Die Gesellschaft scheint sich von ihm zu unterhalten. Endlich steht die Marquise auf und geht zu ihm. Die Ouverture, welche bis dahin fortgedauert, hört auf, und der Dialog beginnt.

Marquise.

Ist es erlaubt, so zerstreut zu sein? gute Gesellschaft zu fliehen, seinen Freunden die Lust traulicher Stunden zu verderben? Glauben Sie, daß wir scherzen und genießen können, wenn unser Wirth den Tisch verläßt, den er so gefällig bereitet hat? Schon diesen ganzen Abend scheinen Sie nur dem Körper nach gegenwärtig. Noch hofften wir gegen das Ende der Tafel, jetzt da sich die Bedienten entfernt haben,

Sie heiter, offen zu sehen, und Sie stehen auf, Sie treten von uns weg, und gehen hier am andern Ende des Saals gedankenvoll auf und nieder, als wenn nichts in der Nähe wäre, das Sie interessiren, das Sie beschäftigen könnte.

Domherr. Sie fragen was mich zerstreut? Marquise, meine Lage ist Ihnen bekannt — wäre es ein Wunder wenn ich von Sinnen käme? Ist es möglich daß ein menschlicher Geist, ein menschliches Herz, von mehr Seiten bestürmt werden kann als das meinige! Welche Natur muß ich haben daß sie nicht unterliegt! Sie wissen was mich aus der Fassung bringt, und fragen mich?

Marquise. Aufrichtig, so ganz klar seh' ich es nicht ein. Geht doch alles wie Sie es nur wünschen können!

Domherr. Und diese Erwartung, diese Unge= wißheit?

Marquise. Wird doch wenige Tage zu ertragen sein? — Hat nicht der Graf, unser großer Lehrer und Meister, versprochen uns alle und Sie besonders weiter vorwärts in die Geheimnisse zu führen? Hat er nicht den Durst nach geheimer Wissenschaft, der uns alle quält, zu stillen, jeden nach seinem Maße zu befriedigen versprochen? Und können wir zweifeln, daß er sein Wort halten werde?

Domherr. Gut! er hat. — Verbot er aber nicht zugleich alle Zusammenkünfte, wie eben die ist die wir jetzt hinter seinem Rücken wagen? Gebot er uns nicht Fasten, Eingezogenheit, Enthaltsamkeit, strenge Sammlung und stille Betrachtung der Lehren, die er uns schon überliefert hat? — Und ich bin leichtsinnig genug, heimlich in diesem Gartenhause eine fröhliche Gesellschaft zu versammeln, diese Nacht der Freude zu weihen, in der ich mich zu einer großen und heiligen Erscheinung vorbereiten soll! — Schon mein Gewissen ängstiget mich, wenn er es auch nicht erführe. Und wenn ich nun gar bedenke daß seine Geister ihm gewiß alles verrathen, daß er vielleicht auf dem Wege ist uns zu überraschen! — Wer kann vor seinem Zorn bestehen? — Ich würde vor Scham zu Boden sinken — jeden Augenblick! — es scheint mir, ich höre ihn; ich höre reiten, fahren. (Er eilt nach der Thüre.)

Marquise (für sich). O Graf! du bist ein unnachahmlicher Schelm! Der meisterhafteste Betrüger! Immer hab' ich dich im Auge, und täglich lern' ich von dir! Wie er die Leidenschaft dieses jungen Mannes zu brauchen, sie zu vermehren weiß! Wie er sich seiner ganzen Seele bemächtigt hat, und ihm unumschränkt gebietet! Wir wollen sehen ob unsre Nachahmung glückt. (Der Domherr kommt zurück.) Bleiben Sie außer Sorgen. Der Graf weiß viel; allwissend ist er nicht, und dieses Fest soll er nicht erfahren. — Seit vierzehn Tagen habe ich Sie, habe ich unsre Freunde nicht gesehen, habe mich vierzehn Tage in

einem elenden Landhause verborgen gehalten, manche
langweilige Stunde ausdauern müssen, nur um in
der Nähe unsrer angebeteten Prinzessin zu sein, manch=
mal ein Stündchen ihr heimlich aufzuwarten und
von den Angelegenheiten eines geliebten Freundes zu
sprechen. Heute kehre ich nach der Stadt zurück, und
es war sehr freundlich von Ihnen, daß Sie mir auf
halbem Wege, hier in diesem angenehmen Landhause,
ein Gastmahl bereiteten, mir entgegen kamen und
meine besten Freunde zu meinem Empfange ver=
sammelten. Gewiß, Sie sind der guten Nachrichten
werth, die ich Ihnen bringe. Sie sind ein warmer,
ein angenehmer Freund. Sie sind glücklich, Sie
werden glücklich sein; nur wünschte ich, daß Sie auch
Ihres Glücks genössen.

Domherr. Es wird sich bald geben, bald!

Marquise. Kommen Sie, setzen Sie sich. Der
Graf ist abwesend, seine vierzigtägigen Fasten in der
Einsamkeit auszuhalten, und sich zu dem großen
Werke vorzubereiten. Er erfährt unsre Zusammen=
künfte nicht, so wenig er unser großes Geheimniß er=
fahren darf. (Bedenklich.) Könnte es vor der Zeit
entdeckt werden, daß die Prinzessin verzeiht, daß sich
der Fürst wahrscheinlich durch eine geliebte Tochter
bald versöhnen läßt; wie leicht könnte das ganze
schöne Gebäude durch die Bemühungen der Mißgunst
zu Grunde gehen! Ausdrücklich hat mir die Prinzessin,
die Ihre Verbindung mit dem Grafen kennt, befohlen,

diesem Manne, den sie fürchtet, unsre wichtige Angelegenheit zu verbergen.

Domherr. Ich hange ganz von ihrem Willen ab; auch dieses schwere Gebot will ich erfüllen, ob ich gleich überzeugt bin, daß ihre Furcht ungegründet ist. Dieser große Mann würde uns eher nützen als schaden. Vor ihm sind alle Stände gleich. Zwei liebende Herzen zu verbinden ist sein angenehmstes Geschäft. Meine Schüler, pflegt er zu sagen, sind Könige, werth die Welt zu regieren und eines jeden Glückes werth. — Und wenn es ihm seine Geister anzeigen, wenn er sieht, daß in diesem Augenblick Mißtrauen gegen ihn unsre Herzen zusammenzieht, da er die Schätze seiner Weisheit vor uns eröffnet!

Marquise. Ich kann nur sagen, daß es die Prinzessin ausdrücklich verlangt.

Domherr. Es sei. Ich gehorche ihr, und wenn ich mich zu Grunde richten sollte.

Marquise. Und wir bewahren unser Geheimniß leicht, da niemand auch nur von ferne vermuthen kann, daß die Prinzessin Sie begünstigt.

Domherr. Gewiß, jedermann glaubt mich in Ungnade, auf ewig vom Hofe entfernt. Mitleidig, ja verachtend sind die Blicke der Menschen, die mir begegnen. Nur durch einen großen Aufwand, durch Ansehn meiner Freunde, durch Unterstützung mancher Unzufriedenen erhalte ich mich aufrecht. Gebe der

Himmel daß meine Hoffnungen nicht trügen, daß dein Versprechen in Erfüllung gehe!

Marquise. Mein Versprechen? — Sagen Sie nicht mehr so, bester Freund. Bisher war es mein Versprechen; aber seit diesem Abend, seitdem ich Ihnen einen Brief überbrachte, gab ich Ihnen nicht mit diesem Briefe die schönsten Versicherungen in die Hände?

Domherr. Ich habe es schon tausendmal geküßt, dieses Blatt. (Er bringt ein Blatt aus der Tasche.) Laß es mich noch tausendmal küssen! Von meinen Lippen soll es nicht kommen, bis diese heißen begierigen Lippen auf ihrer schönen Hand verweilen können: auf der Hand, die mich unaussprechlich entzückt, indem sie mir auf ewig mein Glück versichert.

Marquise. Und wenn dann der Schleier von diesem Geheimniß hinwegfällt, und Sie mit dem völligen Glanze des vorigen Glückes, ja in einem weit schönern vor den Augen der Menschen da stehn, neben einem Fürsten, der Sie wieder erkennt, neben einer Fürstin, die Sie nie verkannt hat; wie wird dieses neue, dieses leuchtende Glück die Augen des Neides blenden, und mit welcher Freude werde ich Sie an dem Platze sehen den Sie so sehr verdienen! —

Domherr. Und mit welcher Dankbarkeit werde ich eine Freundin zu belohnen wissen, der ich alles schuldig bin!

Marquise. Reden Sie nicht davon. Wer kennt Sie, und ist nicht gleich lebhaft für Sie hingerissen?

Wer wünscht nicht Ihnen, selbst mit Aufopferung,
zu dienen?

Domherr. Horch! es kommt ein Wagen ange=
fahren. Was ist das?

Marquise. Sein Sie unbesorgt; er fährt vor=
bei. Die Thüren sind verschlossen, die Läden verwahrt;
ich habe auf's genaueste die Fenster zudecken lassen,
daß niemand den Schein eines Lichts bemerken kann.
Niemand wird glauben, daß in diesem Hause Gesell=
schaft sei.

Domherr. Welch ein Lärm, welch ein Getümmel?

Ein Bedienter tritt ein.

Es ist ein Wagen vorgefahren; man pocht an die
Thür, als wenn man sie einschlagen wollte. Ich
höre des Grafen Stimme; er droht und will ein=
gelassen sein.

Marquise. Ist das Haus verriegelt? — Macht
ihm nicht auf! Rührt euch nicht. Antwortet nicht.
Wenn er ausgetobt hat, mag er abfahren.

Domherr. Sie bedenken nicht, mit wem wir
zu thun haben. — Macht ihm auf! Wir widerstehn
vergebens.

Bediente (die hereinstürzen). Der Graf! der Graf!

Marquise. Wie ist er hereingekommen?

Bedienter. Die Thüren thaten sich von selbst
auf; beide Flügel.

Domherr. Wo soll ich hin?

Die Frauen. Wer wird uns retten!

Ritter. Nur getrost!

Die Frauen. Er kommt! er kommt!

Zweiter Auftritt.

Der Graf. Vorige.

Graf (unter der Thüre hinterwärts sprechend). Assara=
ton! Pantassaraton! Dienstbare Geister bleibt an der
Thüre, laßt niemand entwischen! leidet nicht, daß je=
mand über die Schwelle gehe, der nicht von mir be=
zeichnet ist.

Die Frauen. Weh uns!

Die Männer. Was soll das werden!

Graf. Uriel, du zu meiner Rechten, Ithruriel,
du zu meiner Linken, tretet herein. Bestrafet die
Verbrecher, denen ich dießmal nicht vergeben werde.

Die Frauen. Wohin verkriech' ich mich!

Domherr. Es ist alles verloren!

Graf. Uriel! (Pause, als wenn er Antwort vernähme.)
So recht! — „Hier bin ich!" das ist dein gewöhn=
licher Spruch, folgsamer Geist! — Uriel, fasse diese
Weiber! (Die Mädchen thun einen lauten Schrei.) Führe sie
weit über Berg und Thal, setze sie auf einen Kreuz=
weg nieder; denn sie glauben nicht, sie gehorchen nicht,
bis sie fühlen. Greif zu!

Die Frauen. Ai! Ai! Er hat mich! — Großer Meister, um Gotteswillen!

Marquise. Herr Graf!

Die Frauen. Knieend bitten wir unsre Schuld ab.

Graf. Uriel, du bittest für sie! Soll ich mich erweichen lassen?

Die Frauen. Bitte für uns, Uriel!

Marquise. Ist es erlaubt, diese Geschöpfe so zu ängstigen!

Graf. Was! Was! Auf Ihre Kniee nieder, Madame! Nicht vor mir, vor den unsichtbaren Mächten, die neben mir stehen, auf die Kniee! Können Sie ein schuldloses Herz, ein freies Angesicht gegen diese himmlischen Gestalten wenden?

Ein Mädchen. Siehst du was?

Die andre. Einen Schatten, ganz dicht an ihm!

Graf. Wie sieht es in Ihrem Herzen aus?

Marquise. Großer Meister! Schone des zarten Geschlechts!

Graf. Ich bin gerührt, nicht erweicht. Ithruriel! ergreife diese Männer, führe sie in meine tiefsten Keller.

Domherr. Mein Herr und Meister!

Ritter. Nicht ein Wort mehr! Ihre Geister erschrecken uns nicht, und hier ist eine Klinge gegen Sie selbst. Glauben Sie nicht, daß wir noch Arm und Muth genug haben, uns und diese Frauen zu vertheidigen?

Graf. Thörichter Jüngling! Zieh völlig, ziehe! Stoß' hieher, hieher auf diese freie unbeschützte Brust! stoß' her, daß ein Zeichen geschehe für dich und alle. Ein dreifacher Harnisch, der Rechtschaffenheit, der Weisheit, der Zauberkraft schützt diese Brust. Stoß' her und suche die Stücke deiner zerbrochenen Klinge beschämt zu meinen Füßen.

Die Männer. Welche Majestät!

Die Frauen. Welche Gewalt!

Die Männer. Welche Stimme!

Die Frauen. Welch ein Mann!

Der Ritter. Was soll ich thun?

Domherr. Was kann das werden?

Marquise. Was soll ich sagen?

Graf. Steht auf! ich begnadige das unverständige Geschlecht. Meine verirrten Kinder will ich nicht ganz verstoßen; doch alle Züchtigung erlaß' ich euch nicht.

(Zu den Männern:)

Entfernt euch! (Die Männer treten in den Grund zurück.)

(Zu den Frauen:)

und ihr, faßt und sammelt euch!

(Als wenn er vertraulich zu den Geistern spräche:)

Uriel! Ithruriel! geht zu euren Brüdern!

(Zu den Frauen:)

Nun laßt hören, ob ihr meiner Lehren noch eingedenk seid. — Was sind die Haupttugenden der Weiber?

Erstes Mädchen. Geduld und Gehorsam.

Graf. Was ist ihr Sinnbild?

Zweites Mädchen. Der Mond.

Graf (gegen die Marquise). Warum?

Marquise. Weil er sie erinnert, daß sie kein eigen Licht haben, sondern daß sie allen Glanz vom Manne erhalten.

Graf. Wohl, das merkt euch! — Und nun, wenn ihr nach Hause fahrt, werdet ihr linker Hand das erste Viertel am klaren Himmel erblicken; dann sprecht unter einander: seht, wie zierlich es da steht! welches gemäßigte Licht! welche schöne Taille! welche Sittsamkeit! das wahre Bild einer liebenswürdigen heranwachsenden Jungfrau. Erblickt ihr künftig den Vollmond, so ermahnt euch unter einander, und sprecht: wie schön glänzt das Bild einer glücklichen Hausfrau! sie wendet ihr Gesicht gerade ihrem Manne zu; sie fängt die Strahlen seines Lichtes auf, die sanft und lieblich von ihr wiederglänzen. Das bedenkt recht, und führt unter einander dieses Bild aus, so gut ihr nur könnt; setzt eure Betrachtungen so weit fort als ihr vermöget; bildet euren Geist, erhebt euer Gemüth: denn so nur könnt ihr würdig werden, das Angesicht des Groß-Cophta zu schauen. — Nun geht! übertretet keines meiner Gebote, und der Himmel behüte euch vor dem abnehmenden Lichte, vor dem betrübten Wittwenstande! — Ihr fahrt sogleich sämmtlich nach der Stadt, und nur eine strenge Buße kann euch Vergebung erwerben und die Ankunft des Groß-Cophta beschleunigen. Lebt wohl.

Marquise (bei Seite). Der verwünschte Kerl! Er ist ein Phantast, ein Lügner, ein Betrüger; ich weiß es, ich bin's überzeugt; und doch imponirt er mir!

(Die Frauenzimmer neigen sich und gehen ab.)

Dritter Auftritt.

Die Vorigen (außer den Damen).

Graf. Nun Ritter und ihr andern, tretet herbei! Ich hab' euch vergeben; ich seh' euch beschämt, und meine Großmuth überläßt eurem eigenen Herzen Strafe und Besserung.

Ritter. Wir erkennen deine Huld, väterlicher Meister.

Graf. Wenn ihr aber in der Folge meine Verordnungen überschreitet, wenn ihr nicht alles anwendet, den begangenen Fehler wieder gut zu machen: so hoffet nie das Angesicht des Groß-Cophta zu sehen, nie an der Quelle der Weisheit eure durstigen Lippen zu erquicken. — Nun, laßt hören, habt ihr gefaßt, was ich euch überlieferte? — Wann soll ein Schüler seine Betrachtungen anstellen?

Ritter. Bei Nachtzeit.

Graf. Warum?

Erster Schüler. Damit er desto lebhafter fühle, daß er im Finstern wandelt.

Graf. Welche Nächte soll er vorziehen?

Zweiter Schüler. Nächte, wenn der Himmel klar ist und die Sterne funkeln.

Graf. Warum?

Ritter. Damit er einsehe, daß viele tausend Lichter noch nicht hell machen, und damit seine Begierde nach der einzig erleuchtenden Sonne desto lebhafter werde.

Graf. Welchen Stern soll er vorzüglich im Auge haben?

Erster Schüler. Den Polarstern.

Graf. Was soll er sich dabei vorstellen?

Zweiter Schüler. Die Liebe des Nächsten.

Graf. Wie heißt der andere Pol?

Erster Schüler. Die Liebe der Weisheit.

Graf. Haben diese beiden Pole eine Achse?

Ritter. Freilich, denn sonst könnten sie keine Pole sein. Diese Achse geht durch unser Herz, wenn wir rechte Schüler der Weisheit sind, und das Universum dreht sich um uns herum.

Graf. Sage mir den Wahlspruch des ersten Grades.

Ritter. Was du willst, daß dir die Leute thun sollen, wirst du ihnen auch thun.

Graf. Erkläre mir diesen Spruch.

Ritter. Er ist deutlich, er bedarf keiner Erklärung.

Graf. Wohl! — Nun geht in den Garten, und faßt den Polarstern recht in die Augen.

Ritter. Es ist sehr trübe, großer Lehrer; kaum daß hie und da ein Sternchen durchblinkt.

Graf. Desto besser! — So bejammert euren Ungehorsam, euren Leichtsinn, eure Leichtfertigkeit; das sind Wolken, welche die himmlischen Lichter verdunkeln.

Ritter. Es ist kalt, es geht ein unfreundlicher Wind, wir sind leicht gekleidet.

Graf. Hinunter! hinunter mit euch! Darf ein Schüler der Weisheit frieren? — Mit Lust solltet ihr eure Kleider abwerfen, und die heiße Begierde eures Herzens, der Durst nach geheimer Wissenschaft sollte Schnee und Eis zum Schmelzen bringen. Fort mit euch! fort!

(Der Ritter und die andern mit einer Verbeugung ab.)

Vierter Auftritt.

Der Graf. Der Domherr.

Graf. Nun hervor mit Ihnen, Domherr! hervor! Sie erwartet ein strenges Gericht. — Ihnen hätte ich es nicht zugetraut. Der Schüler, dem ich mehr als allen andern die Hand reiche, den ich mit Gewalt zu mir heraufziehe, dem ich schon die Geheimnisse des zweiten Grades enthüllt habe — dieser besteht so schlecht bei einer geringen Prüfung! —

Nicht die Drohungen seines Meisters, nicht die Hoffnung den Groß=Cophta zu sehen, können ihn abhalten, seine Gelage nur wenige Nächte zu verschieben. Pfui! ist das männlich? ist das weise? Die Lehren des größten Sterblichen! die Hülfe der Geister! die Eröffnung aller Geheimnisse der Natur, eine ewige Jugend, eine immer gleiche Gesundheit, eine unverwüstliche Stärke, eine nie verschwindende Schönheit! Um diese größten Schätze der Welt bemühest du dich, und kannst nicht einem Abendschmause entsagen!

Domherr (niederknieend). Du hast mich oft zu deinen Füßen gesehen; hier lieg' ich wieder. Vergib mir! entziehe mir nicht deine Huld. — Die Reize — die Lockung — die Gelegenheit — die Verführung! — Nie sollst du mich wieder ungehorsam finden! gebiete! lege mir auf was du willst!

Graf. Wie kann ich mit dir zürnen, du mein Liebling! wie kann ich dich verstoßen, du Erwählter des Schicksals! Steh auf, komm an meine Brust, von der du dich, selbst mit Gewalt, nicht losreißen kannst.

Domherr. Wie entzückst du mich! — Aber darf ich in diesem Augenblicke, wo ich büßen und trauren sollte, darf ich als ein Zeichen der Versöhnung mir eine Gnade von dir ausbitten?

Graf. Sprich, mein Theurer!

Domherr. Laß mich nicht länger in Ungewißheit, gib mir ein helleres Licht über den wunder-

baren Mann, den du Groß=Cophta nennst, den du
uns zeigen willst, von dem du uns so viel versprichst.
Sage mir wer ist er? Wo ist er? Ist er schon
nah? Werd' ich ihn sehen? Kann er mich würdigen?
Kann er mich aufnehmen? Wird er mir die Lehren
überliefern, nach denen mein Herz so heftig be=
gehrt?

Graf. Mäßig! mäßig, mein Sohn! Wenn ich
dir nicht gleich alles entdecke, so ist dein Bestes meine
Absicht. — Deine Neugierde zu wecken, deinen Ver=
stand zu üben, deine Gelehrsamkeit zu beleben, das ist
es was ich wünsche! so möchte ich mich um dich ver=
dient machen. — Hören und lernen kann jedes Kind;
merken und rathen müssen meine Schüler. — Als ich
sagte: Cophta, fiel dir nichts ein?

Domherr. Cophta! Cophta! — Wenn ich dir
es gestehen soll, wenn ich mich vor dir nicht zu
schämen brauche! Meine Einbildungskraft verließ so=
gleich diesen kalten beschränkten Welttheil; sie besuchte
jenen heißen Himmelsstrich, wo die Sonne noch immer
über unsäglichen Geheimnissen brütet. Ägypten sah
ich auf einmal vor mir stehen; eine heilige Dämmerung
umgab mich; zwischen Pyramiden, Obelisken, unge=
heuren Sphinxen, Hieroglyphen verirrte ich mich; ein
Schauer überfiel mich. — Da sah ich den Groß=
Cophta wandeln; ich sah ihn umgeben von Schülern,
die wie mit Ketten an seinen klugen Mund gebunden
waren.

Graf. Dießmal hat dich deine Einbildungskraft nicht irre geführt. Ja, dieser große herrliche, und ich darf wohl sagen, dieser unsterbliche Greis ist es, von dem ich euch sagte, den ihr zu sehen dereinst hoffen dürfet. In ewiger Jugend wandelt er schon Jahrhunderte auf diesem Erdboden. Indien, Ägypten ist sein liebster Aufenthalt. Nackt betritt er die Wüsten Libyens; sorglos erforscht er dort die Geheimnisse der Natur. Vor seinem gebieterisch hingestreckten Arm stutzt der hungrige Löwe; der grimmige Tiger entflieht vor seinem Schelten, daß die Hand des Weisen ruhig heilsame Wurzeln aufsuche, Steine zu unterscheiden wisse, die wegen ihrer geheimen Kräfte schätzbarer sind als Gold und Diamanten.

Domherr. Und diesen trefflichen Mann sollen wir sehen? Gib mir einen Wink, auf welche Weise es möglich sei?

Graf. O du Kurzsichtiger! welche Winke soll ich dir geben? Dir, dessen Augen geschlossen sind!

Domherr. Nur Ein Wort!

Graf. Es ist genug! — Was der Hörer wissen soll, pflege ich ihm nie zu sagen.

Domherr. Ich brenne vor Begierde, besonders seitdem du mich in den zweiten Grad der Geheimnisse erhoben hast. O! daß es möglich wäre, daß du mir auch sogleich den dritten schenktest.

Graf. Es kann nicht geschehen!

Domherr. Warum?

Graf. Weil ich noch nicht weiß, wie du die Lehren des zweiten Grades gefaßt haben magst und ausüben wirst.

Domherr. Prüfe mich sogleich.

Graf. Es ist jetzt nicht Zeit.

Domherr. Nicht Zeit?

Graf. Hast du schon vergessen, daß die Schüler des zweiten Grades ihre Betrachtungen bei Tage und besonders Morgens anstellen sollen?

Domherr. So sei es denn morgen bei guter Zeit.

Graf. Gut! Nun aber zuvörderst die Buße nicht versäumt! — Hinunter zu den andern in den Garten! — — Aber du sollst einen großen Vorzug vor ihnen haben. — — Wende ihnen den Rücken zu — schaue gegen Mittag. Von Mittag kommt der Groß-Cophta; dieses Geheimniß entdeck' ich dir allein. Alle Wünsche deines Herzens eröffne ihm; sprich so leise du willst, er hört dich.

Domherr. Ich gehorche mit Freuden.

(Er küßt dem Grafen die Hand und entfernt sich.)

Fünfter Auftritt.

Der Graf. Saint Jean.

Saint Jean (der vorsichtig herein tritt). Hab' ich meine Sachen nicht recht gemacht?

Graf. Du hast deine Pflicht erfüllt.

Saint Jean. Flogen die Thüren nicht auf, als wenn Geister sie von einander sprengten? Meine Kameraden erschraken und flohen; es hat keiner was gesehen noch gemerkt.

Graf. Es mag gut sein! Ich hätte sie auch ohne dich aufgebracht; nur verlangt eine solche Operation mehr Umstände. Ich nehme nur manchmal zu gemeinen Mitteln meine Zuflucht, um die edlen Geister nicht immer zu incommodiren. (Einen Beutel eröffnend.) Hier für deine Mühe! Gib dieß Geld nicht frevelhaft weg; es ist philosophisches Gold. Es bringt Segen! — — Wenn man's in der Tasche behält, wird sie nie leer.

Saint Jean. So! da will ich's wohl verwahren.

Graf. Wohl, und spare dir immer zwei, drei Goldstücke dazu, du wirst Wunder sehen.

Saint Jean. Haben Sie das Gold selbst gemacht, Herr Graf?

Graf. Ich gebe gar kein andres aus.

Saint Jean. Wie glücklich sind Sie!

Graf. Weil ich Glückliche mache.

Saint Jean. Ich bin Ihnen mit Leib und Seele ergeben.

Graf. Das soll dein Schade nicht sein. Gehe hin und schweige, damit nicht andre diese Quelle kennen lernen. In wenig Zeit sollst du die Stelle haben, um die du gebeten hast.

(Bedienter ab.)

Sechster Auftritt.

Der Graf.

Glücklicherweise find' ich hier eine wohlbesetzte Tafel, ein feines Dessert, treffliche Weine. Der Domherr läßt's nicht fehlen. Wohl, hier kann ich meinen Magen restauriren, indeß die Menschen glauben, ich halte meine vierzigtägigen Fasten. Ich scheine ihnen auch darum ein Halbgott, weil ich ihnen meine Bedürfnisse zu verbergen weiß.

Zweiter Aufzug.

Erster Auftritt.

Wohnung des Marquis.

Der Marquis, hernach La Fleur.

Der Marquis (in einem sehr eleganten Frack vor dem Spiegel). Geburt, Rang, Gestalt, was sind sie alle gegen das Geld! Wie dank' ich der kühnen Industrie meiner Frau, daß sie mir so viel verschafft. Wie anders seh' ich aus, da ich nun das erstemal nach meinem Stande gekleidet bin! Ich kann nicht erwarten, bis ich mich öffentlich zeige. (Er klingelt.)

La Fleur. Was befehlen Sie, gnädiger Herr?

Marquis. Gib mir die Chatulle.

La Fleur (bringt sie). So schwer hab' ich noch nie daran getragen.

Marquis (indem er die Chatulle öffnet). Was sagst du, sind diese beiden Uhren nicht schön, die ich gestern kaufte?

La Fleur. Sehr schön.

Marquis. Und diese Dose?

La Fleur. Kostbar und zierlich.

Marquis. Dieser Ring?

La Fleur. Gehört auch Ihnen?

Marquis. Diese Schnallen? Diese Stahlknöpfe? Genug, alles zusammen! Findest du mich nicht elegant und vornehm gekleidet?

La Fleur. Sie zeichnen sich nun auf dem Spaziergange gewiß vor vielen aus.

Marquis. Wie wohl mir das thut! — Aus Noth ewig in der Uniform zu gehen, immer in der Menge verloren zu sein, die Aufmerksamkeit keines Menschen zu reizen! Ich hätte lieber todt sein mögen als länger so leben. — Ist die Nichte schon aufgestanden?

La Fleur. Ich glaube kaum. Sie hat wenigstens das Frühstück noch nicht gefordert. Es scheint mir, sie ist erst wieder eingeschlafen, seitdem Sie heute früh von ihr wegschlichen.

Marquis. Unverschämter! — Stille!

La Fleur. Unter uns darf ich doch aufrichtig sein!

Marquis. Wenn dir in Gegenwart meiner Frau so ein Wort entführe!

La Fleur. Glauben Sie nicht daß ich Herr über meine Lippen bin?

Marquis. Noch kann die Marquise unmöglich etwas argwöhnen. Sie hält die Nichte für ein Kind, in drei Jahren haben sie sich nicht gesehen; ich fürchte, wenn sie das Kind recht ansieht —

La Fleur. Das möchte noch alles gehen. Wenn sie nur nicht die Bekanntschaft mit dem alten Hexen=meister hätte; vor dem fürchte ich mich. Der Mann ist ein Wunder! Alles weiß er, alles verrathen ihm seine Geister. Wie ging es im Hause des Domherrn? Der Zauberer entdeckte ein wichtiges Geheimniß, und nun sollte es der Kammerdiener verschwatzt haben.

Marquis. Er ist eben, so viel ich weiß, nicht der größte Freund meiner Frau.

La Fleur. Ach er bekümmert sich um alles; und wenn er seine Geister fragt, bleibt ihm nichts verborgen.

Marquis. Sollte denn das alles wahr sein was man von ihm erzählt?

La Fleur. Es zweifelt niemand daran. Nur die Wunder, die ich gewiß weiß —

Marquis. Es ist doch sonderbar! — Sieh zu, es fährt ein Wagen vor.

(La Fleur ab.)

Marquis. Wenn meine Frau mein Verhältniß zur schönen Nichte erfahren könnte! — Nun, es käme auf den ersten Augenblick an. Wenn sie ihre Plane durchsetzt, wenn ich ihr zum Werkzeug diene, läßt sie mich dann nicht machen was ich will? — Sie selbst!

Zweiter Auftritt.

Der Marquis. Die Marquise.

Marquise. Ich komme früher als ich dachte.

Marquis. Ich freue mich dich endlich wieder zu sehen.

Marquise. Warum kamst du mir nicht auch entgegen? Der Domherr hatte dich eingeladen.

Marquis. Verzeih mir! Ich hatte eben gestern vieles zu berichtigen. Du schriebst mir ja, daß ich mich zu einer Reise vorbereiten sollte.

Marquise. Du hast nicht viel verloren. Der Domherr war unleiblich und die Gesellschaft verstimmt. Zuletzt überraschte uns noch der Graf und jagte uns aus einander. Man muß sich nun einmal die Tollheiten dieses Menschen gefallen lassen.

Marquis (lächelnd). Wie geht es denn mit deiner Unterhandlung? (Ironisch.) Hast du dich bei Hofe recht eingeschmeichelt?

Marquise. Es ist wahr, wir haben uns lange nicht gesehen. Du warst abwesend als ich verreis'te. Gleich als der Fürst und die Prinzessin auf das Lustschloß hinaus gezogen waren, miethete ich mir ein kleines Landhaus in der Nähe, und wohnte da ganz im Stillen, indeß sich der Domherr einbildete, ich sehe die Prinzessin täglich. Ich schickte ihm Boten, ich erhielt Briefe von ihm, und seine

Hoffnung war auf's äußerste gespannt. Denn wie unglücklich dieser Mann ist, seitdem ihn sein unkluges Betragen vom Hofe entfernt hat, wie leichtgläubig, wenn seinen Hoffnungen geschmeichelt wird, läßt sich nicht denken. Ich brauchte es nicht so künstlich anzulegen als ich es gethan habe, und ich überredete ihn doch.

Marquis. Aber auf die Länge kann dieses Mährchen nicht halten.

Marquise. Dafür laß mich sorgen. Er ist jetzt nahe dem Gipfel seiner Glückseligkeit. Heute Nacht, als er mich auf seinem Landhause empfing, brachte ich ihm einen Brief von der Prinzessin —

Marquis. Von der Prinzessin?

Marquise. Den ich selbst geschrieben hatte. Er war in allgemeinen Ausdrücken gefaßt; die Überbringerin, hieß es, würde mehr sagen.

Marquis. Und weiter?

Marquise. Ich kündigte ihm die Gnade der Prinzessin an; ich versicherte ihn, daß sie sich bei ihrem Vater verwenden und die Gnade des Fürsten gewiß für ihn wieder erlangen würde.

Marquis. Gut! aber welchen Vortheil versprichst du dir von allem diesem?

Marquise. Erstlich eine Kleinigkeit, in die wir uns auf der Stelle theilen wollen. (Sie zieht einen Beutel hervor.)

Marquis. Bestes Weib!

Marquise. Das erhielt ich vom Domherrn, um die Garderobe der Fürstin mir günstig zu machen. Zähle dir nur gleich deine Hälfte davon ab.

Marquis (tritt an den Tisch und zählt, ohne auf das, was sie sagt, Acht zu geben).

Marquise. Aber, wie gesagt, eine Kleinigkeit! — Gelingt mir mein Anschlag, so sind wir auf immer geborgen. — Die Hofjuweliere haben schon lange ein kostbares Halsband liegen, das sie gern verkaufen möchten; der Domherr hat so viel Credit, daß sie es ihm wohl einhändigen, wenn er ihnen eine terminliche Zahlung garantirt, und ich —

Marquis (der nach ihr hinsieht). Was sagst du von Terminen? von Zahlung?

Marquise. Merkst du denn nicht auf? Du bist so ganz bei dem Gelde.

Marquis. Hier hast du deine Hälfte! Die meine soll gut angewendet werden. Sieh einmal, wie ich mich herausgeputzt habe. (Er zeigt sich ihr; dann tritt er vor den Spiegel.)

Marquise (für sich). O des eitlen kleinlichen Menschen!

Marquis (sich herumkehrend). Was wolltest du sagen?

Marquise. Du hättest besser aufgemerkt, wenn du hättest ahnen können, von welcher wichtigen Sache ich sprach. Es ist nichts weniger als mit einem einzigen Schlage unser ganzes Glück zu machen.

Marquis. Und wie?

Marquise. Erinnerst du dich von dem kostbaren Halsbande gehört zu haben, das die Hofjuweliere arbeiten ließen, in Hoffnung, der Fürst solle seiner Tochter damit ein Geschenk machen?

Marquis. Ganz recht! Ich habe es sogar diese Woche noch bei ihnen gesehen, als ich diesen Ring kaufte; es ist von unglaublicher Schönheit. Man weiß nicht, ob man die Größe der Steine, ihre Gleichheit, ihr Wasser, die Anzahl, oder den Geschmack, womit sie zusammengesetzt sind, am meisten bewundern soll. Ich konnte mich vom Anblick nicht scheiden; dieser Ring verschwand zu nichts dagegen; ich ging recht unzufrieden weg, und konnte mir das Halsband einige Tage nicht aus dem Sinne schaffen.

Marquise. Und dieses Halsband soll unser werden!

Marquis. Dieses Halsband? Unser? Du erschreckst mich! Welch ein ungeheurer Gedanke!

Marquise. Glaubst du, daß ich weiter keine Absicht habe, als dir für Uhren, Ringe und Stahlknöpfe zu sorgen? Ich bin gewohnt armselig zu leben, aber nicht armselig zu denken. — Wir haben uns lange genug elend beholfen, unter unserm Stande, unter der Würde meiner großen Vorfahren leben müssen; jetzt, da sich eine Gelegenheit darbietet, will ich gewiß nicht kleinlich sein und sie entschlüpfen lassen.

Marquis. Aber um's Himmels willen, was ist dein Plan? Wie ist es möglich ihn auszuführen?

Marquise. Höre mich! Dem Domherrn mach' ich glauben, die Prinzessin wünsche das Halsband zu besitzen, und daran sage ich keine ganze Unwahrheit: denn man weiß daß es ihr außerordentlich gefallen hat und daß sie es gern besessen hätte. Ich sage dem Domherrn ferner: die Prinzessin wünsche das Halsband zu kaufen und verlange von ihm, daß er nur seinen Namen dazu hergeben solle, daß er den Kauf mit den Juwelieren schließe, die Termine festsetze und allenfalls den ersten Termin bezahle. Sie wolle ihn völlig schadlos halten und diesen Dienst als ein Pfand seiner Treue, seiner Ergebenheit ansehen.

Marquis. Wie verblendet muß er sein so viel zu wagen!

Marquise. Er glaubt ganz sicher zu gehen. Auch habe ich ihm schon ein Blatt zugestellt, in welchem die Prinzessin ihm Sicherheit zu versprechen scheint.

Marquis. Liebe Frau, das wird gefährlich!

Marquise. Schäme dich! Mit mir darfst du alles wagen. Ich habe mich schon vorgesehen in Absicht auf die Ausdrücke, die Unterschrift. Sei nur ruhig! — Und wenn alles entdeckt würde, bin ich nicht als ein Seitenzweig der fürstlichen Familie so gut als anerkannt! — Höre nur! Der Domherr ist jetzt voller Freuden über dieses Vertrauen; er sieht darin ein gewisses Zeichen der neugeschenkten Gunst, und wünscht nichts sehnlicher, als daß der Kauf zu Stande und das Halsband schon in ihren Händen sei.

Marquis. Und dieses Halsband denkst du zu unterschlagen?

Marquise. Natürlich! Mache dich nur immer reisefertig. Sobald der Schatz in unsern Händen ist, wollen wir ihn nutzen. Wir brechen den Schmuck auseinander, du gehst nach England hinüber, verkaufest, vertauschest zuerst die kleinen Steine mit Klugheit; ich komme nach, sobald mir meine Sicherheit nicht mehr erlaubt hier zu bleiben; indessen will ich die Sache schon so führen und so verwirren, daß der Domherr allein stecken bleibt.

Marquis. Es ist ein großes Unternehmen; aber sage mir, fürchtest du dich nicht in der Nähe des Grafen, dieses großen Zauberers, solch einen Plan zu entwerfen?

Marquise. Ein großer Schelm ist er! Seine Zauberei besteht in seiner Klugheit, in seiner Unverschämtheit. Er fühlt wohl daß ich ihn kenne. Wir betragen uns gegen einander wie sich's gebührt; wir verstehen einander, ohne zu sprechen; wir helfen einander ohne Abrede.

Marquis. Aber die Geister, die er bei sich hat?
Marquise. Possen!
Marquis. Die Wunder, die er thut?

Marquise. Mährchen!

Marquis. So viele haben doch gesehen —

Marquise. Blinde!

Marquis. So viele glauben —

Marquise. Tröpfe!

Marquis. Es ist zu allgemein! Die ganze Welt ist davon überzeugt!

Marquise. Weil sie albern ist!

Marquis. Die Wundercuren —

Marquise. Charlatanerie!

Marquis. Das viele Geld, das er besitzt —

Marquise. Mag er auf eben dem Wege erlangt haben, wie wir das Halsband zu erlangen gedenken.

Marquis. Du glaubst also daß er nicht mehr weiß als ein anderer?

Marquise. Du mußt unterscheiden — wenn du kannst. Er ist kein gemeiner Schelm. Er ist so unternehmend und gewaltsam als klug, so unverschämt als vorsichtig; er spricht so vernünftig als unsinnig; die reinste Wahrheit und die größte Lüge gehn schwesterlich aus seinem Munde hervor. Wenn er aufschneidet, ist es unmöglich zu unterscheiden, ob er dich zum Besten hat, oder ob er toll ist. — — Und es braucht weit weniger als das, um die Menschen verwirrt zu machen.

Jäck (herein springend). Ihre Nichte fragt: ob sie aufwarten kann? — Sie ist hübsch, Ihre Nichte!

Marquise. Gefällt sie dir? — Laß sie kommen.

(Jäck ab.)

Marquise. Ich wollte dich eben fragen wie dir es gegangen ist, ob du sie glücklich in die Stadt gebracht hast? Wie ist sie geworden? Glaubst du daß sie ihr Glück machen wird?

Marquis. Sie ist schön, liebenswürdig, sehr angenehm; und gebildeter als ich glaubte, da sie auf dem Lande erzogen ist.

Marquise. Ihre Mutter war eine kluge Frau, und es fehlte in ihrer Gegend nicht an guter Gesellschaft. — Da ist sie.

Dritter Auftritt.

Die Vorigen. Die Nichte.

Nichte. Wie glücklich bin ich, Sie wieder zu sehen, liebste Tante!

Marquise. Liebe Nichte! Sein Sie mir herzlich willkommen.

Marquis. Guten Morgen, Nichtchen! Wie haben Sie geschlafen?

Nichte (beschämt). Ganz wohl.

Marquise. Wie sie groß geworden ist, seit ich sie nicht gesehen habe!

Nichte. Es werden drei Jahre sein.

Marquis. Groß, schön, liebenswürdig! Sie ist alles geworden, was ihre Jugend uns weissagte.

Marquise (zum Marquis). Erstaunst du nicht, wie sie unserer Prinzessin gleicht?

Marquis. So oben hin. In der Figur, im Wuchse, in der Größe mag eine allgemeine Ähnlichkeit sein; aber diese Gesichtsbildung gehört ihr allein, und ich denke, sie wird sie nicht vertauschen wollen.

Marquise. Sie haben eine gute Mutter verloren.

Nichte. Die ich in Ihnen wieder finde.

Marquise. Ihr Bruder ist nach den Inseln.

Nichte. Ich wünsche daß er sein Glück mache.

Marquis. Diesen Bruder ersetze ich.

Marquise (zum Marquis). Es ist eine gefährliche Stelle, Marquis!

Marquis. Wir haben Muth.

Jäck. Der Ritter! — Er ist noch nicht freundlicher geworden.

Marquise. Er ist willkommen!

(Jäck ab.)

Marquise (zur Nichte). Sie werden einen liebenswürdigen Mann kennen lernen.

Marquis. Ich dächte, sie könnte Seinesgleichen schon mehr gesehen haben.

Vierter Auftritt.

Die Vorigen. Der Ritter.

Marquise. Es scheint, Sie haben so wenig geschlafen als ich.

Ritter. Gewiß dießmal hat der Graf unsere Geduld sehr geprüft, besonders die meine. Er ließ uns eine völlige Stunde im Garten stehen, dann befahl er uns in die Wagen zu sitzen und nach Hause zu fahren; er selbst brachte den Domherrn herein.

Marquise. So sind wir denn glücklich alle wieder in der Stadt zusammen.

Ritter. Ist dieses Frauenzimmer Ihre Nichte, die Sie uns ankündigten?

Marquise. Sie ist's.

Ritter. Ich bitte, mich ihr vorzustellen.

Marquise. Dieß ist der Ritter Greville, mein werther Freund.

Nichte. Ich freue mich, eine so angenehme Bekanntschaft zu machen!

Ritter (nachdem er sie aufmerksam betrachtet). Ihre Tante hat nicht zu viel gesagt; gewiß Sie werden die schönste Zierde unsers gemeinschaftlichen Kreises sein.

Nichte. Ich merke wohl, daß man sich in der großen Welt gewöhnen muß diese schmeichelhaften Ausdrücke zu hören. Ich fühle meine Unwürdigkeit und bin von Herzen beschämt; noch vor kurzer Zeit würden mich solche Complimente sehr verlegen gemacht haben.

Ritter. Wie gut sie spricht!

Marquise (setzt sich). Sagt' ich Ihnen nicht voraus, daß sie Ihnen gefährlich werden könnte?

Ritter (setzt sich zu ihr). Sie scherzen, Marquise!

Marquis (ersucht pantomimisch die Nichte, ihm an der Hutcocarde, an dem Stockbande etwas zurechte zu machen; sie thut es, indem sie sich an ein Tischchen der Marquise gegenüber setzt. Der Marquis bleibt bei ihr stehen).

Marquise. Wie haben Sie den Domherrn verlassen?

Ritter. Er schien verdrießlich und verlegen; ich verdenk' es ihm nicht. Der Graf überraschte uns, und ich darf wohl sagen: er kam uns allen zur Unzeit.

Marquise. Und Sie wollten sich mit gewaffneter Hand den Geistern widersetzen?

Ritter. Ich versichere Sie, schon längst war mir die Arroganz des Grafen unerträglich; ich hätte ihm schon einigemal die Spitze geboten, wenn nicht sein Stand, sein Alter, seine Erfahrung, seine übrigen Eigenschaften mehr als seine Güte gegen mich mir wiederum die größte Ehrfurcht einflößten. Ich läugne es nicht, oft ist er mir verdächtig: bald erscheint er mir als ein Lügner, als ein Betrüger; und gleich bin ich wieder durch die Gewalt seiner Gegenwart an ihn gebunden und wie an Ketten gelegt.

Marquise. Wem geht es nicht so?

Ritter. Auch Ihnen?

Marquise. Auch mir.

Ritter. Und seine Wunder? Seine Geister?

Marquise. Wir haben so große, so sichere Proben von seiner übernatürlichen Kraft, daß ich gerne meinen Verstand gefangen nehme, wenn bei seinem Betragen mein Herz widerstrebt.

Ritter. Ich bin in dem nämlichen Fall, wenn meine Zweifel gleich stärker sind. Nun aber muß sich's bald entscheiden, heute noch! denn ich weiß nicht wie er ausweichen will. — Als er uns heute gegen Morgen aus dem Garten erlös'te: denn ich muß gestehen, wir gehorchten ihm pünctlich und keiner wagte nur einen Schritt, trat er endlich zu uns und rief: Seid mir gesegnet, die ihr die strafende Hand eines Vaters erkennt und gehorcht. Dafür soll euch der schönste Lohn zugesichert werden. Ich habe tief in eure Herzen gesehn. Ich habe euch redlich gefunden. Dafür sollt ihr heute noch den Groß=Cophta erkennen.

Marquise. Heute noch?

Ritter. Er versprach's.

Marquise. Hat er sich erklärt, wie er ihn zeigen will? Wo?

Ritter. In dem Hause des Domherrn, in der ägyptischen Loge, wo er uns eingeweiht hat. Diesen Abend.

Marquise. Ich verstehe es nicht. Sollte der Groß-Cophta schon angelangt sein?

Ritter. Es ist mir unbegreiflich!

Marquise. Sollte ihn der Domherr schon kennen und es bis hieher geläugnet haben?

Ritter. Ich weiß nicht was ich denken soll; aber es werde nun wie es wolle, ich bin entschlossen den Betrüger zu entlarven, sobald ich ihn entdecke.

Marquise. Als Freundin kann ich Ihnen ein so heroisches Unternehmen nicht rathen; glauben Sie daß es so ein Leichtes sei?

Ritter. Was hat er denn für Wunder vor unsern Augen gethan? Und wenn er fortfährt uns mit dem Groß-Cophta aufzuziehen, — wenn es am Ende auf eine Mummerei hinausläuft, daß er uns einen Landstreicher seinesgleichen als den Urmeister seiner Kunst aufbringen will: wie leicht werden dem Domherrn, wie leicht der ganzen Schule die Augen zu öffnen sein!

Marquise. Glauben Sie es nicht, Ritter! Die Menschen lieben die Dämmerung mehr als den hellen Tag, und eben in der Dämmerung erscheinen die Gespenster. Und dann denken Sie, welcher Gefahr Sie sich aussetzen, wenn Sie einen solchen Mann durch eine rasche, durch eine übereilte That beleidigen. Ich verehre ihn noch immer als ein übernatürliches Wesen. — Seine Großmuth, seine Freigebigkeit und sein Wohlwollen gegen Sie! Hat er Sie nicht in das

Haus des Domherrn gebracht? Begünstigt er Sie nicht auf alle Weise? Können Sie nicht hoffen, durch ihn Ihr Glück zu machen, wovon Sie als ein dritter Sohn weit entfernt sind? — — Doch Sie sind zer=
⁵ streut — Irre ich, Ritter? oder Ihre Augen sind mehr auf meine Nichte als Ihr Geist auf mein Ge= spräch gerichtet!

Ritter. Verzeihen Sie meine Neugierde. Ein neuer Gegenstand reizt immer.

¹⁰ Marquise. Besonders wenn er reizend ist.

Marquis (der bisher mit der Nichte leise gesprochen). Sie sind zerstreut und Ihre Blicke scheinen nach jener Seite gerichtet zu sein.

Nichte. Ich sah meine Tante an. Sie hat sich
¹⁵ nicht geändert, seitdem ich sie gesehen habe.

Marquis. Desto mehr verändert find' ich Sie, seitdem der Ritter eingetreten ist.

Nichte. Seit diesen wenigen Augenblicken?

Marquis. O ihr Weiber! ihr Weiber!

²⁰ Nichte. Beruhigen Sie sich, Marquis! Was fällt Ihnen ein?

Marquise. Wir machen doch diesen Morgen eine Tour, Nichtchen?

Nichte. Wie es Ihnen gefällt.

²⁵ Ritter. Darf ich mich zum Begleiter anbieten?

Marquise. Dießmal nicht, es würde Ihnen die Zeit lang werden. Wir fahren von Laden zu Laden.

Wir haben viel einzukaufen: denn es muß dieser
schönen Gestalt an keinem Putze fehlen. Diesen Abend
finden wir uns in der ägyptischen Loge zusammen.

Fünfter Auftritt.

Die Vorigen. Jäck. Der Graf.

Jäck. Der Graf! —

Graf (der gleich hinter Jäck herein kommt). Wird nir=
gends angemeldet. Keine Thür ist ihm verschlossen,
er tritt in alle Gemächer unversehens herein. Und
sollte er auch unerwartet, unwillkommen herabfahren
wie ein Donnerschlag: so wird er doch nie hinweg=
gehen, ohne, gleich einem wohlthätigen Gewitter,
Segen und Fruchtbarkeit zurück zu lassen.

Jäck (der indeß unbeweglich dagestanden, den Grafen ange=
sehen und ihm zugehört, schüttelt den Kopf und geht ab).

Der Graf (setzt sich und behält in diesem, so wie in den
vorhergehenden und folgenden Auftritten den Hut auf dem Kopfe,
den er höchstens nur, um jemand zu grüßen, lüftet). Auch Sie
treff' ich wieder hier, Ritter? Fort mit Ihnen, über=
lassen Sie sich der Meditation; und diesen Abend zur
gesetzten Stunde finden Sie sich in dem Vorzimmer
des Domherrn.

Ritter. Ich gehorche. Und Ihnen allerseits
empfehle ich mich. (Ab.)

Nichte. Wer ist dieser Herr?

Marquis. Der Graf Rostro, der größte und wunderbarste aller Sterblichen.

Graf. Marquise! Marquise! Wenn ich nicht so nachsichtig wäre, wie würde es um Sie stehen?

Marquise. Wie das, Herr Graf?

Graf. Wenn ich nicht so nachsichtig und mächtig zugleich wäre! Ihr seid ein leichtsinniges Volk! Wie oft habt ihr mich nicht fußfällig gebeten daß ich euch weiter in die Geheimnisse führen soll! Habt ihr nicht versprochen euch allen Prüfungen zu unterwerfen, wenn ich euch den Groß-Cophta zeigen, wenn ich euch seine Gewalt über die Geister sehen und mit Händen greifen ließe; und was habt ihr behalten?

Marquise. Keine Vorwürfe, bester Graf! Sie haben uns genug gestraft.

Graf. Ich lasse mich erweichen. (Nach einigem Nachdenken.) Ich sehe wohl, ich muß anders zu Werke gehen, und euch durch eine ganz besondere Weihung, durch die kräftigste Anwendung meiner Wundergaben in wenig Augenblicken rein und fähig machen, vor dem Wundermann zu erscheinen. Es ist eine Operation, die, wenn sie nicht geräth, uns allen gefährlich sein kann. Ich sehe es immer lieber, wenn meine Schüler sich selber vorbereiten, damit ich sie als umgeschaffene Menschen ruhig und sicher in die Gesellschaft der Geister führen kann.

Marquise. Lassen Sie uns nicht länger warten. Machen Sie uns noch heute glücklich, wenn es möglich ist. Lieber will ich mich der größten Gefahr aussetzen, die nur einen Augenblick dauert, als mich dem strengen Gebot unterwerfen, das mir Monate lang Tage und Nächte raubt.

Graf. Leicht wollt ihr alles haben, leicht und bequem! und ihr fragt nicht wie schwer mir nun die Arbeit werden muß?

Marquise. Ihnen schwer? — Ich wüßte nicht, was Ihnen schwer werden könnte.

Graf. Schwer! sauer! und gefährlich! — Glaubt ihr, der Umgang mit Geistern sei eine lustige Sache? Man zwingt sie nicht, wie ihr die Männer, mit einem Blick, mit einem Händedruck. Ihr denkt nicht, daß sie mir widerstehen, daß sie mir zu schaffen machen, daß sie mich überwältigen möchten, daß sie auf jeden meiner Fehler Acht haben, mich zu überlisten. Schon zweimal in meinem Leben habe ich gefürchtet ihnen unterzuliegen; darum trage ich dieses Gewehr (Er zieht ein Terzerol aus der Tasche.) immer bei mir, um mich des Lebens zu berauben, wenn ich fürchten müßte, ihnen unterthänig zu werden.

Nichte (zum Marquis). Welch ein Mann! Es zittern mir die Kniee vor Schrecken! So hab' ich nie reden hören! von solchen Dingen hab' ich nie reden hören! von solchen Dingen hab' ich nichts geträumt!

Marquis. Wenn Sie erst die Einsichten, die

Gewalt dieses Mannes kennen sollten, Sie würden erstaunen.

Nichte. Er ist gefährlich! mir ist angst und bange!

(Der Graf sitzt indeß unbeweglich und sieht starr vor sich hin.)

Marquise. Wo sind Sie, Graf? Sie scheinen abwesend! — So hören Sie doch! (Sie faßt ihn an und schüttelt ihn.) Was ist das? Er rührt sich nicht! Hören Sie mich doch!

Marquis (tritt näher). Sie sind ein Kenner von Steinen, wie hoch schätzen Sie diesen Ring? — — Er hat die Augen auf und sieht mich nicht an.

Marquise (die ihn noch bei der Hand hält). So steif wie Holz, als wenn kein Leben in ihm wäre!

Nichte. Sollte er ohnmächtig geworden sein? Er sprach so heftig! Hier ist etwas zu riechen!

Marquis. Nein doch, er sitzt ja ganz gerade; es ist nichts Hinfälliges an ihm.

Marquise. Stille! er bewegt sich!

(Der Marquis und die Nichte treten von ihm weg.)

Graf (sehr laut und heftig, indem er vom Stuhle auffährt). Hier! halt ein, Schwager! hier will ich aussteigen!

Marquise. Wo sind Sie, Graf?

Graf (nachdem er tief Athem geholt hat). Ah — Sehen Sie, so geht mir's! (Nach einer Pause.) Da haben Sie ein Beispiel! (Pause.) Ich kann es Ihnen wohl ver= trauen. — Ein Freund, der gegenwärtig in Amerika lebt, kam unversehens in große Gefahr; er sprach die

Formel aus, die ich ihm anvertraut habe; nun konnte ich nicht widerstehen! Die Seele ward mir aus dem Leibe gezogen, und ich eilte in jene Gegenden. Mit wenig Worten entdeckte er mir sein Anliegen, ich gab ihm schleunigen Rath; nun ist mein Geist wieder hier, verbunden mit der irdischen Hülle, die inzwischen als ein lebloser Kloß zurückblieb. — (Pause.) Das Sonderbarste ist dabei, daß eine solche Abwesenheit sich immer damit endigt daß es mir vorkommt, ich fahre entsetzlich schnell, sehe meine Wohnung, und rufe dem Postillon zu, der eben im Begriff ist vorbei zu fahren. — Hab' ich nicht so was ausgerufen?

Marquise. Sie erschreckten uns damit. — Sonderbar und erstaunlich! (Leise.) Welche Unverschämtheit!

Graf. Sie können aber nicht glauben, wie ich ermüdet bin. Mir sind alle Gelenke wie zerschlagen; ich brauche Stunden um mich wieder zu erholen. Davon ahnet ihr nichts; ihr wähnt, man mache nur alles bequem mit dem Zauberstäbchen.

Marquis. Wunderbarer, verehrungswürdiger Mann! (Leise.) Welch ein dreister Lügner!

Nichte (herbei tretend). Sie haben mir recht bange gemacht, Herr Graf.

Graf. Ein gutes, natürliches Kind! (Zur Marquise.) Ihre Nichte?

Marquise. Ja, Herr Graf! Sie hat vor kurzem ihre Mutter verloren; sie ist auf dem Lande erzogen und erst drei Tage in der Stadt.

Graf (die Nichte scharf ansehend). So hat mich Uriel doch nicht betrogen.

Marquise. Hat Ihnen Uriel von meiner Nichte was gesagt?

Graf. Nicht geradezu; er hat mich nur auf sie vorbereitet.

Nichte (leise zum Marquis). Um Gotteswillen, der weiß alles, der wird alles verrathen.

Marquis (leise). Bleiben Sie ruhig, wir wollen hören.

Graf. Ich war diese Tage sehr verlegen, als ich die wichtige Handlung überdachte, die noch heute vorgehen soll. — Sobald sich euch der Groß=Cophta wird offenbart haben, wird er sich umsehen und fragen, wo ist die Unschuldige? Wo ist die Taube? Ein unschuldiges Mädchen muß ich ihm stellen. Ich dachte hin und wieder, wo ich sie finden, wie ich sie zu uns einführen wollte. Da lächelte Uriel und sagte: „Sei getrost, du wirst sie finden, ohne sie zu suchen. Wenn du von einer großen Reise zurückkehrest, wird die schönste reinste Taube vor dir stehen." — Alles ist eingetroffen, wie ich mir's gar nicht denken konnte. Ich komme aus Amerika zurück, und dieses unschuldige Kind steht vor mir.

Marquis (leise). Dießmal hat Uriel gewaltig fehlgegriffen.

Nichte (leise). Ich zittre und bebe!

Marquis (leise). So hören Sie doch aus.

Marquise. Dem Groß=Cophta soll ein unschuldiges Mädchen gebracht werden? Der Groß=Cophta kommt von Orient? Ich hoffe nicht —

Graf (zur Marquise). Entfernen Sie alle fremden, alle leichtfertigen Gedanken! (Zur Nichte, sanft und freundlich.) Treten Sie näher, mein Kind! nicht furchtsam, treten Sie näher! — So! — Eben so zeigen Sie sich dem Groß=Cophta. Seine scharfen Augen werden Sie prüfen; er wird Sie vor einen blendenden glänzenden Krystall führen, Sie werden darin die Geister erblicken die er beruft, Sie werden das Glück genießen wornach andere vergebens streben, Sie werden Ihre Freunde belehren und sogleich einen großen Rang in der Gesellschaft einnehmen in die Sie treten; Sie, die Jüngste, aber auch die Reinste. — — Wetten wir, Marquise! dieses Kind wird Sachen sehen, die den Domherrn höchst glücklich machen. Wetten wir, Marquise?

Marquise. Wetten? Mit Ihnen, der alles weiß?

Nichte (die bisher ihre Verlegenheit zu verbergen gesucht). Verschonen Sie mich, Herr Graf! Ich bitte Sie, verschonen Sie mich!

Graf. Sein Sie getrost, gutes Kind! die Unschuld hat nichts zu fürchten!

Nichte (in der äußersten Bewegung). Ich kann die Geister nicht sehen! ich werde des Todes sein!

Graf (schmeichelnd). Fassen Sie Muth. Auch diese Furcht, diese Demuth kleidet Sie schön und macht

Sie würdig vor unsre Meister zu treten! Reden Sie ihr zu, Marquise!

(Die Marquise spricht heimlich mit der Nichte.)

Marquis. Darf ich nicht auch ein Zeuge dieser Wunder sein?

Graf. Kaum! Sie sind noch unvorbereiteter als diese Frauen. Sie haben diese ganze Zeit unsere Versammlungen gemieden.

Marquis. Verzeihen Sie, ich war beschäftigt.

Graf. Sich zu putzen, das Sie den Weibern überlassen sollten.

Marquis. Sie sind zu strenge.

Graf. Nicht so strenge, daß ich den ausschließen sollte der mich noch hoffen läßt. Kommen Sie, kommen Sie! Lassen Sie uns eine Viertelstunde spazieren gehn. Wenigstens muß ich Sie examiniren und vorbereiten. Leben Sie wohl! Auf Wiedersehn beide.

Nichte (die den Grafen zurückhält). Ich bitte, ich beschwöre Sie!

Graf. Noch einmal, mein Kind: verlassen Sie sich auf mich daß Ihnen nichts Schreckliches bevorsteht, daß Sie die Unsterblichen mild und freundlich finden werden. Marquise! geben Sie ihr einen Begriff von unsern Versammlungen, belehren Sie das holde Geschöpf. Unser Freund, der Domherr, fragt den Groß-Cophta gewiß nach dem was ihm zunächst am Herzen liegt; ich bin überzeugt, die Erscheinung wird seine Hoffnungen stärken. Er verdient zufrieden, verdient glücklich zu werden; und wie sehr, meine Taube, wird er Sie schätzen, wenn die Geister ihm durch Sie sein Glück verkündigen. Leben Sie wohl! Kommen Sie, Marquis!

Nichte (dem Grafen nacheilend). Herr Graf! Herr Graf!

Sechster Auftritt.

Die Marquise. Die Nichte.

Nichte. (Da der Graf und der Marquis abgegangen sind, bleibt sie in einer trostlosen Stellung im Hintergrunde stehen.)

Marquise (an dem vordern Theile des Theaters für sich). Ich verstehe diese Winke; ich danke dir, Graf, daß du mich für deinesgleichen hältst. Dein Schade soll es nicht sein daß du mir nutzest. — Er merkt schon lange daß ich dem Domherrn mit der Hoffnung schmeichle die Prinzessin für ihn zu gewinnen. Von meinem großen Plan ahnet er nichts; er glaubt, es sei auf kleine Prellereien angelegt. Nun denkt er mir zu nutzen, indem er mich braucht; er gibt mir in die Hand, dem Domherrn durch meine Nichte vorzuspiegeln was ich will, und ich kann es nicht thun, ohne den Glauben des Domherrn an die Geister zu stärken. Wohl, Graf! so müssen Kluge sich verstehen, um thörichte leichtgläubige Menschen sich zu unterwerfen. (Sich umkehrend.) Nichtchen, wo sind Sie? Was machen Sie?

Nichte. Ich bin verloren! (Geht mit unsichern Schritten auf die Tante los und bleibt auf halbem Wege stehen.)

Marquise. Fassen Sie sich, meine Liebe!

Nichte. Ich kann — ich werde die Geister nicht sehen!

Marquise. Gutes Kind, dafür lassen Sie mich sorgen. Ich will Ihnen schon rathen, schon durchhelfen.

Nichte. Hier ist kein Rath, keine Hülfe! Retten Sie mich! Retten Sie eine Unglückliche vor öffentlicher Schmach! Der Zauberer wird mich verwerfen, ich werde keine Geister sehen! Ich werde beschämt vor allen da stehen!

Marquise (für sich). Was kann das bedeuten?

Nichte. Auf meinen Knieen, ich bitte! Ich flehe! Erretten Sie mich! Alles will ich bekennen! Ach Tante! Ach liebe Tante! Wenn ich Sie noch so nennen darf! Sie sehen kein unschuldiges Mädchen vor sich. Verachten Sie mich nicht! Verstoßen Sie mich nicht!

Marquise (für sich). Unerwartet genug! (Gegen die Nichte.) Stehn Sie auf, mein Kind!

Nichte. Ich vermöchte nicht, wenn ich auch wollte! Meine Kniee tragen mich nicht! Es thut mir wohl so vor Ihnen zu liegen. Nur in dieser Stellung darf ich sagen: vielleicht bin ich zu entschuldigen! Meine Jugend! Meine Unerfahrenheit! Mein Zustand! Meine Leichtgläubigkeit —

Marquise. Unter den Augen Ihrer Mutter glaubt' ich Sie sicherer, als in einem Kloster. Stehen Sie auf. (Sie hebt die Nichte auf.)

Nichte. Ach! Soll ich sagen, soll ich gestehn?

Marquise. Nun?

Nichte. Erst seit dem Tode meiner Mutter ist die Ruhe, die Glückseligkeit von mir gewichen.

Marquise. Wie? (Abgewendet.) Sollt' es möglich sein? (Laut.) Reden Sie weiter!

Nichte. O Sie werden mich hassen! Sie werden mich verwerfen! Unglückseliger Tag, an dem Ihre Güte selbst mich zu Grunde richtete!

Marquise. Erklären Sie sich!

Nichte. O Gott! Wie schwer ist es auszusprechen, was uns ein unglücklicher Augenblick so süß vorschmeichelt! — Vergeben Sie, daß ich ihn liebenswürdig fand! Wie liebenswürdig war er! Der erste Mann, der mir die Hand mit Inbrunst drückte, mir in die Augen sah und schwur, er liebe mich. Und in welcher Zeit? In den Augenblicken, da mein Herz, von dem traurigsten Verluste lange unaussprechlich gepreßt, sich endlich in heißen Thränen Luft machte, weich, ganz weich war! da ich in der öden Welt um mich her durch die Wolken des Jammers nur Mangel und Kummer erblickte; wie erschien er mir da als ein Engel; der Mann, den ich schon in meiner Kindheit verehrt hatte, erschien als mein Tröster! Er drückte sein Herz an das meinige. — Ich vergaß, daß er nie der meine werden konnte — daß er Ihnen angehört — Es ist ausgesprochen! — Sie wenden Ihr Gesicht von mir weg? Hassen Sie mich, ich verdiene es! Verstoßen Sie mich! Lassen Sie mich sterben! (Sie wirft sich in einen Sessel.)

Marquise (für sich). Verführt — durch meinen Gemahl! — Beides überrascht mich, beides kommt mir ungelegen. — — Fasse dich! — — Weg mit allen kleinen beschränkten Gesinnungen! Hier ist die Frage, ob du nicht auch diesen Umstand benutzen kannst? — — Gewiß — — O! sie wird nur desto geschmeidiger sein, mir blindlings gehorchen — — und über meinen Mann gibt mir diese Entdeckung auch neue Vortheile. — Wenn ich meine Absichten erreiche, so ist mir das Übrige alles gleichgültig! — (Laut.) Kommen Sie, Nichte, erholen Sie sich! Sie sind ein gutes braves Kind! Alles vergebe ich! Kommen Sie, werfen Sie Ihren Schleier über, wir wollen ausfahren, Sie müssen sich zerstreuen.

Nichte (indem sie aufsteht und der Marquise um den Hals fällt). Beste liebste Tante, wie beschämen Sie mich!

Marquise. Sie sollen eine Freundin, eine Vertraute an mir finden. Nur der Marquis darf nicht wissen, daß ich es bin; wir wollen ihm die Verlegenheit ersparen.

Nichte. Welche Großmuth!

Marquise. Sie werden ihn auf eine geschickte Weise vermeiden; ich werde Ihnen behülflich sein.

Nichte. Ich bin ganz in Ihren Händen!

Marquise. Und was die Geister betrifft, will ich Ihnen die wunderbarsten Geheimnisse entdecken; und Sie sollen diese fürchterliche Gesellschaft lustig genug finden. Kommen Sie! Kommen Sie nur!

Dritter Aufzug.

Erster Auftritt.

Zimmer des Domherrn.

Im Grunde ein Kamin, auf dessen beiden Seiten zwei Bilder in Lebensgröße, eines ältlichen Herrn und einer jungen Dame.

Der Domherr (Papiere in der Hand haltend). Soll ich denn wieder einmal, angebetete Fürstin, vor dein schönes Bild mit hoffnungsvoller Freude treten! Soll die Sehnsucht, die zu dir hinauf blickt, endlich einigen Trost von deinen Lippen erwarten dürfen! — Noch schweb' ich in Ungewißheit. Diese köstlichen Züge seh' ich vor mir, (Auf die Papiere deutend.) ich erkenne deine Hand, ich fühle deine Gesinnungen; aber noch ist es nur allgemeine Höflichkeit, noch steht keine Sylbe von dem, was ich so heftig wünsche, auf diesen Blättern. — Thor! und was verlangst du? — Ist es nicht schon genug, daß sie schreibt? Dir so viel schreibt. Und wäre nicht ihr bloßer Namenszug schon ein Zeuge ihrer glücklich veränderten Gesinnungen?

— Veränderten? — Nein sie hat sich nie verändert. Sie schwieg, als man mich verstieß; sie verstellte sich, um mir zu nutzen. Und nun belohnt sie mich mit zehnfachem Vertrauen, und wird bald Gelegenheit finden mich wieder herauf zu führen. — Sie wünscht das kostbare Halsband, sie gibt mir den Auftrag, ohne Vorbewußt ihres Vaters ihr dieses Kleinod zu verschaffen, sie sendet mir ihre Garantie, sie wird wegen der Zahlungen immer in Verbindung mit mir bleiben; gerne lege ich den ersten Termin aus, um sie noch fester an mich zu knüpfen. — Ja, du wirst — du wirst — darf ich es in der Gegenwart deines Bildes aussprechen? — du wirst mein sein! — Welch ein Wort! — Welch ein Gedanke! — Schon füllt die Glückseligkeit wieder ganz mein Herz aus. Ja! dieses Bild scheint wieder sich zu bewegen, mir zu lächeln, mir freundlich zuzuwinken. — Schon hebt sich der Ernst von des Fürsten Stirne hinweg. Huldreich sieht er mich an, wie in jenen Tagen, als er mir diese kostbaren Gemählde unvermuthet schenkte. Und sie! — Komm herab, Göttin, herab! — Oder hebe mich zu dir hinauf, wenn ich nicht vor deinen Augen sterben soll!

Zweiter Auftritt.

Der Domherr. Ein Bedienter, hernach **die Hofjuweliere.**

Bedienter. Ew. Gnaden haben die Hofjuweliere befohlen; sie sind vor der Thüre.

Domherr. Laß sie herein kommen!

(Zu den Juwelieren.)

Nun, wie sind Sie mit dem Entwurfe des Contracts zufrieden, den ich Ihnen zugeschickt habe?

Juwelier. Wegen der Summe hätten wir noch einige Erinnerungen zu machen.

Domherr. Ich dächte doch, der Schmuck wäre gut bezahlt. Sie finden nicht leicht einen Käufer. Liegt Ihnen das Halsband nicht schon ein Jahr müßig?

Juwelier. Leider! — Und dann — Verzeihen Sie, gnädiger Herr —

Domherr. Was ist's noch?

Juwelier. Wenn wir auch mit der gebotenen Summe uns begnügen und sie in den festgesetzten Terminen annehmen wollten, so werden Sie doch nicht ungnädig nehmen, wenn wir auf Ihre bloße handschriftliche Versicherung ein so kostbares Stück abzuliefern Bedenken tragen. Es ist gewiß nicht Mißtrauen; nur unsre Sicherheit in einem so wichtigen Geschäfte —

Domherr. Ich verdenke Ihnen nicht daß Sie mir eine so große Summe nicht geradezu anvertrauen wollen. Ich habe Ihnen aber schon gesagt daß ich das Halsband nicht für mich, sondern für eine Dame kaufe, die allerdings so viel Credit bei Ihnen haben sollte.

Juwelier. Wir trauen völlig Ihren Worten, und wünschten nur eine Zeile von der Hand unsrer gnädigsten Käuferin.

Domherr. Ich sagte Ihnen schon daß es nicht angeht, und empfehle Ihnen nochmals das Geheimniß. Genug ich werde Ihr Schuldner. Damit Sie aber nicht glauben, als handelte ich übereilt und hätte nicht gewußt mich und Sie zu decken: so lesen Sie hier. (Er gibt ihnen ein Papier, und spricht für sich, indem sie es lesen.) Zwar hat die Marquise ausdrücklich verlangt, ich soll das Blatt niemanden zeigen, soll es nur zu meiner eigenen Sicherheit verwahren. — Wenn nun aber diese Leute auch an i h r e Sicherheit denken, wenn sie nun auch wissen wollen wer mir und ihnen für eine so große Summe steht — (Laut.) Was sagen Sie nun, meine Herren?

Juwelier (indem er das Blatt zurückgibt). Wir bitten um Vergebung, wir zweifeln keinen Augenblick. — Auch ohne dieß würden wir das Halsband ausgeliefert haben. Hier ist es. Wäre es gefällig den Contract zu unterschreiben?

Domherr. Sehr gern. (Er unterschreibt und wechselt das Papier gegen das Schmuckkästchen aus.) Leben Sie wohl, meine Herren! Die Termine sollen richtig abgetragen werden, und künftig haben wir mehr mit einander zu thun.

Die Juweliere gehen mit tiefen Verbeugungen ab.

Dritter Auftritt.

Domherr, nachher ein Bedienter, dann Jäck.

Domherr (indem er das Halsband betrachtet). Kostbar, sehr kostbar! — und werth des schlanken weißen Halses, der dich tragen soll, werth des himmlischen Busens den du berühren wirst. Eile zu ihr, glänzender Schmuck, damit sie einen Augenblick lächle und gefällig an den Mann denke, der viel wagt um ihr diese Freude zu verschaffen. Geh, sei ihr ein Zeuge, daß ich alles für sie zu thun bereit bin. (Den Schmuck ansehend.) Wäre ich ein König, du solltest sie als ein Geschenk überraschen und bald durch kostbarere Geschenke wieder verdunkelt werden. — Ach wie betrübt's mich, wie demüthigt's mich, daß ich jetzt nur den Mäkler machen kann!

Bedienter (ein Billet bringend). Ein Bote von der Marquise!

Domherr. Er soll warten.
(Bedienter ab.)

Domherr (lies't). „Wenn der Schmuck in Ihren „Händen ist, so geben Sie ihn gleich dem Über=„bringer. Ich habe die schönste Gelegenheit, ihn „hinaus zu schicken; eine Kammerfrau ist in der „Stadt; ich schicke verschiedene Putzwaaren an „die Göttliche und packe die Juwelen bei. Der „Lohn für diesen kleinen Dienst erwartet Sie „schon heute Nacht. In einer Viertelstunde „bin ich bei Ihnen. Was steht uns nicht heute „bevor! Das Angesicht des Groß=Cophta und „das Angesicht eines Engels. Leben Sie wohl, „liebster Auserwählter. Verbrennen Sie dieß „Blatt."

Traue ich meinen Augen? Noch heute Nacht? Ge=schwinde! Geschwinde! Sei der Vorläufer des Glück=lichsten unter allen Sterblichen. (Er schreibt wenige Worte und siegelt das Schmuckkästchen ein.) Warum muß auch heute sich alles zusammen drängen? Soll ein einziger Abend mich für so viel Langeweile, so viel Ungeduld und Schmerzen entschädigen? Erscheine, sehnlich erwarteter Zeitpunct meines Glücks! Führet mich, ihr Geister, in's Heiligthum der geheimen Kenntnisse; führe mich, o Liebe, in dein Heiligthum! (Er klingelt.)

Bedienter tritt ein.

Domherr. Wer ist von der Marquise da?

Bedienter. Ihr Jäck.

Domherr. Laß ihn hereinkommen!

(Bedienter ab.)

Domherr. Ich habe keine Ruhe, bis ich das Kleinod in ihren Händen weiß.

Jäck (tritt auf). Was befehlen Ihro Gnaden?

Domherr. Bringe dieß Packet deiner gnädigen Frau. Eile und halt' es fest, damit du es nicht etwa verlierst.

Jäck. So wenig als meinen Kopf.

Domherr. Du bist so leichtsinnig.

Jäck. Nicht im Bestellen.

Domherr. So geh hin.

Jäck. Gnädiger Herr! Sie verwöhnen die Boten.

Domherr. Ich verstehe. (Gibt dem Knaben Geld.) Hier, wende es wohl an!

Jäck. Ich geb' es gleich aus, damit ich es nicht verliere. Ich danke unterthänig! (Halb laut als spräche er für sich, doch so, daß es der Domherr hören kann.) Welch ein Herr! Fürst verdient er zu sein! (Mit vielen muthwilligen Bücklingen ab.)

Domherr. Eile nur! eile! — Wie glücklich, daß ich diesen Auftrag so schnell ausrichten konnte! Nur das Einzige macht mir Sorge daß ich es dem Grafen verbergen mußte. — Es war der Fürstin ausdrücklicher Wille. — O ihr guten Geister, die ihr mir so sichtbar beistandet, bleibt auf meiner Seite und verbergt die Geschichte nur auf kurze Zeit eurem Meister!

Vierter Auftritt.

Domherr. Ritter. Bedienter.

St. Jean. Der Ritter.

Domherr. Drei Sessel!

St. Jean (stellt die Sessel).

Ritter. Hier bin ich! Kaum habe ich diesen Augenblick erwarten können. Schon lange geh' ich ungeduldig auf der Promenade hin und wieder; es schlägt die Stunde und ich fliege hieher.

Domherr. Sein Sie mir willkommen.

Ritter. Den Grafen fand ich auf der Treppe. Er redete mich liebreich an, mit einem sanften Tone, den ich nicht an ihm gewohnt bin. Er wird gleich hier sein.

Domherr. Ist er hinüber in's Logenzimmer gegangen?

Ritter. So schien mir's.

Domherr. Er bereitet sich zu feierlichen Handlungen, Sie erst hier in den zweiten Grad aufzunehmen, dann mich in den dritten zu erheben, und uns dem Groß-Cophta vorzustellen.

Ritter. Ja er hatte die Miene eines Wohl=
thäters, eines Vaters. Diese Miene ließ mich viel
hoffen. O wie schön glänzt die Güte vom Angesicht
des Gewaltigen!

Fünfter Auftritt.

Die Vorigen. Der Graf.

Graf (indem er seinen Hut abnimmt und gleich wieder auf=
setzt). Ich grüße euch, Männer des zweiten Grades!

Domherr. Wir danken dir!

Ritter. Nennst du mich auch schon so?

Graf. Den ich so grüße, der ist's. (Er setzt sich auf
den mittelsten Sessel.) Bedeckt euch.

Domherr. Du befiehlst es! (Er setzt auf.)

Graf. Ich befehle nicht. Ihr bedient euch eures
Rechtes; ich erinnere euch nur.

Ritter (bei Seite, indem er den Hut aufsetzt). Welche
Milde! Welche Nachsicht! Ich brenne vor Begierde,
die Geheimnisse des zweiten Grades zu hören.

Graf. Setzt euch, meine Freunde, setzt euch, meine
Gehülfen!

Domherr. Die Gehülfen sollten vor dem Meister
stehen, um, gleich dienstbaren Geistern, seine Befehle
schleunig auszurichten.

Graf. Wohlgesprochen! Aber sie sitzen bei ihm, weil sie seine Räthe mehr als seine Diener sind.

(Beide setzen sich.)

Graf (zum Ritter). Wie nennt man die Männer des zweiten Grades?

Ritter. Wenn ich eben recht hörte, Gehülfen.

Graf. Warum mögen sie diesen Namen tragen?

Ritter. Wahrscheinlich, weil sie der Meister aufgeklärt und thätig genug findet, zu seinen Absichten mitzuwirken und seine Zwecke zu erfüllen.

Graf. Was denkst du von den Endzwecken dieses Grades?

Ritter. Ich kann mir nichts anders denken, als daß wir nun erst ausüben sollen, was uns der erste Grad gelehrt hat. Dem Schüler zeigt man von weitem, was zu thun ist; dem Gehülfen gibt man die Mittel an die Hand, wie er das Ziel erreichen könne.

Graf. Was ist das Ziel, das man den Schülern vorsteckt?

Ritter. Das eigene Beste in dem Besten der andern zu suchen.

Graf. Was erwartet nun der antretende Gehülfe?

Ritter. Daß ihm der Meister die Mittel anzeigen soll, das allgemeine Beste zu befördern.

Graf. Erkläre dich näher.

Ritter. Du weißt besser, als ich selbst, was ich zu sagen habe. In jedes gute Herz ist das edle Ge=

fühl von der Natur gelegt, daß es für sich allein nicht glücklich sein kann, daß es sein Glück in dem Wohl der andern suchen muß. Dieses schöne Gefühl weißt du in den Schülern des ersten Grades zu erregen, zu stärken, zu beleben! — Und wie nöthig ist es, uns zum Guten Muth zu machen! Unser Herz, das von Kindheit an nur in der Geselligkeit sein Glück findet, das sich so gern hingibt, und nur dann am höchsten und reinsten genießt, wenn es sich für einen geliebten Gegenstand aufopfern kann — ach! dieses Herz wird leider durch den Sturm der Welt aus seinen liebsten Träumen gerissen! Was wir geben können, will niemand nehmen; wo wir zu wirken streben, will niemand helfen; wir suchen und versuchen und finden uns bald in der Einsamkeit.

Graf (nach einer Pause). Weiter, mein Sohn.

Ritter. Und was noch schlimmer ist, muthlos und klein. Wer beschreibt die Schmerzen eines verkannten, von allen Seiten zurückgestoßenen menschenfreundlichen Herzens? Wer drückt die langen langsamen Qualen eines Gemüths aus, das zu wohlthätiger Theilnehmung geboren, ungern seine Wünsche und Hoffnungen aufgibt, und sich doch zuletzt derselben auf ewig entäußern muß? Glücklich, wenn es ihm noch möglich wird, eine Gattin, einen Freund zu finden, denen er das einzeln schenken kann, was dem ganzen Menschengeschlechte zugedacht war; wenn

er Kindern, wenn er — Thieren nützlich und wohl=
thätig sein kann!

Graf. Ihr habt noch mehr zu sagen, fahrt fort.

Ritter. Ja, dieses schöne Gefühl belebt ihr in
euren Schülern auf's neue. Ihr gebt ihnen Hoff=
nung, daß die Hindernisse, die dem sittlichen Menschen
entgegen stehen, nicht unüberwindlich sei'n, daß es
möglich sei, sich nicht allein zu kennen, sondern sich
auch zu bessern; daß es möglich sei, die Rechte der
Menschen nicht nur einzusehen, sondern auch geltend
zu machen, und indem man für andere arbeitet, zu=
gleich den einzigen schönen Lohn für sich gewinnen —

Graf (zum Domherrn, der sich bisher unruhig auf seinem
Sessel bewegt hat). Was sagt ihr zu diesen Äußerungen
unsers Ritters?

Domherr (lächelnd). Daß sie von einem Schüler
kommen, und von keinem Gefährten.

Ritter. Wie?

Domherr. Es ist nicht von ihm zu verlangen,
er muß belehrt werden.

Ritter. Was?

Domherr. Sage mir den Wahlspruch des ersten
Grades.

Ritter. Was du willst daß die Menschen für
dich thun sollen, das thue für sie.

Domherr. Vernimm dagegen den Wahlspruch
des zweiten Grades: Was du willst daß die Menschen
für dich thun sollen, das thue für sie nicht.

Ritter (auffpringend). Nicht? Hat man mich zum Beften? — Darf ein vernünftiger, ein edler Menfch fo reden?

Graf. Setze dich nieder und höre zu. (Zum Domherrn.) Wo ift der Mittelpunct der Welt, auf den fich alles beziehen muß?

Domherr. In unferm Herzen.

Graf. Was ift unfer höchftes Gefetz?

Domherr. Unfer eigener Vortheil.

Graf. Was lehrt uns der zweite Grad?

Domherr. Weife und klug zu fein.

Graf. Wer ift der Weifefte?

Domherr. Der nichts anders weiß noch will, als das was begegnet.

Graf. Wer ift der Klügfte?

Domherr. Der in allem, was ihm begegnet, feinen Vortheil findet.

Ritter (der wieder auffpringt). Entlaßt mich! Es ift mir unmöglich, es ift mir unerträglich, folche Reden zu hören.

Domherr (halb lachend). Ging es mir doch beinahe eben fo, wie Ihnen. (Zum Grafen.) Es ift ihm zu verzeihen, daß er fich fo ungebärdig ftellt. (Zum Ritter.) Beruhigen Sie fich, Sie werden fchon über fich felbft lachen und uns das Lächeln verzeihen, das Sie in diefem Augenblick verdrießt. Aus dem Felde der jugendlichen Schwärmerei, worin der Meifter feine Schüler gängelt, glaubt man über eine goldene Brücke in eine reizende Feenwelt hinüber geführt zu werden. Und freilich ist es unerwartet, wenn man unsanft in die wirkliche Welt wieder zurück gebracht wird, aus der man sich zu entfernen glaubte.

Ritter. Meine Herren, Sie erlauben daß ich gehe, daß ich mich von meinem Erstaunen erhole.

Domherr. Gehn Sie nur, gehn Sie und sehn Sie sich in der Welt, sehn Sie sich in Ihrem Herzen um. Bedauren Sie meinetwegen die Thoren; aber ziehen Sie Vortheil aus der Thorheit. Sehn Sie wie jeder vom andern so viel als möglich zu nehmen sucht, um ihm so wenig als möglich zurück zu geben. Jeder mag lieber befehlen als dienen, lieber sich tragen lassen als tragen. Jeder fordert reichlich Achtung und Ehre, und gibt sie so spärlich als möglich zurück. Alle Menschen sind Egoisten; nur ein Schüler, nur ein Thor kann sie ändern wollen. Nur wer sich selbst nicht kennt, wird läugnen: daß es in seinem Herzen eben so bestellt sei.

Ritter. Wohin bin ich gerathen!

Domherr. Diesen Lauf der Welt wird Ihnen der Meister im zweiten Grade ganz enthüllen. Er wird Ihnen zeigen daß man von den Menschen nichts verlangen kann, ohne sie zum Besten zu haben und ihrem Eigensinne zu schmeicheln; daß man sich unversöhnliche Feinde macht, wenn man die Albernen aufklären, die Nachtwandler aufwecken und die Verirrten zurecht weisen will; daß alle vorzüglichen

Menschen nur Marktschreier waren und sind — klug genug ihr Ansehn und ihr Einkommen auf die Gebrechen der Menschheit zu gründen.

Ritter. Abscheulich! Abscheulich!

Graf. Es sei genug. Er mag nun selbst denken; und noch ein Wort, eh' wir uns trennen. Wie nennt man den ersten Grad?

Domherr. Die Lehre.

Graf. Warum?

Domherr. Damit die Schüler glauben, sie lernen etwas.

Graf. Wie nennt man den zweiten Grad?

Domherr. Die Prüfung.

Graf. Und weßwegen?

Domherr. Weil der Kopf eines Menschen darin geprüft wird, und man sieht, zu was er fähig ist.

Graf. Vortrefflich! (Leise zum Domherrn.) Laß uns allein; ich muß diesen Trotzkopf zu begütigen suchen.

Domherr. Ich hoffte, du würdest meine Wünsche erhören und mich in den dritten Grad erheben.

Graf. Ich darf dem Groß-Cophta nicht vorgreifen. Warte seine Erscheinung ab; in kurzer Zeit werden alle deine Wünsche befriedigt sein.

Sechster Auftritt.

Der Graf. Der Ritter.

Graf. Junger Mann!

Ritter (der indessen nachdenklich und unbeweglich gestanden). Leben Sie wohl, Herr Graf!

Graf. Wo wollen Sie hin? Ich lasse Sie nicht weg.

Ritter. Halten Sie mich nicht! Ich lasse mich nicht halten!

Graf. Bleiben Sie!

Ritter. Nicht länger, als bis ich Ihnen Dank gesagt, für das Gute das Sie mir erzeigt, für die Bekanntschaften die Sie mir gemacht, für den guten Willen den Sie mir versichert. Und nun leben Sie wohl! auf ewig wohl! denn ich möchte mich nicht undankbar zeigen gegen meinen Wohlthäter. Leben Sie wohl! und lassen mich nur noch das sagen: Ihre Wohlthaten beschämten mich nicht, denn ich glaubte sie einem edlen großen Manne zu verdanken.

Graf. Weiter! weiter! Reden Sie aus, eher kommen Sie nicht von der Stelle.

Ritter. Sie wollen es? Sie befehlen es? Es sei denn! O Graf! wie haben Sie in dieser Viertelstunde mein Glück, meine Hoffnungen zernichtet! Haben Sie mich nicht besser gekannt, nicht besser beurtheilt?

Graf. Worin hab' ich mich denn so sehr betrogen? Ich lernte Sie als einen jungen Mann kennen, der sein Glück zu machen wünschte; der mit Eifer, ja mit Heftigkeit, nach Rang, nach Vermögen strebte, und desto heftiger, je weniger ihm seine Lage Ansprüche zu großen Hoffnungen erlaubte.

Ritter. Wohl! Aber zeigte ich mich nicht auch mit einem Herzen, das niedrige gewöhnliche Mittel verschmähete? Wünschte ich nicht meine beste Empfehlung von meiner Redlichkeit, meiner Gesetzlichkeit, meiner Treue, von allen jenen Eigenschaften, die einen edlen Mann, die einen Soldaten zieren? — Und nun?

Graf. Und nun erschrecken Sie über den Fuchspelz, mit dem Sie Ihre Löwenmähne bedecken sollten.

Ritter. Scherzen Sie nur, ich will ernsthaft reden; ernsthaft zum letztenmale mit einem Manne, den ich für meinen Freund hielt. Ja, ich gesteh' es Ihnen: Ihr Betragen war mir längst verdächtig. Diese geheimen Wissenschaften, in deren Vorhof mir dunkler ward als vorher in der freien Welt, diese wunderbaren Kräfte, die uns auf guten Glauben versichert wurden, diese Verwandtschaft mit Geistern, diese unfruchtbaren Ceremonien, alles weissagte mir nichts Gutes; nur die Großheit Ihrer Gesinnungen, die ich in vielen Fällen kennen lernte, die Entäußerung von jedem Eigennutz, Ihre Theilnehmung, Ihre Dienstfertigkeit, Ihre Freigebigkeit, das alles deutete mir dagegen auf einen tiefen Grund eines edlen

Herzens. Ich hing an Ihrem Munde, saugte Ihre Lehren ein bis auf diesen Augenblick, der alle meine Hoffnungen zerstörte. Leben Sie wohl! — Wenn ich je ein kleinlicher niedriger Schelm werden, wenn ich dem Strome nachschwimmen und nur einen augenblicklichen elenden Vortheil für mich zum Schaden der andern gewinnen sollte: so bedurft' es nicht dieser Vorbereitungen, dieser Anstalten, die mich beschämen und erniedrigen. Ich verlasse Sie! Aus mir werde, was da will.

Graf. Ritter, sehen Sie mich an!

Ritter. Was verlangen Sie von mir?

Graf. Was Sie mich thun sehn, thun Sie auch. (Er nimmt den Hut ab.)

Ritter. Sollen wir mit Ceremonien scheiden?

Graf. Selbst die Höflichkeit gebietet Ihnen zu folgen.

Ritter (indem er den Hut abnimmt). Nun denn, so empfehle ich mich Ihnen.

Graf (der seinen Hut wegwirft). Nun Ritter?

Ritter. Was soll das?

Graf. Ich verlange, daß Sie mir nachfolgen.

Ritter (der seinen Hut wegwirft). So sei denn zum letztenmale etwas Unverständliches, etwas Thörichtes gethan!

Graf. Nicht so thöricht wie du glaubst. (Er geht mit offnen Armen auf ihn zu.) Siehe mich von Angesicht zu Angesicht, du Erwählter. Komm in meine Arme, schließe dich an meine Brust, erhabener Meister!

Ritter. Was soll das? Laffen Sie mich los!

Graf. Niemals, wenn ich dich nicht eher laffen follte, als bis meine Freude über diefen meinen trefflichen Freund erfchöpft wäre!

Ritter. Erklärt euch, ihr macht mich verwirrt.

Graf. Erinnerft du dich, wie nannte der Domherr den zweiten Grad?

Ritter. Mich dünkt: die Prüfung.

Graf. Gut, die haft du überftanden.

Ritter. Erklärt euch!

Graf. Laß mich erft meine lebhaftefte Freude in diefen Umarmungen ausdrücken.

Ritter. Ich verftumme!

Graf. Wie felten hab' ich fie genoffen! Ich wünfche euch Glück und mir.

Ritter. Laß mich nicht länger in Ungewißheit.

Graf. Du haft das fonderbarfte Abenteuer überftanden, du haft dir die Würde eines Meifters felbft gegeben, du haft dir die Vorzüge des dritten Grades wie mit ftürmender Fauft erobert.

Ritter. Noch immer bin ich in Zweifel und Ungewißheit!

Graf. Ich wünfchte nun, daß dein Verftand dir erklärte, was dein Herz ausgeübt hat; mit weniger Aufmerkfamkeit wirft du es leicht. Was waren deine Hoffnungen als Schüler des erften Grades?

Ritter. Besser zu werden als ich bin, und, durch eure Hülfe, das Gute was ich erkenne in Ausübung zu bringen.

Graf. Und was erfuhrst du, als du aus dem Munde des Domherrn die Grundsätze des zweiten Grades vernahmst?

Ritter. Ich erfuhr zu meinem Entsetzen: daß ihr euch bisher nur verstelltet und die Schüler zum Besten hattet; daß man die, die ihr Gehülfen nennt, zu weltklugen Menschen machen, sie zu Egoisten stempeln, die zartesten Empfindungen der Freundschaft, der Liebe, der Treue und jeder schönen Anforderung, die unser Herz unwiderstehlich macht, aus ihrem Busen reißen und sie, ich darf es wohl sagen, zu gemeinen, ganz gemeinen, schlechten, ganz schlechten Menschen machen wollte. Du weißt, mit welchem Abscheu ich diesen Übergang verwarf. Weiter hab' ich nichts zu sagen: ich verändere meine Gesinnungen nicht, und — entlaß mich!

Graf. Eben deßwegen schließ' ich dich an mein Herz, werfe meinen Hut vor dir weg und grüße dich als Meister. Du hast die Prüfung überstanden: du bist der Versuchung entgangen, du hast dich als einen Mann gezeigt, den ich suche. Alles was du aus dem Munde des Domherrn gehört hast, was leider dieser Unglückliche nebst mehrern andern für Wahrheit hält, ist nur Prüfung, nur Versuchung. Wenn die erhabenen, großen, uneigennützigen Meister einen Lehrling, der sich gut anläßt, weiter vorwärts führen wollen: so versuchen sie ihn erst, und am sichersten geschieht es, wenn sie ihm die scheinbaren Vortheile eines eigennützigen Betragens vorlegen. Greift er darnach, so thut er einen Schritt zurück, indem er glaubt einen vorwärts zu thun. Wir lassen ihn lange Zeit in seinem Sinne hingehen, und glücklich ist er, wenn wir ihn nach und nach durch große Umwege zum Licht führen.

Ritter. Ich weiß nicht, was ich sagen soll. Glaubt denn der Domherr, daß die Grundsätze, die er mir mit so viel Behaglichkeit vorgetragen, die rechten, die wahren sind?

Graf. Freilich glaubt er's, der Unglückliche!

Ritter. Und du, sein Busenfreund, ziehst ihn nicht aus diesem Irrthum?

Graf. Ich arbeite daran. Es ist aber schwerer als du denkst. Der Eigendünkel eines halbklugen Egoisten hebt ihn über alle Menschen hinweg; indem er sie zu übersehen glaubt, läßt er sich alles nach, und gibt andern eben dadurch Gelegenheit ihn zu übersehen, ihn zu beherrschen.

Ritter. Ihr solltet nicht ruhen bis ihm die Augen geöffnet sind.

Graf. Damit du einsehen lernst wie schwer das ist, sollst du mir helfen ihn auf den rechten Weg zu bringen.

Ritter (nach einer Pause). So wäre es denn wahr daß ich mich an euch nicht geirrt habe? daß ich in dir je länger ich dich kenne, immer den Beſſern, den Größern, den Unbegreiflichen finde? Meine Dankbarkeit iſt gränzenlos, meine Freude verſtummt in dieſer Umarmung.

Graf. Nun gehe, mein Sohn. Drüben in dem Zimmer ſind Kleider zurecht gelegt, in denen man ſich nur dem Groß=Cophta zeigen darf. Wären alle, die ſich ihm heute vorſtellen, rein wie du, ſo würde er von ſeiner Erſcheinung ſelbſt große Freude haben. Du wirſt große Wunder ſehen, und wirſt ſie bald verſtehen, ja bald ſelbſt hervorbringen lernen. Gehe, ſtaune und ſchweige!

Ritter. Ich bin ganz, ich bin ewig dein!

Siebenter Auftritt.

Der Graf (allein).

So wäre denn auch dieſer nach ſeiner Art zur Ordnung gewieſen. Man muß die Angeln, die Netze nach Proportion der Fiſche einrichten, die man zu fangen gedenkt, und wenn es ein Wallfiſch iſt, wirft man mit Harpunen nach ihm. Den Mäuſen ſtellt man Fallen, Füchſen legt man Eiſen, Wölfen gräbt man Gruben, und die Löwen verſcheucht man mit Fackeln. Dieſen jungen Löwen habe ich auch mit einer Fackel zur Ruhe gebracht, und ich darf den Meiſterſtreich wagen, der mein Anſehen bei allen be=

festigen muß. Die Decoration ist in Ordnung, die Marquise hat mich verstanden und es wird alles glücklich von statten gehen.

Ein Bedienter (in einem langen weißen Feierkleide). Alles ist fertig, Herr Graf! Der Domherr, der Ritter, die Damen sind alle gekleidet. Wollen Sie sich hier anziehen? Soll ich Ihre Kleider herüber bringen?

Graf. Nein, ich komme! Folge mir und thue dein Amt.

Achter Auftritt.

Vorsaal und Eingang in die ägyptische Loge.

(Musik.)

Sechs Kinder

kommen gepaart in weißen langen Kleidern, mit fliegendem Haar; Rosenkränze auf dem Kopfe und Rauchfässer in den Händen.

Sechs Jünglinge

hinter ihnen, weiß aber kurz gekleidet, gleichfalls mit Rosenkränzen auf dem Haupte, jeder zwei Fackeln kreuzweise über der Brust. Sie ziehen anständig über das Theater und stellen sich an beide Seiten.

Chor der Kinder.

Schon eröffnet ist der Tempel,
  Sind die Hallen, sind die Grüfte.
Weihrauch reinige die Lüfte,
  Die um diese Säulen wehn.

Chor der Jünglinge.

Holde Kinder, zarte Sproßen,
Bleibet in dem Vorhof stehn,
Und ihr Weisen, ihr Genossen,
Eilt in's Heiligthum zu gehn.

(Musik.)

Die Genossen der Loge

kommen zwei und zwei aus entgegengesetzten Coulissen; jedesmal ein Frauenzimmer und eine Mannsperson. Sie begegnen einander, grüßen sich und treten an die Thür der Loge.

Chor der Kinder und Jünglinge.

Klein und ärmlich wie die Zwerge,
Tief umhüllt von Rauch und Wahn,
Stehn wir vor dem heil'gen Berge —
Geister, dürfen wir hinan?

Chor von innen.

Bringet Ernst zur ernsten Sache,
Kommt zum Licht aus Dunst und Wahn.
Daß der Cophta nicht erwache —
Leise, leise tretet an.

Die Pforte öffnet sich. Die Genossen treten hinein; die Pforte schließt sich und es kommt wieder ein neues Paar. Ceremonie und Gesang werden wiederholt. Es fügt sich, daß der Domherr und die Nichte zusammentreffen und mit einander in's Heiligthum gehen. Sie sind die letzten. Die Musik verliert sich in's Pianissimo, die Kinder treten in die Coulissen, die Jünglinge fallen auf die Kniee zu beiden Seiten des Proscenii.

Neunter Auftritt.

Der Vorhang geht auf und es zeigt sich ein Saal mit ägyptischen Bildern und Zierrathen. In der Mitte steht ein tiefer Sessel, auf welchem eine in Goldstoff gekleidete Person zurückgelehnt liegt, deren Haupt mit einem weißen Schleier bedeckt ist. Zur rechten Hand kniet der Domherr, zur Linken der Ritter, vorwärts neben dem Domherrn die Marquise, neben dem Ritter der Marquis, dann die Nichte. Die Musik verliert sich.

Domherr. Erhabener unsterblicher Greis! Du erlaubst Unwürdigen sich deinen Füßen zu nähern, Gnade und Hülfe von dir zu erbitten. Du schläfst, oder vielmehr du scheinst zu schlafen: denn wir wissen, daß du selbst in deiner Ruhe aufmerksam und thätig bist und das Wohl der Menschen beförderst. Gib uns ein Zeichen, daran wir erkennen daß du uns hörst, daß du uns hold bist!

(Musik, nur wenige Töne.)

Der Verschleierte (hebt die rechte Hand auf).

Ritter. Du siehst hier eine Anzahl Menschen vor dir, die aufgemuntert durch das Versprechen deines würdigsten Schülers in vollem Vertrauen sich zu dir nahen und hoffen, daß du ihre Bedürfnisse befriedigen werdest. Freilich sind diese Bedürfnisse sehr verschieden; doch selbst das Mannichfaltigste wird einfach vor deinem allgemeinen Blick, vor deiner ausgebreiteten Macht. Wirst du uns erhören, wenn wir gleich unwürdig sind?

(Musik wie oben nach Verhältniß.)

Der Verschleierte (richtet sich auf).

Marquise. Verzeihe der Ungeduld eines Weibes, laß uns dein Angesicht sehen, wir schmachten schon Monate lang nach deiner Gegenwart.

(Musik wie oben.)

Der Verschleierte (steht auf und bleibt vor dem Sessel stehen).

Marquis. Erlaube, daß wir uns dir nahen, daß wir den Saum deines Rockes küssen. Die Wünsche, die so lange in unsern Herzen schliefen, sind jetzt aufgewacht; in deiner Gegenwart werden sie unerträglich unruhig.

(Musik wie oben.)

Der Verschleierte (tritt sachte die Stufen herunter).

Nichte (leise). Mir zittern alle Glieder!

Domherr. Versage uns nicht länger den Glanz deines Angesichts!

Alle. Großer Cophta, wir bitten!

(Musik, wenige rasche Töne.)

(Der Schleier fällt.)

Alle (indem sie auf einmal aufstehen und weiter vortreten). Der Graf!

(Die Jünglinge stehen auf.)

Graf (der hervortritt). Ja, der Graf! Der Mann, den ihr bisher mit einem Namen nanntet, unter dem ihn die Welt in dem gegenwärtigen Augenblicke kennt. O ihr Blinden! Ihr Hartherzigen! Fast ein Jahr gehe ich mit euch um, ich unterrichte eure Unwissenheit, ich belebe euren todten Sinn, ich deute euch auf den Groß=Cophta, ich gebe euch die entscheidendsten Winke; und es geht euch kein Licht auf, daß ihr denselben Mann, den ihr sucht, beständig vor euch habt, daß ihr die Güter, nach denen ihr euch sehnt, täglich von seinen Händen empfangt, daß ihr mehr Ursache habt zu danken als zu bitten. Doch ich habe Mitleiden mit eurem irdischen Sinn, ich lasse mich zu eurer Schwäche herab. Seht mich denn in meiner Herrlichkeit; mögen eure Augen mich erkennen, wenn euer Herz mich verkannt hat! Und wenn die Gewalt, die ich über eure Gemüther ausübte, euren Glauben schwach ließ, so glaubt nun an die Wunder, die ich außer euch, aber in eurer Gegenwart vollende!

Domherr (bei Seite). Ich erstaune!

Ritter (bei Seite). Ich verstumme!

Marquise (bei Seite). Seine Unverschämtheit übertrifft meine Erwartung.

Marquis (bei Seite). Ich bin neugierig zu sehen, wo das hinaus will.

Graf. Ihr steht bestürzt? Ihr seht vor euch nieder? Ihr getraut euch kaum mich von der Seite anzublicken? Wendet euer Gesicht zu mir, seht mir freudig und zutraulich in die Augen, werft alle Furcht weg und erhebt euer Herz! — Ja, ihr seht den Mann vor euch, der so alt als die ägyptischen Priester, so erhaben als die indischen Weisen, sich in dem Umgange der größten Männer gebildet hat, die ihr seit

Jahrhunderten bewundert; der über allen Rang er=
haben ist, keiner Güter bedarf, in der Stille das Gute
wirkt, das die Welt bald dieser bald jener Ursache
zuschreibt; der in einer geheimen, durch die ganze
Welt ausgebreiteten Gesellschaft von Männern lebt,
die mehr oder weniger einander gleich sind, sich selten
persönlich, öfters aber durch ihre Werke offenbaren.

Domherr. Ist es möglich daß es noch mehrere
deinesgleichen gebe?

Graf (in die Höhe deutend). Alles findet seinesglei=
chen, außer ein Einziger!

Ritter. Welch ein erhabener Gedanke!

Marquise (bei Seite). Welch ein Schelm! das
Heiligste in seine Lüge zu verweben!

Graf. Ja, seht her. Diesem Haupte kann die
brennende Sonne, der beizende Schnee nichts anhaben.
Mit diesem unbewehrten vorgestreckten Arm habe ich
in den libyschen Wüsten einen brüllenden hungrigen
Löwen aufgehalten, mit dieser Stimme, die zu euch
spricht, ihm gedroht, bis er mir zu meinen Füßen
schmeichelte. Er erkannte seinen Herrn, und ich konnte
ihn nachher auf die Jagd ausschicken; nicht für mich,
der ich blutige Speise nicht genieße, ja kaum einer
irdischen Speise bedarf, sondern für meine Schüler,
für das Volk, das sich oft in der Wüste um mich
versammelte. Diesen Löwen habe ich in Alexandrien
gelassen; ich werde bei meiner Rückkunft einen treuen
Gefährten an ihm finden.

Domherr. Haben die übrigen Meister deiner Gesellschaft auch so große Fähigkeiten als du?

Graf. Die Gaben sind verschieden ausgetheilt; keiner von uns darf sagen: er sei der Größte.

Ritter. Ist denn der Cirkel dieser großen Männer geschlossen, oder ist es möglich darin aufgenommen zu werden?

Graf. Vielen wäre es möglich; wenigen gelingt es. Die Hindernisse sind zu groß.

Domherr. Wenn uns deine Erscheinung nicht unglücklicher machen soll als wir bisher waren: so gib uns wenigstens einen Wink, wohin wir unsere Aufmerksamkeit, unser Bestreben richten sollen?

Graf. Das ist mein Vorsatz. — Nach allen Prüfungen, die ihr ausgestanden habt, ist es billig daß ich euch einen Schritt weiter führe, daß ich euch gleichsam eine Magnetnadel in die Hand gebe, die euch zeige wohin ihr eure Fahrt zu richten habt. Vernehmt! —

Domherr. Ich bin ganz Ohr!

Ritter. Meine Aufmerksamkeit kann nicht höher gespannt werden!

Marquis (bei Seite). Ich bin äußerst neugierig!

Marquise (bei Seite). Was wird er vorbringen?

Graf. Wenn der Mensch, mit seinen natürlichen Kräften nicht zufrieden, etwas Besseres ahnet, etwas Höheres begehrt; wenn er sich eine unverwüstliche Gesundheit, ein dauerhaftes Leben, einen unerschöpf-

lichen Reichthum, die Neigung der Menschen, den
Gehorsam der Thiere, ja sogar Gewalt über Elemente
und Geister stufenweise zu verschaffen denkt: so kann
es nicht ohne tiefe Kenntniß der Natur geschehen.
Hierzu eröffne ich euch die Pforte. — — Die größten
Geheimnisse, Kräfte und Wirkungen liegen verborgen
— — in verbis, herbis et lapidibus.

Alle. Wie?

Graf. In Worten, Kräutern und Steinen.

(Pause.)

Marquise (für sich). In Steinen? Wenn er die
meint, die ich in der Tasche habe, so hat er voll=
kommen Recht.

Marquis. In Kräutern? Man sagt, es sei
kein Kraut gewachsen das unser bestimmtes Lebens=
ziel verlängern könne; und doch muß Ihnen ein
solches Kraut bekannt sein, da Sie Ihr Leben nicht
allein hoch gebracht, sondern auch Ihre Kräfte, Ihr
äußeres Ansehen so lange erhalten haben.

Graf. Die Unsterblichkeit ist nicht jedermanns
Sache.

Domherr. In Worten? Hier ahne ich das
Meiste, erhabner Lehrer. Gewiß habt ihr eine Sprache,
eine Schrift, wodurch ganz andere Dinge bezeichnet
werden, als mit unsern armseligen Lauten, wodurch
wir nur die gemeinsten Dinge auszudrücken im
Stande sind. Gewiß besitzest du die geheimnißvollen
Zeichen, mit denen Salomon die Geister bezwang?

Graf. Alle diese, ja die sonderbarsten Charaktere, die man jemals gesehen hat, Worte, die eine menschliche Lippe kaum auszusprechen vermag.

Ritter. O lehre sie uns nach und nach buchstabiren.

Graf. Vor allen Dingen müßt ihr erkennen daß es nicht auf die Lippen ankommt, nicht auf die Sylben die ausgesprochen werden, sondern auf das Herz das diese Worte nach den Lippen sendet. Ihr sollt erfahren was eine unschuldige Seele für Gewalt über die Geister hat.

Nichte (für sich). Ach Gott! Nun wird er mich vorrufen, ich zittre und bebe! Wie schlecht werde ich meine Rolle spielen! Ich wollte, ich wäre weit von hier, ich hätte diesen Menschen niemals gesehen.

Graf. Tritt herbei, schönes unschuldiges Kind! Ohne Furcht, ohne Sorge, tritt näher, mit einer holden Freude daß du zu dem Glück auserlesen bist, wornach so viele sich sehnen.

Domherr. Was soll das geben?

Ritter. Was haben Sie vor?

Graf. Wartet und merket auf!

(Musik.)

Der Graf gibt ein Zeichen. Ein Dreifuß steigt aus dem Boden, auf welchem eine erleuchtete Kugel befestigt ist. Der Graf winkt der Nichte, und hängt ihr den Schleier über, der ihn vorher bedeckt hat, doch so daß ihr Gesicht frei bleibt; sie tritt hinter den Dreifuß. Bei dieser Pantomime legt der Graf sein gebieterisches Wesen ab; er zeigt sich sehr artig und gefällig.

gewissermaßen ehrerbietig gegen sie. Die Kinder mit den Rauch=
fässern treten neben den Dreifuß. Der Graf steht zunächst der
Nichte, die übrigen gruppiren sich mit Verstand. Die Jüng=
linge stehen ganz vorn. Die Nichte sieht auf die Kugel, die
Gesellschaft auf sie, mit der größten Aufmerksamkeit. Sie scheint
einige Worte auszusprechen, sieht wieder auf die Kugel, und biegt
sich dann erstaunt, wie jemand der was Unerwartetes sieht, zurück,
und bleibt in der Stellung stehen. Die Musik hört auf.

Graf. Was siehst du, geliebte Tochter? Erschrick
nicht, fasse dich! Wir sind bei dir, mein Kind!

Ritter. Was kann sie sehen? Was wird sie sagen?

Domherr. Still, sie spricht!

Nichte (spricht einige Worte, aber leise, daß man sie nicht
verstehen kann).

Graf. Laut, meine Tochter, lauter, daß wir es
alle verstehen!

Nichte. Ich sehe Kerzen, helle brennende Kerzen
in einem prächtigen Zimmer. Jetzt unterscheide ich
chinesische Tapeten, vergoldetes Schnitzwerk, einen
Kronleuchter. Viele Lichter blenden mich.

Graf. Gewöhne dein Auge, sieh starr hin; was
siehst du weiter? Ist niemand im Zimmer?

Nichte. Hier! — Laßt mir Zeit — hier in dem
Schimmer bei'm Kerzenlichte — am Tische sitzend —
erblick' ich eine Dame; sie schreibt, sie lies't.

Domherr. Sag', kannst du sie erkennen? Wie
sieht sie aus? Wer ist's? Verschweige nichts!

Nichte. Ihr Gesicht kann ich nicht sehen; die
ganze Gestalt schwankt vor meinen Augen wie ein
Bild auf bewegtem Wasser.

Marquise (für sich). Ganz vortrefflich spielt das gute Kind uns ihre Lection vor.

Marquis (für sich). Ich bewundere die Verstellung. Liebe Natur, wozu bist du nicht fähig!

Nichte. Jetzt! jetzt! Ihr Kleid kann ich deutlicher sehen; himmelblau fällt es um ihren Sessel und wie der Himmel ist es mit silbernen Sternen besä't.

Domherr (zur Marquise). Nun werde ich ganz glücklich! Es ist die geliebte Fürstin. Man sagte mir von diesem Kleide, blau mit silbernen Muschen, die den Augen des Kindes als Sterne erscheinen. Horch!

Nichte. Was seh' ich! Großer Meister, erhabener Cophta, entlaß mich! Ich sehe fürchterliche Dinge.

Graf. Bleibe getrost und sprich: was siehst du?

Nichte. Ich sehe zwei Geister hinter dem Stuhle; sie flüstern einer um den andern der Dame zu.

Graf. Sind sie häßlich?

Nichte. Sie sind nicht häßlich; aber mich schaudert's.

Graf (zum Domherrn). Diese Geister sprechen zum Vortheil eines Freundes. Kannst du die Dame erkennen? Kennst du den Freund?

Domherr (ihm die Hand küssend). Du bist ewig meiner Dankbarkeit versichert!

Nichte. Sie wird unruhig; das Flüstern der Geister hindert sie am Lesen, hindert sie am Schreiben; ungeduldig steht sie auf; die Geister sind weg. (Sie wendet ihr Gesicht ab). Laßt mich einen Augenblick.

Graf. Nur gelassen, meine Tochter! Wenn du wüßtest, unter welchem Schutze du stehst! (Er unterstützt sie.)

Ritter (für sich). O wie sie liebenswürdig ist! Wie reizend in ihrer Unschuld! Nie hat mich ein Mädchen so gerührt. Nie hab' ich eine solche Neigung empfunden! Wie sorge ich für das gute Kind! Gewiß, der Domherr, die Tante — das himmlische Wesen ahnet nicht, in welcher Gefahr sie schwebt! O wie gern möcht' ich sie aufmerksam machen, sie retten, wenn ich mich auch ganz dabei vergessen sollte.

Graf. Nimm dich zusammen, meine Taube, sieh hin, gewiß du hast uns noch mehr zu offenbaren!

Nichte (auf die Kugel blickend). Sie tritt an's Kamin, sie blickt in den Spiegel! Ahi!

Graf. Was ist dir?

Nichte. Ahi!

Marquise. Was hast du?

Nichte. Ach in dem Spiegel steht der Domherr.

Domherr. Welche Glückseligkeit! Meister — ich — wie soll ich dir danken! Das thust du alles für mich!

Nichte. Sie sieht hinein, sie lächelt; weg ist der Domherr, sie sieht sich selbst.

Ritter. Welche Wunderkraft! Welche Gaben!

Nichte (mit einem gefühlvollen freudigen Ausdruck). Ja nun! — Ich sehe alles nun deutlich, ich sehe die herrliche Schönheit, das liebenswürdige Gesicht. Wie ihm die Traurigkeit so schön steht, die sich über alle Züge verbreitet.

Domherr (der bisher die Hände des Grafen gehalten und sie öfters geküßt). Unaussprechlich, unbeschreiblich beglückst du deinen Knecht!

Nichte. Sie wird unruhig, das Zimmer scheint ihr zu enge, sie geht nach der Glasthüre, sie will hinaus. Ach! Ach! —

Graf. Ermanne dich! Nur noch einen Augenblick! Sieh noch einmal hin!

Nichte (verwirrt). Die Geister stehn ihr zur Seite. Sie öffnen die Thüre, draußen ist's dunkel.

Marquise (zum Domherrn). Sie geht dir entgegen.

Domherr. Ist's möglich!

Marquise. Du wirst's erfahren.

Nichte. Ach! (Sie fällt in Ohnmacht.)

Ritter. O Gott! Helft ihr! Schont sie! Es ist unverzeihlich, daß ihr sie nicht eher entlassen habt!

Marquise. Hier ist Salz.

(Die Hauptpersonen drängen sich zu ihr, die Jünglinge treten aus dem Proscenio in's Theater, die Kinder furchtsam zu ihnen. Es macht alles eine schöne, aber wilde Gruppe.)

Graf. Überlaßt sie mir! Nur durch himmlischen Balsam kann sie erquickt werden.

(Der Vorhang fällt.)

Vierter Aufzug.

Erster Auftritt.

Zimmer der Nichte.

Die Nichte. Ein Mädchen.

Nichte (bei der Toilette. Ein Mädchen hilft ihr sich ankleiden, und geht sodann in die Garderobe; sie kommt mit einem Bündel zurück, und geht über das Theater). Was trägst du da? Was ist in dem Bündel?

Mädchen. Es ist das Kleid das Sie mir befahlen zum Schneider zu schaffen.

Nichte. Gut. Daß ich es, wo möglich, morgen oder übermorgen wieder habe.

(Mädchen geht ab.)

Nichte. Nun bin ich angezogen wie es meine Tante befohlen hat. — Was mag diese neue Mummerei bedeuten? — Wenn ich bedenke was mir heute begegnet ist, so habe ich alles zu befürchten. Kaum erhole ich mich von jener schauderhaften Scene, so muthet man mir zu, mich umzukleiden, und wenn ich mich recht ansehe, so ist das ungefähr wie ich die Prinzessin beschrieben habe. Der Domherr liebt die Fürstin, und ich soll sie wohl gar vorstellen? In welche Hände bin ich gerathen! Was hab' ich zu erwarten? Welchen grausamen Gebrauch macht meine Tante von dem Vertrauen, das ich ihr zu voreilig hingab! Wehe mir! Ich sehe niemanden, an den ich mich wenden könnte. Die Gesinnungen des Marquis werden mir nun deutlicher. Es ist ein eitler, frecher, leichtsinniger Mann, der mich unglücklich gemacht hat, und bald in mein Verderben willigen wird, um mich nur los zu werden. Der Domherr ist eben so gefährlich. Der Graf ein Betrüger. — — Ach nur der Ritter wäre der Mann an den ich mich wenden könnte. Seine Gestalt, sein Betragen, seine Gesinnungen zeichneten mir ihn im ersten Augenblicke als einen rechtschaffenen, einen zuverlässigen thätigen Jüngling; und, wenn ich mich nicht irre, war ich ihm nicht gleichgültig. — Aber ach! betrogen durch die unverschämte Mummerei der Geisterscene hält er mich für ein Geschöpf, das der größten Verehrung werth ist. Was soll ich ihm bekennen? Was soll ich ihm vertrauen? — — Es komme wie es wolle, ich will es wagen! Was hab' ich zu verlieren? Und bin ich nicht schon in diesen wenigen Stunden der Verzweiflung nahe gebracht? — Es entstehe was wolle, ich muß ihm schreiben. Ich werde ihn sehen, mich ihm vertrauen; der edle Mann kann mich ver-

dammen, aber nicht verstoßen! Er wird einen Schutz=
ort für mich finden. Jedes Kloster, jede Pension soll
mir ein angenehmer Aufenthalt werden.

(Sie spricht und schreibt.)

„Ein unglückliches Mädchen, das Ihrer Hülfe
„bedarf, und von dem Sie nicht übler denken
„müssen weil sie Ihnen vertraut, bittet Sie
„morgen früh um eine Viertelstunde Gehör.
„Halten Sie sich in der Nähe, ich lasse Ihnen
„sagen wenn ich allein bin. Die traurige Lage
„in der ich mich befinde, nöthigt mich zu diesem
„zweideutigen Schritt."

So mag es sein! — — Der kleine Jäck ist mir wohl
ein sichrer Bote. (Sie geht an die Thüre und ruft.) Jäck!

Zweiter Auftritt.

Nichte. Jäck.

Nichte. Kleiner! weißt du des Ritters Greville
Wohnung?

Jäck. Ich bin oft dort gewesen.

Nichte. Willst du mir wohl gleich ein Billet
an ihn bestellen? Aber daß es niemand erfährt!

Jäck. Recht gern! Was hab' ich davon?

Nichte (indem sie ihm Geld reicht). Einen Laubthaler!

Jäck (der sich auf einem Fuß einigemal herumdreht). Ich habe Flügel.

Nichte (indem sie ihm das Billet gibt). Hier!

Jäck. Das Geld wird bald verdient sein. Wahrscheinlich ist er in der Nähe. Um diese Zeit pflegt er in das Kaffeehaus an der Ecke zu kommen.

Nichte. Das wäre schön. Nur vorsichtig!

Jäck. Geben Sie nur. Verlassen Sie sich auf mich.

Nichte. Du bist ein durchtriebener Schelm!

Jäck. Ich bin zu brauchen, das weiß Ihre Tante.

Dritter Auftritt.

Nichte (allein).

Wie frech dieser Knabe ist! Wie abgerichtet! So sollt' ich auch werden; und wäre sie langsamer zu Werke gegangen, sie hätte mich Schritt vor Schritt in's Verderben geführt. Glücklicherweise werd' ich es gewahr, und fühle noch so viel Kraft mich zu retten. Geist meiner Mutter, steh mir bei! Ein Fehler riß mich aus dem gleichgültigen Zustande, in welchem ich sonst zwischen Tugend und Laster schlummerte. O möge dieser Fehler der erste Schritt zur Tugend sein!

Vierter Auftritt.

Nichte. Marquise.

Marquise. Laßen Sie sehen, Nichte, wie finden Sie sich in das neue Kleid?

Nichte. Nicht eben so ganz, als wenn es mein eigen wäre.

Marquise. Nun, nun, es geht schon! Es kleidet Sie alles.

Nichte. Auch der Betrug, wie Sie heute gesehen haben.

Marquise. Wer wird solche Worte brauchen! (Etwas an ihr zurecht rückend.) So! Es muß mehr an den Leib geschlossen sein, und diese Falte muß reicher fallen. Der Wagen wird bald kommen, und wir fahren heute noch auf's Land.

Nichte. Noch heute?

Marquise. Ja, und Sie haben heute noch eine Rolle zu spielen.

Nichte. Noch eine? Sie sind unbarmherzig, Tante. Die erste hat mir schon so viel Mühe gekostet, daß Sie mich mit der zweiten verschonen sollten.

Marquise. Eben deßwegen, mein Kind. Noch diese und dann die dritte und vierte, und es wird Ihnen keine Mühe mehr kosten.

Nichte. Ich fürchte Sie finden mich nicht halb so fähig als Sie glauben.

Marquise. Es kommt auf einen Versuch an. Diese Nacht werden Sie eine sehr geringe Rolle zu spielen haben.

Nichte. In diesem prächtigen Kleide?

Marquise. Dem Inhalte nach, meine ich. Sie haben eine halb stumme Liebhaberin vorzustellen.

Nichte. Wie verstehn Sie das?

Marquise. Ich bringe Sie in einen Garten, führe Sie in eine Laube, gebe Ihnen eine Rose, und Sie verweilen einen Augenblick. Es kommt ein Cavalier auf Sie zu, er wirft sich Ihnen zu Füßen, er bittet Sie um Vergebung, Sie geben einen unvernehmlichen Laut von sich: „Mein Herr!" — oder was Sie wollen; — er fährt fort um Verzeihung zu bitten: „Stehn Sie auf!" versetzen Sie leise; er bittet um Ihre Hand, als um ein Zeichen des Friedens. Sie reichen ihm Ihre Hand; er bedeckt sie mit tausend Küssen. „Stehn Sie auf!" sagen Sie alsdann: „Entfernen Sie sich, man könnte uns überraschen!" Er zaudert; Sie stehen vom Sitze auf: „Entfernen Sie sich!" sagen Sie dringend, und drücken ihm die Rose in die Hand. Er will Sie aufhalten: „Es kommt jemand!" lispeln Sie, und eilen aus der Laube. Er will zum Abschiede einen Kuß wagen; Sie halten ihn zurück, drücken ihm die Hand und sagen sanft: „Wir sehn uns wieder!" und machen sich von ihm los.

Nichte. Liebe Tante, verzeihen Sie mir, es ist eine schwere, eine gefährliche Aufgabe. Wer ist der

Mann? Wen soll ich vorstellen? Wird die Nacht, werden die Umstände ihn nicht verwegner machen? Können Sie mich so aussetzen?

Marquise. Du bist sicher, mein Kind. Ich bin in der Nähe und werde nicht einen Augenblick verweilen, wenn ich diese letzten Worte höre. Ich trete herbei und verscheuche ihn.

Nichte. Wie soll ich meine Rolle recht spielen, da ich nicht weiß wen ich vorstelle?

Marquise. Betragen Sie sich edel, sprechen Sie leise; das Übrige wird die Nacht thun.

Nichte. Welch einen Argwohn erregt mir das blaue Kleid, diese silbernen Muschen!

Marquise. Nun gut, wenn Sie es denn vermuthen, wenn Sie es errathen. Sie stellen die Prinzessin vor und der Cavalier wird der Domherr sein.

Nichte. Liebe Tante, wie können Sie einem unglücklichen verlassenen Mädchen solch eine sonderbare Unternehmung zumuthen! Ich begreife den Zusammenhang nicht, ich sehe nicht was es Ihnen nutzen kann: aber bedenken Sie daß es kein Scherz ist. Wie hart würde einer gestraft, der die Hand des Fürsten in irgend einer Unterschrift nachahmte, der das Bild seines Königes auf ein unechtes Metall zu prägen sich unterfinge? Und ich soll, wissentlich, mein armseliges Selbst für die geheiligte Person einer Fürstin geben, soll mit erlogenen Zügen, durch erborgte Kleider die äußere Gestalt jener erhabenen Person nachäffen

und durch mein Betragen in eben dem Augenblick die
edle Sittlichkeit schänden, die den Charakter dieser
großen Fürstin macht? Ich schelte mich selbst, ich bin
zu bestrafen, bin zu verdammen. Haben Sie Mit=
leid mit mir! denn Sie werden mich nicht retten wenn
man mich verurtheilt. Wollen Sie mich zu einer
Verbrecherin machen, weil ich Ihnen einen Fehler
eingestand?

Marquise. Es ist nicht zu ändern.

Nichte (bittend). Meine Tante!

Marquise (gebieterisch). Meine Nichte! — Sobald
der Wagen da ist erfahren Sie es; werfen Sie dann
Ihren Mantel um und folgen Sie mir.

Nichte. Ich wünschte —

Marquise. Sie wissen was zu thun ist, es kann
nichts abgeändert werden.

Fünfter Auftritt.

Nichte, nachher Jäck.

Nichte. So war mein Argwohn auf dem rechten
Wege! Es ist gewiß was ich fürchtete. Sie will mich
dem Domherrn auf eine oder die andere Weise in die
Hände liefern, und vielleicht ist der Marquis selbst
mit ihr einig. Von solchen Menschen läßt sich alles
erwarten, und desto besser habe ich gethan mich an
den Ritter zu wenden. Ich werde mich heute schon

zu betragen wissen, und morgen, wenn ich mich in
ihm nicht betrogen habe —

Jäck (in der Thüre). Ist sie weg?

Nichte. Nur herein!

Jäck. Wie gesagt, so gethan!

Nichte. Was bringst du?

Jäck. Hier ein Blättchen! (Indem er ihr ein Billet
gibt und sich dann im Sprunge herumdreht.) Und noch einen
Laubthaler vom Ritter für meine Mühe. Brauchen
Sie mich ferner zum Courier.

Nichte. Wo hast du ihn angetroffen?

Jäck. Im Kaffeehause gegenüber, wie ich sagte.

Nichte. Sagte er was zu dir?

Jäck. Er fragte, ob Sie zu Hause, ob Sie
allein seien? — Ich muß sehen was es gibt; ich höre,
die gnädige Frau fährt aus.

Sechster Auftritt.

Nichte, nachher der Ritter.

Nichte (das Billet lesend). „Ich weiß Ihr Vertrauen
„zu schätzen und freue mich unendlich darüber.
„Schon habe ich Sie im Stillen beklagt; in
„wenig Minuten bin ich bei Ihnen" —
O Gott, was will das heißen?
„Bis morgen früh kann ich meiner Ungeduld
„nicht gebieten. In Ihrem Quartier hab' ich

„eine Zeitlang gewohnt, und besitze noch durch „einen Zufall den Hauptschlüssel. Ich eile nach „Ihrer Garderobe, sei'n Sie ohne Sorgen; es „soll mich niemand entdecken, und verlassen Sie „sich in jedem Sinn auf meine Discretion."
Ich bin in der entsetzlichsten Verlegenheit! Er wird mich in diesen Kleidern finden? Was soll ich sagen?

Ritter (der aus der Garderobe tritt). Sie verzeihen, daß ich eile; wie hätt' ich diese Nacht ruhig schlafen können?

Nichte. Mein Herr —

Ritter (sie scharf ansehend). Wie find' ich Sie verändert! Welcher Aufputz! Welche sonderbare Kleidung! Was soll ich dazu sagen?

Nichte. O mein Herr! ich hatte Sie jetzt nicht vermuthet. Entfernen Sie sich, eilen Sie! Meine Tante erwartet mich diesen Augenblick. Morgen früh —

Ritter. Morgen früh wollen Sie mir vertrauen, und heute nicht?

Nichte. Ich höre jemand kommen, man wird mich rufen.

Ritter. Ich gehe, sagen Sie nur: was stellt das Kleid vor?

Nichte. O Gott!

Ritter. Was kann das für ein Vertrauen sein, wenn Sie mir diese Kleinigkeit verschweigen?

Nichte. Alles Vertrauen hab' ich zu Ihnen, nur — das ist nicht mein Geheimniß. Dieses Kleid —

Ritter. Dieses Kleid ist mir merkwürdig genug. Einigemal hat sich die Prinzessin in einem solchen Kleide sehen lassen. Selbst heute haben Ihnen die Geister die Fürstin in diesem Kleide gezeigt, und nun find' ich Sie —

Nichte. Rechnen Sie mir diese Maskerade nicht zu.

Ritter. Welche entsetzliche Vermuthungen?

Nichte. Sie sind wahr.

Ritter. Die Geisterscene?

Nichte. War Betrug.

Ritter. Die Erscheinungen?

Nichte. Abgeredet.

Ritter. O ich Unglücklicher! O hätten Sie mir ewig geschwiegen! Hätten Sie mir den süßen Irrthum gelassen! Sie zerstören mir den angenehmsten Wahn meines Lebens!

Nichte. Ich habe Sie nicht berufen, Ihnen zu schmeicheln, sondern Sie als einen edeln Mann um Rettung und Hülfe anzuflehn. Eilen Sie, entfernen Sie sich! Wir sehen uns morgen wieder. Verschmähen Sie nicht ein unglückliches Geschöpf, das nach Ihnen, wie nach einem Schutzgott hinauf sieht.

Ritter. Ich bin verloren! Auf ewig zu Grunde gerichtet! Wüßten Sie was Sie in diesem Augenblick mir geraubt haben, so würden Sie zittern; Sie würden mich nicht um Mitleid anflehn. Ich habe

kein Mitleid mehr! Den Glauben an mich selbst und
an andre, an Tugend, Unschuld, an jede Größe und
Liebenswürdigkeit haben Sie mir entrissen. Ich habe
kein Interesse mehr, und Sie verlangen daß ich es
an Ihnen nehmen soll? Meine Zutraulichkeit ist auf
das schändlichste mißhandelt worden, und Sie wollen
daß ich Ihnen trauen soll? Ihnen, einer doppelten,
dreifachen Schauspielerin? Welch ein Glück, daß ich
diesen Abend hieher kam und Ihnen nicht Zeit ließ
sich vorzubereiten, die Maske anzulegen, mit der Sie
auch mich zu hintergehen dachten!

Nichte. Ich bin ganz unglücklich! Eilen Sie!
Entfernen Sie sich! Man kommt!

Ritter. Ich gehe, Sie nie wieder zu sehen!

Siebenter Auftritt.

Die Nichte. Der Marquis.

Marquis (halb in der Thüre). Sind Sie allein,
Nichte? Nur ein Wort!

Nichte (indem der Marquis wieder zur Thür hinaus sieht,
betrachtet sie sich geschwind im Spiegel). Ich sehe verweint,
verworren aus! Was werd' ich sagen?

Marquis (sie umarmend und fest an sich drückend). Süßes
holdes Geschöpf!

Nichte (ihn zurückhaltend). Um Gotteswillen, Marquis!

Marquis. Wir sind allein, fürchten Sie nichts!

Nichte (sich von ihm losmachend). Die Marquise erwartet mich. (Bei Seite.) Wenn der Ritter noch da wäre!

Marquis. Was haben Sie? Sie sehen ganz verstört aus.

Nichte. Ach Gott! Die Zumuthungen meiner Tante —

Marquis. Du dauerst mich, liebes Kind; aber ich will dich retten.

Nichte. Sie wissen doch, heute Nacht soll ich die Rolle der Prinzessin spielen. Es ist erschrecklich! Kommen Sie! (Sie sieht sich inzwischen furchtsam nach der Garderobethür um.)

Marquis. Bleiben Sie, bleiben Sie, eben deßwegen bin ich hier! Spielen Sie heute Nacht Ihre Rolle nur gut, Sie haben nichts zu besorgen.

Nichte. So lassen Sie uns gehen.

Marquis. Nein doch; ich wollte Ihnen sagen —

Nichte. Dazu ist's morgen Zeit.

Marquis. Keineswegs! Sie scheinen diese Abenteuer weniger zu fürchten als Sie sollten.

Nichte (wie oben). Ich bin in der größten Verlegenheit!

Marquis. Es steht Ihnen noch etwas Seltsames diese Nacht bevor, an das Sie nicht denken.

Nichte. Was denn? Sie erschrecken mich!

Marquis. Daß Sie mit mir wegreisen werden.

Nichte. Mit Ihnen?

Marquis. Und das sagen Sie mit einer Art von Widerwillen?

Nichte. Ich weiß nicht was ich sagen soll.

Marquis. Ich werde Sie leicht aufklären. Die Maskerade, zu der Sie angezogen sind, ist nicht ein bloßer Scherz. Meine Frau hat im Namen der Prinzessin den Domherrn um einen wichtigen Dienst ersucht, und Sie sollen die Dankbarkeit der Fürstin gegen den betrogenen Mann ausdrücken.

Nichte (wie oben in Verlegenheit). Ich soll ihm eine Rose geben.

Marquis. Eine würdige Belohnung für einen solchen Dienst! Denn zu nichts Geringerem hat sich die blinde Leidenschaft des Domherrn bereden lassen, als das schöne Halsband von den Hofjuwelieren zu kaufen.

Nichte. Das Halsband?

Marquis. Das wir gestern so sehr bewunderten, als wir diesen Ring kauften.

Nichte. Es ist nicht möglich!

Marquis. So gewiß, daß ich schon einen Theil davon in der Tasche habe.

Nichte. Sie? Was soll das heißen? — Man könnte horchen.

Marquis. So treten Sie hieher! (Er nähert sich der Garderobe.) Ja, mein Kind! Der Domherr besaß es kaum eine Viertelstunde; gleich war es in den

Händen meiner Frau, um es der Prinzeſſin noch heute Abend zu überliefern. Wie glücklich war das Weib in dieſem Augenblick, und ich nicht weniger! Unbarmherzig brach ſie die ſchöne Arbeit von einander; es that mir im Herzen weh, den koſtbaren Schmuck ſo zerſtört zu ſehen, und ich konnte nur durch das herrliche Packetchen getröſtet werden, das ſie mir zu meiner Reiſe zubereitete. Ich habe wenigſtens für hundert tauſend Livres Steine in der Taſche. Ich geh' noch heute nach England ab, mache dort alles zu Gelde, ſchaffe Silbergeſchirr und Koſtbarkeiten in Menge.

Nichte (welche bisher die größte Verlegenheit verborgen). Welche gefährliche Unternehmung!

Marquis. Wir müſſen jetzt nicht ſorgen, ſondern wagen.

Nichte. Ich wünſche Ihnen Glück!

Marquis. Nein, du ſollſt es mir bringen! Du ſollſt und mußt meine Reiſegefährtin ſein.

Nichte. Sie wollen mich dieſer Gefahr ausſetzen?

Marquis. Die Gefahr iſt weit größer, wenn du zurück bleibſt. Meine Frau iſt verwegen genug, das Mährchen, ſo lang es nur gehen will, durchzuſpielen. — Bis der erſte Zahlungstermin kommt, ja noch weiter, iſt ſie ziemlich ſicher. Indeß kann ich dich nicht hier laſſen.

Nichte. Bedenken Sie —

Marquis. Ich weiß nicht wie ich dein Betragen erklären soll. Wär' es möglich, daß man mir schon dein Herz entwendet hätte? — Nein, es ist nicht möglich! Du bist verlegen, aber nicht verändert. Laß dich nicht etwa den anscheinenden Reichthum des Domherrn blenden; wir sind jetzt reicher als er, der in Kurzem sich in der größten Verlegenheit sehen wird. Ich habe alles genau berechnet. Du magst heute Nacht die Person der Prinzessin noch vorstellen. — Es ist die Absicht meiner Frau daß ich euch hinaus begleiten und dann gleich weiter fahren soll. Ich nehme deßwegen einen besondern Wagen. Ist die Scene vorbei, so erkläre ich der Marquise kurz und gut, daß du mich begleitest. Du magst ein wenig widerstehen, ich führe dich mit Gewalt weg. Lärm darf sie nicht machen, aus Furcht daß alles verrathen wird. — Du hörst nicht zu; was ist dir?

Nichte. Verzeihen Sie mir, — dieser Vorschlag — Ich bin verwirrt — ich verstumme! Bedenken Sie in welcher Lage wir die Tante zurücklassen!

Marquis. Sie wird sich schon helfen, sie ist klug genug. Sie hat diese Sache so weit gebracht und wir verderben ihr nichts an ihrem Plan. Genug, ich will, ich kann dich nicht entbehren, und wenn du je an meiner Liebe zweifeltest, so siehst du nun, wie heftig sie ist. Ich werde dich nicht hier lassen, so vielen Nachstellungen, so vielen Gefahren ausgesetzt; nicht acht Tage, so hab' ich dich verloren.

Die unsinnige Leidenschaft des Domherrn zur Fürstin hält ihn nicht von andern Liebeshändeln zurück. Nur wenige Tage, und du wirst unter dem Schleier seine Gebieterin, und ohne Schleier sein gehorsamstes Liebchen sein. Komm! — So hab' ich es beschlossen, und davon lass' ich nicht ab. (Er umarmt sie.) Du bist mein geworden, und niemand soll dich mir rauben! Meine Frau war mir niemals hinderlich, und wenn sie die Steine glücklich davon bringt, wird sie uns gern verzeihen. — Wie ist dir? Du bist nicht bei dir!

Nichte. Es ist um mich geschehen! Führen Sie mich wohin Sie wollen.

Marquis. Wisse nur, es ist schon alles richtig. Unter einem andern Vorwande habe ich von deinem Kammermädchen nur das Nothwendigste zusammen packen lassen. Es kommt auf wenige Tage an, so sind wir neu und besser als jemals gekleidet. Wir wollen uns nicht mit alter Trödelwaare beschweren. (Er führt die Nichte ab, die ihm trostlos folgt und nochmals zurück nach der Garderobethür sieht.)

Achter Auftritt.

Der Ritter
(der aus dem Kabinett hervorgeht).

Was hab' ich gehört, und in welchen Abgrund von Verrätherei und Nichtswürdigkeit hab' ich hinein geblickt! Niemals konnte ich diese Menschen achten,

Vierter Aufzug. Achter Auftritt.

mit denen ich leben mußte! Oft waren sie mir ver=
dächtig; aber wenn man sie bei mir solcher verruchten
Handlungen wegen angeklagt hätte, ich hätte sie gegen
jedermann in Schutz genommen. Nun versteh' ich
dich, schöne Verführerin, warum du mich erst morgen
früh sehen wolltest! Gewiß war es ihr bekannt, daß
der Marquis heute Nacht verreisen solle; aber daß er
sie zwingen würde mit ihm zu gehen dachte sie nicht.
Sie glaubte gewiß seine Neigung zu ihr sei erschöpft,
wie ihre Neigung zu ihm. O die Abscheuliche! Diese
Unschuld zu heucheln! — Wie ein himmlischer Geist
stand sie vor uns, und die reinsten Wesen schienen
durch ihren Mund zu sprechen, indeß sie, eines Lieb=
habers überdrüssig, sich nach andern umsieht, und
über die Zauberkugel weg nach den betrogenen Män=
nern schielt, die sie als ein himmlisches Wesen an=
beten. Wie soll ich das alles zurecht legen was ich
gehört habe? Was soll ich thun? Der Graf und die
Marquise spinnen den unerhörtesten Betrug an. Um
ihren ungeheuern Plan durchzuführen, wagen sie es
den Namen einer vortrefflichen Fürstin zu miß=
brauchen, ja sogar ihre Gestalt in einem schändlichen
Possenspiel nachzuäffen. Früher oder später wird
sich's entdecken, und die Sache endige sich wie sie
wolle, so muß sie dem Fürsten und der Fürstin höchst
unangenehm sein. Es leidet keinen Aufschub. — Soll
ich hingehen und dem betrogenen Domherrn die
Augen eröffnen? Noch wäre es möglich ihn zu retten!

Das Halsband ist zerstückt; aber noch ist der Marquis hier, man kann sie fest halten, ihnen den Schmuck abnehmen, die Betrüger beschämen und sie in der Stille verjagen. — Gut, ich gehe. — Doch halt! — Das thu' ich um des kalten, eigennützigen Weltmannes willen? Er wird mir danken, und für die Rettung aus der ungeheuren Gefahr mir seine Protection versprechen, mir eine ansehnliche Charge zusichern, sobald er sich wieder würde in Gunst gesetzt haben. Diese Erfahrung macht ihn nicht klug; er wird dem ersten besten Betrüger sich wieder in die Hände geben, sich immer leidenschaftlich, ohne Sinn, Verstand und ohne Folge betragen; wird mich als einen Schmarotzer in seinem Hause dulden; wird bekennen daß er mir Verbindlichkeiten habe, und ich werde vergebens auf eine reelle Unterstützung warten, da es ihm, ungeachtet seiner schönen Einnahme, immer an baarem Gelde fehlt. — —

(Geht nachdenkend auf und nieder.)

Thörichter, beschränkter Mensch! Und du siehst nicht ein, daß sich hier der Weg zu deinem Glücke öffnet, den du so oft vergebens gesucht hast? Mit Recht hat dich heute der Domherr als einen Schüler verlacht, mit Recht der Graf deine Gutmüthigkeit auf eine verruchte Weise mißbraucht! Du verdientest jene Lection, da du nicht einmal durch sie klüger geworden bist. — Sie glaubten nicht dich zu ihrem Verderben zu unterrichten. — Wohl, so soll es sein! Ich eile

zu dem Minister. Er ist eben auf dem Landhause,
wohin diese Betrüger zusammen in die Falle gehen.
Sie sind keiner Schonung werth! Es ist eine Wohl=
that für's menschliche Geschlecht, wenn sie nach Ver=
dienst gestraft werden, wenn man sie außer Stand
setzt ihre Künste weiter fort zu treiben. Ich eile;
der Moment ist entscheidend! Werden sie über der
That ergriffen, so ist alles bewiesen. Die Steine, die
der Marquis in der Tasche hat, zeugen wider ihn;
es hängt von dem Fürsten ab die Schuldigen zu be=
handeln wie es ihm recht dünkt, und ich werde mit
leeren Versprechungen gewiß nicht hingehalten. Ich
sehe mein Glück mit dem Anbruche des Tages hervor=
treten! Hier ist nicht ein Augenblick zu säumen!
Fort! Fort!

Fünfter Aufzug.

Erster Auftritt.

Nacht.

Ein Lustgarten. Rechter Hand der Schauspieler eine Laube.

Der Graf. La Fleur.

La Fleur. Ich höre noch niemand. Es rührt sich nichts im ganzen Garten. Ich bin recht verlegen. Ich habe doch gewiß recht gehört.

Der Graf (mit anmaßlicher Bedeutung). Du hast recht gehört.

La Fleur. Nun, wenn Sie es selbst wissen, so ist es desto besser; denn Sie können versichert sein daß ich immer die Wahrheit sage. Um diese Stunde wollte meine Herrschaft hier in diesem Garten sein. Ich weiß nicht was sie vorhaben. Mit vier Pferden sind sie vor uns weggefahren und ihr Wagen wird an der kleinen Thür still halten. Ich habe Sie deßwegen an der andern Seite aussteigen lassen. Ich vermuthe, der Domherr ist auch hierher bestellt.

Graf (wie oben). Warte! (Er hält seinen kleinen Finger an's Ohr.) Dieser Ring sagt mir, daß du gewissermaßen wahr redest.

La Fleur. Gewissermaßen?

Graf. Ja. Das heißt: in so ferne du es selbst wissen kannst. Ich bin nicht allwissend; aber dieser Ring sagt mir immer: ob die Menschen lügen, oder ob sie sich irren.

La Fleur. Wenn ich Ihnen rathen sollte — doch Sie wissen schon was das Beste ist.

Graf. Sprich nur! ich will schon sehn, ob du mir das Beste räthst.

La Fleur. Ich dächte wir gingen sachte diese dunkle Allee hinauf und horchten immer im Gehen, ob wir nicht irgend etwas kommen oder lispeln hören.

Graf. Ganz recht. Geh nur voraus und horche ob der Weg sicher ist.

Zweiter Auftritt.

Der Graf (allein).

Ich begreif' es nicht — und nach allen Umständen die dieser Mensch angibt, ist es höchst wahrscheinlich. Die Marquise bestellt den Domherrn hier heraus; wär' es möglich, daß es ihr gelungen wäre die Prinzessin zu gewinnen? was ich immer für ein albernes

Unternehmen, was ich für Lüge und Trug hielt. — Wenn ihr das gelingt, was soll dann dem Menschen nicht gelingen!

(Er geht von der linken Seite im Grunde ab.)

Dritter Auftritt.

Der Ritter. Der Oberst der Schweizer= Garde. Sechs Schweizer kommen von der linken Seite aus den vordern Coulissen.

Oberst (der zuletzt herauskommt, nach der Scene). Hier bleibt versteckt und rührt euch nicht eher, es mag sich zutragen was will, bis ihr Waldhörner hört. In dem Augenblick, da sie stillschweigen, fallt zu und nehmt gefangen wen ihr im Garten findet. (Zu den Schweizern, die auf dem Theater stehn.) Ihr gebt auf das nämliche Signal Acht. Viere verbergen sich bei der großen Pforte; laßt herein es komme wer will, aber niemanden hinaus.

Ein Schweizer. Herein mögen sie kommen, hinaus soll keiner.

Der Oberst. Und wer hinaus will, den haltet fest.

Schweizer. Wir wollen schon wacker anfassen.

Oberst. Und wenn die Waldhörner schweigen, so bringt hierher, wen ihr etwa angehalten habt. Zwei aber halten die Pforte besetzt.

Schweizer. Ja, Herr Obrist. Ich und mein Kamrad bringen euch die Gefangenen, und der Michel und der Dusle bleiben bei der Pforte, daß nicht etwa ein anderer hinaus schlupfet.

Oberst. Geht nur, Kinder, geht, so ist's recht!
(Die vier Schweizer gehen ab.)

Oberst. Ihr beiden tretet etwa zehn Schritte von hier in's Gebüsch; das Übrige wißt ihr.

Schweizer. Gut.

Oberst. So, Ritter, wären unsre Posten alle besetzt. Ich zweifle, daß uns einer entgeht. Wenn ich sagen soll, so glaub' ich, wir werden hier auf diesem Platze den besten Fang thun.

Ritter. Wie so, Herr Oberst?

Oberst. Da von Liebeshändeln die Rede ist, so werden sie dieses Plätzchen gewiß aussuchen. In dem übrigen Garten sind die Alleen zu gerade, die Plätze zu licht; dieses Buschwerk, diese Lauben sind für die Schalkheiten der Liebe dicht genug zusammen gewachsen.

Ritter. Ich bin recht in Sorgen bis alles vorüber ist.

Oberst. Unter solchen Umständen sollt' es einem Soldaten erst recht wohl werden.

Ritter. Ich wollte als Soldat lieber an einem gefährlichen Posten stehn. Sie werden mir es nicht verdenken daß es mir bang um das Schicksal dieser Menschen ist, wenn sie gleich nichtswürdig genug sind, und meine Absicht ganz löblich war.

Oberst. Sei'n Sie ruhig! Ich habe Befehl vom Fürsten und vom Minister, die Sache in der Kürze abzuthun; man verläßt sich auf mich. Und der Fürst hat sehr Recht. Denn wenn es Händel gibt, wenn die Geschichte Aufsehn macht, so denken doch die Menschen von der Sache was sie wollen, und es ist also immer besser man thut sie im Stillen ab. Desto größer wird auch Ihr Verdienst, lieber junger Mann, das gewiß nicht unbelohnt bleiben wird. Mich dünkt ich höre was; lassen Sie uns bei Seite treten.

Vierter Auftritt.

Die Marquise. Der Marquis. Die Nichte.

Die Marquise (zum Marquis, der nur eben heraustritt). Bleiben Sie nur immer in diesem Gebüsch und halten Sie sich still. Ich trete gleich wieder zu Ihnen.

Der Marquis (tritt zurück).

Marquise. Hier, liebes Kind, ist die Laube, hier ist die Rose; das Übrige wissen Sie.

Nichte. O liebste Tante, verlassen Sie mich nicht! Handeln Sie menschlich mit mir; bedenken Sie was ich Ihnen zu Liebe thue, was ich Ihnen zu Gefallen wage!

Marquise. Wir sind bei Ihnen, mein Kind; nur Muth! Es ist keine Gefahr, in fünf Minuten ist alles vorüber.

(Die Marquise tritt ab.)

Nichte (allein). O Gott, was hilft es, daß eine tiefe Nacht die Schuld bedeckt? Der Tag bewillkommt eine jede gute That die im Stillen geschah, und zeigt ein ernstes fürchterliches Gesicht dem Verbrecher.

Fünfter Auftritt.

Die Nichte. Der Domherr.

Die Nichte (setzt sich in die Laube und hält die Rose in der Hand).

Der Domherr (der von der entgegengesetzten Seite aus dem Grunde des Theaters hervorkommt). Eine tiefe Stille weissagt mir meine nahe Glückseligkeit. Ich vernehme keinen Laut in diesen Gärten, die sonst durch die Gunst des Fürsten allen Spaziergängern offen stehn und bei schönen Abenden oft von einem einsamen unglücklich Liebenden, öfter von einem glücklichen frohen Paar besucht werden. O ich danke dir, himmlisches Licht, daß du dich heute in einen stillen Schleier hülltest! Du erfreuest mich, rauher Wind, du drohende trübe Regenwolke, daß ihr die leichtsinnigen Gesellschaften verscheuchet, die in diesen Gängen oft umsonst hin und wieder schwärmen, die Lauben mit Ge=

lächter füllen, und ohne eigenen Genuß andere an den süßesten Vergnügungen stören. O ihr schönen Bäume, wie scheint ihr mir seit den wenigen Sommern gewachsen, seit mich der traurige Bann von euch entfernte! Ich seh' euch nun wieder, seh' euch mit den schönsten Hoffnungen wieder, und meine Träume, die mich einst in euern jungen Schatten beschäftigten, werden nunmehr erfüllt. Ich bin der Glücklichste von allen Sterblichen.

Marquise (die leise zu ihm tritt). Sind Sie es, Domherr? Nähern Sie sich, nähern Sie sich Ihrem Glück! Sehn Sie dort in der Laube?

Domherr. O ich bin auf dem Gipfel der Seligkeit!

Die Marquise (tritt zurück).

Der Domherr (tritt an die Laube und wirft sich der Nichte zu Füßen). Anbetungswürdige Sterbliche, erste der Frauen! Lassen Sie mich zu Ihren Füßen verstummen, lassen Sie mich auf dieser Hand meinen Dank, mein Leben aushauchen.

Nichte. Mein Herr —

Domherr. Öffnen Sie mir nicht Ihre Lippen, Göttliche! es ist an Ihrer Gegenwart genug. Verschwinden Sie mir wieder, ich habe Jahre lang an diesem glücklichen Augenblicke zu genießen. Die Welt ist voll von Ihrer Vortrefflichkeit; Ihre Schönheit, Ihr Verstand, Ihre Tugend entzückt alle Menschen. Sie sind wie eine Gottheit, niemand naht sich ihr als um sie anzubeten, als um das Unmögliche von ihr zu bitten. Und so bin ich auch hier, meine Fürstin —

Nichte. O stehn Sie auf, mein Herr —

Domherr. Unterbrechen Sie mich nicht. So bin ich auch hier, aber nicht um zu bitten, sondern um zu danken, für das göttliche Wunder zu danken, womit Sie mein Leben retteten.

Nichte (indem sie aufsteht). Es ist genug!

Domherr (knieend und sie zurückhaltend). Ja wohl der Worte genug, der Worte schon zu viel! Vergeben Sie! Die Götter selbst verzeihen, wenn wir mit Worten umständlich bitten, ob sie gleich unsre Bedürfnisse, unsre Wünsche lange schon kennen. Vergeben Sie meinen Worten! Was hat der arme Mensch Bessers als Worte, wenn er das hingeben möchte was ihm ganz zugehört. Sie geben den Menschen viel, erhabene Fürstin; kein Tag, der nicht durch Wohlthaten ausgezeichnet wäre; aber ich darf mir in diesem glücklichen Augenblicke sagen, daß ich der Einzige bin, der Ihre Huld in diesem Grade erfährt, der sich sagen kann: „Sie bezeigt dir Vergebung auf eine Weise, die dich höher erhebt als du jemals tief fallen konntest. Sie kündigt dir ihre Gnade an, auf eine Art, die dir ein ewiges Pfand dieser Gesinnungen ist; sie macht dein Glück, sie befestigt's, sie verewigt's, alles in einem Augenblick."

Die Nichte (macht eine Bewegung vorwärts, die den Domherrn nöthigt aufzustehn). Entfernen Sie sich; man kommt! Wir sehn uns wieder.

(Sie hat ihm, indem er aufstand, die Hand gereicht und läßt ihm, da sie sich zurückzieht, die Rose in den Händen.)

Domherr. Ja nun will ich eilen, ich will scheiden, will dem brennenden Verlangen widerstehn, das mich zur größten Verwegenheit treibt.

(Er naht sich ihr mit Heftigkeit und tritt gleich wieder zurück.)

Nein, befürchten Sie nichts! Ich gehe, aber lassen Sie mich es aussprechen, denn es hängt doch nur mein künftiges Leben von Ihren Winken ab. Ich darf alles bekennen, weil ich Macht genug über mich selbst habe, diesem glücklichen Augenblick hier gleichsam zu trotzen. Verbannen Sie mich auf ewig von Ihrem Angesicht, wenn Sie mir die Hoffnung nehmen, jemals in diesen Armen von allen verdienten und unverdienten Qualen auszuruhn. Sagen Sie ein Wort.

(Sie bei der Hand fassend.)

Nichte (ihm die Hände drückend). Alles, alles, nur jetzt verlassen Sie mich!

Domherr (auf ihren Händen ruhend). Sie machen mich zum glücklichsten Menschen, gebieten Sie unumschränkt über mich.

(Es lassen sich in der Ferne zwei Waldhörner hören, die eine höchst angenehme Cadenz mit einander ausführen. Der Domherr ruht indessen auf den Händen der Nichte.)

Sechster Auftritt.

Die Vorigen. Die Marquise. Der Mar=
quis, hernach der Oberste der Schweizer=
Garde. Schweizer.

Marquise (zwischen die beiden hineintretend). Eilen
Sie, mein Freund, entfernen Sie sich; ich habe ein
Geräusch gehört, Sie sind keinen Augenblick sicher.
Man könnte die Prinzessin im Schlosse vermissen;
eilen Sie, wir müssen weg.

Domherr (sich losreißend). Ich muß, ich will hin=
weg. Leben Sie wohl, lassen Sie mich keine Ewig=
keit schmachten.

(Er geht sachte nach der linken Seite des Grundes.)

Marquise. Nun folgen Sie mir, Nichte. Leben
Sie wohl, Marquis, machen Sie Ihre Sachen gut,
Sie sollen Ihre Frau — Ihre Freundin bald wieder
sehn. Umarmen Sie ihn zum Abschied, Nichte.

Der Marquis (umarmt die Nichte und zieht sie auf seine
Seite herüber). Hierher, schönes Kind, kommen Sie mit
mir; vor jener Thüre steht mein Wagen.

Die Nichte (zaubernd). O Gott, was will das
werden!

Marquise (nach der Nichte greifend). Was heißt das,
Marquis? Sind Sie toll?

Marquis. Machen Sie keinen Lärm; das Mäd=
chen ist mein. Lassen Sie mir dieses Geschöpf, in das

ich rasend verliebt bin, und ich verspreche Ihnen dagegen alles treulich auszurichten, was Sie mir aufgetragen haben. Ich gehe nach England, besorge Ihre Geschäfte, wir erwarten Sie dort und wollen Sie wohl und redlich empfangen; aber lassen Sie mir das Mädchen.

Marquise. Es ist nicht möglich! Folgen Sie mir, Nichte. Was sagen Sie zu der Verwegenheit meines Mannes? Reden Sie! Sind Sie mit ihm einverstanden?

Nichte (zaudernd). Meine Tante —

Marquis (sie fortziehend). Gestehn Sie es ihr, keine Verstellung! Es ist abgeredet! Kommen Sie! Keinen Widerstand, oder ich mache Lärm, und bin in diesem Augenblicke meiner Verzweiflung fähig, uns alle zu verrathen.

Marquise. Entsetzlich! Entsetzlich! Ich bin zu Grunde gerichtet.

(Die Waldhörner schweigen auf einmal, nachdem sie ein lebhaftes Stück geblasen.)

Der Oberste (der den Domherrn zurück bringt und dem zwei Schweizer folgen). Hierher, mein Herr, hierher!

Domherr. Was unterstehn Sie sich? Dieser Spaziergang ist einem jeden frei gegeben.

Oberster. Jedem Spaziergänger, nicht dem Verbrecher! Sie entkommen nicht; geben Sie sich gutwillig.

Domherr. Glauben Sie, daß ich unbewaffnet bin?

(Er greift in die Tasche und zieht ein Terzerol hervor.)

Oberster. Stecken Sie Ihr Terzerol ein. Sie können nach mir schießen; aus dem Garten kommen Sie nicht. Alle Zugänge sind besetzt. Es kommt niemand hinaus. Ergeben Sie sich in das Schicksal, dem Sie muthwillig entgegen rannten.

Marquise (die indessen aufmerksam geworden ist und gehorcht hat). Welch ein neuer, unerwarteter Auftritt! Kommt auf diese Seite. Wenn wir nicht einig sind, gehen wir mit einander zu Grunde.

(Die Marquise, der Marquis, die Nichte wollen sich auf die Seite zurückziehn, wo sie herein gekommen sind; es treten ihnen zwei Schweizer in den Weg.)

Marquise. Wir sind zu Grunde gerichtet!

Marquis. Wir sind verrathen!

Nichte. Ich bin verloren!

Domherr (der in diesem Augenblick neben die Nichte zu stehen kommt). O Gott!

Oberster. Niemand gehe von der Stelle! Sie sind alle meine Gefangenen.

Domherr (auf die Nichte deutend). Auch diese?

Oberster. Gewiß!

Domherr. Mein Unglück ist so groß, daß ich es in diesem Augenblick nicht überdenken kann.

Oberster. Nicht so groß, als Ihre Unbesonnenheit!

Domherr. Ich will jeden Vorwurf ertragen, alles, was mir eine beleidigte Gerechtigkeit von Strafen auferlegen kann; ich folge Ihnen, schleppen

Sie mich in einen Kerker, wenn es Ihnen befohlen ist: nur verehren Sie dieß überirdische Wesen! Verbergen Sie, was Sie gesehen haben, läugnen Sie, erfinden Sie. Sie thun dem Fürsten einen größern Dienst, als mit der traurigen, schrecklichen Wahrheit, daß seine Tochter, seine einzig geliebte Tochter —

Oberster. Ich kenne meine Pflicht. Ich sehe hier nur meine Gefangenen; ich kenne nur meine Ordre und werde sie vollziehn.

Marquise. Wohin!

Marquis. O warum mußt' ich mit hieher kommen!

Nichte. Meine Furcht war gegründet!

Domherr. So bin ich denn der unglücklichste aller Menschen! Was hat man im Sinn? Ist's möglich! Was kann der Fürst gegen das Liebste beginnen, das er auf der Welt hat? Meine Gebieterin — meine Freunde — ich bin's, der euch unglücklich macht! O warum mußt' ich leben? warum so lieben? warum verfolgt' ich nicht den Gedanken, der mir mehr als einmal einkam, in einem fremden Lande meine Zärtlichkeit, meine Ehrbegier an andern Gegenständen abzustumpfen? Warum floh ich nicht? Ach, warum ward ich immer wieder zurück gezogen? Ich möchte euch Vorwürfe machen, ich möchte mich schelten, mich hassen; und doch, wenn ich mich in diesem Augenblicke ansehe, so kann ich nicht wünschen, daß es

anders sein möchte. Ich bin immer noch der Glück=
lichste mitten im Unglück!

Oberster. Endigen Sie, mein Herr; denn es ist
Zeit, und hören Sie mich an.

Domherr. Ja, ich will; aber zuerst entlassen
Sie unsre Gebieterin. Wie? Sie sollte hier in Nacht
und Thau stehen, und das Urtheil eines Unglücklichen
anhören, an dem sie Theil nimmt? Nein, sie kehre
zurück in ihre Zimmer, sie bleibe nicht länger den
Augen dieser Knechte ausgesetzt, die sich über ihre
Beschämung freuen! Eilen Sie, eilen Sie, meine
Fürstin! wer kann sich Ihnen widersetzen? Und dieser
Mann, der mich gefangen halten darf, diese Colossen,
die mir ihre Hellebarden entgegen setzen, sind Ihre
Diener. Gehn Sie, leben Sie wohl! Wer will Sie
aufhalten? Aber vergessen Sie nicht eines Mannes,
der endlich zu Ihren Füßen liegen konnte, der end=
lich Ihnen betheuern durfte, daß Sie ihm alles in
der Welt sind. Sehn Sie noch einen Augenblick auf
seine Qual, auf seine Wehmuth, und dann überlassen
Sie ihn dem grausamen Schicksal, das sich gegen ihn
verschworen hat.

(Er wirft sich der Nichte zu Füßen, die sich auf die Marquise
lehnt. Der Marquis steht dabei in einer verlegenen Stellung,
und sie machen auf der rechten Seite des Theaters eine schöne
Gruppe, in welcher die zwei Schweizer nicht zu vergessen sind.
Der Oberste und zwei Schweizer stehn an der linken Seite.)

Siebenter Auftritt.

Die Vorigen. Der Graf.

Der Graf (den zwei Schweizer mit den umgekehrten Hellebarden vor sich hertreiben). Ich sag' euch, daß ihr eure Grobheit Zeitlebens zu büßen haben werdet! Mir so zu begegnen! Dem Größten aller Sterblichen! Wißt, ich bin Conte di Rostro, di Rostro impudente, ein ehrsamer, überall verehrter Fremder, ein Meister aller geheimen Wissenschaften, ein Herr über die Geister —

Schweizer. Bring' Er das unserm Obersten vor, der versteht das Wälsche, sieht Er; und wenn Er nicht geradezu geht, so werden wir Ihn rechts und links in die Rippen stoßen und Ihm den Weg weisen, wie's uns befohlen ist.

Graf. Habt ihr Leute denn gar keine Vernunft?

Schweizer. Die hat der, der uns commandirt. Ich sag's Ihm, geh' Er geradezu, ganz gerade dahin, da steht unser Oberster.

Graf (gebieterisch). Wagt es nicht mich anzurühren!

Domherr (der auf die Stimme des Grafen zu sich kommt und auffährt). Ja, da erwartete ich dich, großer Cophta, würdigster Meister, erhabenster unter allen Sterblichen! So ließest du deinen Sohn fallen, um ihn durch ein Wunder wieder zu erheben. Wir sind dir alle auf ewig verpflichtet. Ich brauche dir nicht zu gestehen, daß ich dieses Abenteuer hinter deinem Rücken unternahm. Du weißt was geschehen ist; du weißt, wie unglücklich es ablief; sonst wärst du nicht gekommen. In dieser einzigen Erscheinung, großer Cophta, verbindest du mehr edle Seelen, als du vielleicht auf deiner langen Wallfahrt auf Erden beisammen gesehen hast. Hier steht ein Freund vor dir, vor wenig Augenblicken der glücklichste, jetzt der unglücklichste aller Menschen. Hier eine Dame, des schönsten Glücks werth. Hier Freunde, die das Mögliche und Unmögliche zu wirken mit der lebhaftesten Theilnahme versuchten. Es ist was Unglaubliches geschehen. Wir sind hier beisammen und wir leiden nur aus Mißtrauen gegen dich. Hättest du die Zusammenkunft geführt, hätte deine Weisheit, deine Macht die Umstände gefügt —

(Einen Augenblick nachdenkend und mit Entschlossenheit fortfahrend.)

Nein, ich will nichts sagen, nichts wünschen: dann wäre alles gegangen, wie es abgeredet war; du hättest nicht Gelegenheit gehabt, dich in deinem Glanze sehen zu lassen, gleichsam als ein Gott aus einer Maschine herunter zu steigen und unsre Verlegenheit zu endigen.

(Er naht sich ihm vertraulich und lächelnd.)

Was beschließen Sie, mein Freund? Sehn Sie, schon stehn unsre Wächter wie betäubt: nur ein Wort von Ihnen, so fallen sie in einen Schlummer, in dem sie alles vergessen was geschah, und wir begeben uns inzwischen glücklich hinweg. Geschwind, mein Freund, drücken Sie mich an Ihre Brust, verzeihen Sie mir und retten Sie mich!

Graf (gravitätisch ihn umarmend). Ich verzeihe dir!

(Zu dem Obersten.)

Wir werden zusammen sogleich von hier wegfahren.

Oberster (lächelnd). O ja! Recht gern!

Domherr. Welch ein Wunder!

Marquise (zum Marquis). Was soll das heißen? Wenn der uns noch rettete!

Marquis. Ich fange an zu glauben, daß er ein Hexenmeister ist.

Oberster. Ich brauche diese Reden nicht weiter anzuhören; ich weiß nur schon zu klar, mit wem und was ich zu thun habe.

(Gegen die Scene gekehrt.)

Treten Sie nur auch herein, junger Mann, Sie haben mich lange genug allein gelassen.

Achter Auftritt.

Die Vorigen. Der Ritter.

Ritter. Ja, hier bin ich, die Abscheulichen zu beschämen und die Thoren zu bedauern!

Die Übrigen (außer dem Obersten). Was soll das heißen? Der Ritter! Entsetzlich! Es ist nicht möglich!

Ritter. Ja, ich bin hier um gegen euch alle zu zeugen.

Nichte. Daran bin ich allein Schuld.

Domherr. Was soll das heißen? Ich werde wahnsinnig!

Oberster. Sie kennen also diesen Mann? Hier geht alles natürlich zu, außer daß dieser in solcher Gesellschaft ehrlich geblieben ist. Er hat eure Schelmereien beobachtet, er hat sie dem Fürsten entdeckt, und ich habe den Auftrag, zu untersuchen und zu strafen. (Zum Domherrn.) Zuvörderst also, damit Sie einsehen, auf welchem Wege man Sie bisher geführt, von wem Sie geführt worden, wie sehr Sie betrogen sind, so erkennen Sie doch endlich das Phantom, womit man diesen Abend unsre Fürstin gelästert hat.

(Er hebt der Nichte den Schleier vom Gesicht.)

Domherr (erkennt sie und drückt pantomimisch sein Entsetzen aus).

Ritter. Wie die Fürstin so die Geister! — Solchen Menschen vertrauten Sie!

Domherr. Auch Ihnen vertrau' ich, und Sie, merk' ich, haben mich zu Grunde gerichtet.

Oberster. Diese Nichtswürdigen haben sich Ihrer Schwäche bedient, und Sie zu den strafwürdigsten Unternehmungen angefeuert. Was können Sie erwarten?

Domherr. Herr Oberst —

Oberst. Beruhigen Sie sich! Und erfahren Sie zuvörderst, daß der Fürst edel genug denkt, um auch dießmal Ihren Leichtsinn, Ihren Frevel mit Gelindigkeit zu bestrafen. Was sag' ich, bestrafen? Er will vielmehr den zweiten Versuch machen, ob es möglich sei Sie zu bessern, Sie der großen Ahnherrn würdig zu machen, von denen Sie abstammen. Ihre Entfernung vom Hofe, die nun zwei Jahre dauert, hat Ihnen wenig genutzt. Ich kündige Ihnen an daß Sie frei sind, aber nur mit der Bedingung, daß Sie binnen acht Tagen das Land verlassen, unter dem Vorwande als wenn Sie eine große Reise zu thun Willens wären. Mit Ihrem Oheim, den der Fürst besonders schätzt, dem er vertraut, wird alles abgeredet und eingerichtet werden. Sie können frei in Ihrem Wagen zurückkehren, wenn Sie nur erst unterrichtet sind, wie es mit dem gefährlichen Juwelenhandel aussieht, in den Sie sich eingelassen haben.

Domherr. Was muß ich erfahren! Was muß ich erleben!

Oberst (zu dem Marquis). Geben Sie zuvörderst die Juwelen heraus, die Sie in der Tasche haben.

Marquis. Die Juwelen? Ich weiß von keinen!

Ein Schweizer. Er hat da was erst in den Busch geworfen. Es muß nicht weit liegen.

(Man sucht und bringt das Kästchen hervor, das man dem Obersten überreicht.)

Oberst. Läugnet nicht weiter! Es ist alles am Tage. (Zur Marquise.) Wo sind die übrigen Steine? Gestehn Sie nur! Sie kommen nicht wieder nach Hause, und zu Hause bei Ihnen ist in diesem Augenblicke alles versiegelt. Verdienen Sie die Gelindigkeit, mit der man Sie zu behandeln gedenkt.

Marquise. Hier sind sie. (Das Schmuckkästchen hervorbringend.) So dacht' ich sie nicht los zu werden.

Oberst (zum Domherrn). Man wird diese Juwelen den Hofjuwelieren wieder zustellen, und Ihre Verbindlichkeit dagegen einlösen. Die falsche Unterschrift der Prinzessin werden Sie dagegen zurücklassen. Ich halte Sie nicht weiter auf, Sie können gehen.

Domherr. Ja, ich gehe. Sie haben mich beschämt gesehn; aber glauben Sie nicht, daß ich erniedrigt bin. Meine Geburt gibt mir ein Recht auf die ersten Bedienungen im Staate; diese Vorzüge kann mir niemand nehmen, und noch weniger wird man mir die Leidenschaft aus dem Herzen reißen, die ich für meine Fürstin empfinde. Sagen Sie es ihr, wie glücklich mich dieses Phantom gemacht hat. Sagen Sie ihr, daß alle Demüthigungen nichts gegen den Schmerz sind, mich noch weiter von ihr entfernen zu müssen; in ein Land zu gehen, wo ich sie nicht mehr auch nur im Vorüberfahren erblicken werde: aber ihr Bild und die Hoffnung werden nie aus meinem Herzen kommen, so lange ich lebe. Sagen Sie ihr das. Euch Übrige verachte ich. Ihr waret geschäftig um meine Leidenschaft, wie Käfer um einen blühenden Baum; die Blätter konntet ihr verzehren, daß ich mitten im Sommer wie ein dürres Reis dastehe;

aber die Äste, die Wurzeln mußtet ihr unangetastet lassen. Schwärmt hin wo ihr wieder Nahrung findet!

(Der Domherr geht ab.)

Oberster. Die Übrigen werden unter guter Bedeckung ganz in der Stille auf eine Grenz-Festung gebracht, bis man hinlänglich untersucht hat ob ihre Schelmstreiche nicht vielleicht noch weiter um sich gegriffen haben. Findet sich's daß sie in weiter keine Händel verwickelt sind, so wird man sie in der Stille des Landes verweisen und so von diesem betrügerischen Volke sich befreien. Es sind eben vier, ein Wagen voll. Fort mit ihnen! Man begleite sie bis an das große Thor, wo ein Fuhrwerk steht, und übergebe sie dort den Dragonern.

Nichte. Wenn ein unglückliches Mädchen von einem strengen Urtheilsspruch noch auf Gnade sich berufen darf, so hören Sie mich an. Ich unterziehe mich jeder Strafe, nur trennen Sie mich von diesen Menschen, die meine Verwandten sind, sich meine Freunde nannten und mich in das tiefste Elend gestürzt haben. Verwahren Sie mich, entfernen Sie mich; nur haben Sie Barmherzigkeit, bringen Sie mich in ein Kloster!

Ritter. Was höre ich?

Oberst. Ist es Ihr Ernst?

Nichte. O hätte dieser Mann geglaubt, daß meine Gesinnungen aufrichtig seien, so wären wir alle nicht, wo wir sind. Ritter, Sie haben nicht edel gehandelt! Durch meine Unvorsichtigkeit, durch einen Zufall haben Sie das Geheimniß erfahren. Wären Sie der Mann gewesen, für den ich Sie hielt, Sie hätten diesen Gebrauch nicht davon gemacht, Sie hätten den Domherrn unterrichten, die Juwelen beischaffen und ein Mädchen retten können, das nun unwiederbringlich verloren ist. Es ist wahr, man wird Sie für diesen Dienst belohnen; unser Unglück wird ein Capital sein, von dem Sie große Renten ziehen. Ich verlange nicht daß Sie im Genuß der fürstlichen Gunst, der einträglichen Stellen, in deren Besitz Sie sich bald befinden werden, an die Thränen eines armen Mädchens denken sollen, deren Zutraulichkeit Ihnen Gelegenheit gab zu horchen. Aber brauchen Sie jetzt, da Sie ein bedeutender Mann bei Hofe sind, Ihren Einfluß das zu bewirken, warum ich Sie bat, da Sie noch nichts hatten, wenigstens zeigten, als Gesinnungen, die ich ehren mußte. Erlangen Sie von diesem ernsthaften würdigen Manne nur, daß ich nicht mit dieser Gesellschaft weggebracht werde; daß meine Jugend in einem fremden Lande nicht größern Erniedrigungen ausgesetzt werde, als ich in diesem leider schon dulden mußte.

(Zum Obersten.)

Ich bitte, ich beschwöre Sie, mein Herr, wenn Sie eine Tochter haben, an der Sie Freude zu erleben wünschen, so schicken Sie mich fort; aber allein. Verwahren Sie mich; aber verbannen Sie mich nicht!

Oberst. Sie rührt mich!

Ritter. Ist es Ihr Ernst?

Nichte. O hätten Sie es früher geglaubt!

Oberst. Ich kann Ihren Wunsch erfüllen; ich gehe in nichts von meiner Instruction ab.

Nichte. Ja, Sie erfüllen ganz Ihre Instruction, wenn die Absicht ist, wie es scheint, diesen verwegenen Handel im Stillen beizulegen. Verbannen Sie mich nicht, schicken Sie mich in kein fremdes Land; denn die Neugierde wird rege werden. Man wird die Geschichte erzählen, man wird sie wiederholen. Man wird fragen: „Wie sieht das abenteuerliche Mädchen aus? Sie soll, sie muß der Prinzessin gleichen, sonst hätte die Fabel nicht können erfunden, nicht gespielt werden. Wo ist sie? Man muß sie sehen, man muß sie kennen." O Ritter, wenn ich ein Geschöpf war, wie Sie dachten, so wäre der gegenwärtige Fall für mich erwünscht genug, und ich brauchte keine Ausstattung weiter, um in der Welt mein Glück zu machen.

Oberst. Hiermit sei es genug! Begleitet jene drei an den Wagen; der Officier, dem ihr sie übergebt, weiß schon das Weitere.

Marquis (leise zur Marquise). Es ist nur von Verbannung die Rede. Wir wollen demüthig abziehn, um das Übel nicht ärger zu machen.

Marquise. Wuth und Verdruß kochen mir im Herzen; nur die Furcht vor einem größern Übel hält mich ab ihr Luft zu machen.

Oberst. Nun fort!

Marquise. Bedenken Sie, Herr Oberst, und lassen Sie den Fürsten bedenken, welches Blut in meinen Adern fließt, daß ich ihm verwandt bin und daß er seine eigne Ehre verletzt, wenn er mich erniedrigt!

Oberst. Das hätten Sie bedenken sollen! — Gehen Sie! Schon hat man diese noch lange nicht erwiesene Verwandtschaft zu Ihrem Vortheil mit in Anschlag gebracht.

Graf. Mein Herr, Sie vermischen mit diesem Gesindel einen Mann, der gewohnt ist überall ehrenvoll behandelt zu werden.

Oberst. Gehorchen Sie!

Graf. Es ist mir unmöglich!

Oberst. So wird man Sie's lehren.

Graf. Ein Reisender, der überall wo er hinkommt, Wohlthaten verbreitet.

Oberst. Es wird sich zeigen.

Graf. Dem man wie einem Schutzgeist Tempel bauen sollte.

Oberst. Es wird sich finden.

Graf. Der sich als Groß-Cophta legitimirt hat.

Oberst. Wodurch?

Graf. Durch Wunder.

Oberst. Wiederholen Sie eins und das andre, rufen Sie Ihre Geister herbei, lassen Sie sich befreien!

Graf. Ich achte euch nicht genug, um meine Macht vor euch sehen zu lassen.

Oberst. Groß gedacht! So unterwerfen Sie sich dem Befehl.

Graf. Ich thue es, meine Langmuth zu zeigen; aber bald werde ich mich offenbaren. Ich werde Ihrem Fürsten solche Geheimnisse melden, daß er mich im Triumphe zurückholen soll, und Sie werden vor dem Wagen voran reiten, in dem der Groß-Cophta verherrlicht zurückkehren wird.

Oberst. Das wird sich alles finden; nur heute kann ich Sie unmöglich begleiten. Fort mit ihnen!

Schweizer. Fort, sagt der Oberste, und wenn ihr nicht geht, so werdet ihr unsre Hellebarden fühlen.

Graf. Ihr Elenden, ihr werdet bald vor mir in's Gewehr treten.

Die Schweizer (schlagen auf ihn los). Will Er das letzte Wort haben?

(Die Schweizer mit den drei Personen ab.)

Oberst (zur Nichte). Und Sie sollen noch heute Nacht in das Frauenkloster, das keine Viertelstunde von hier liegt. Wenn es Ihr Ernst ist sich von der Welt zu scheiden, so sollen Sie Gelegenheit finden.

Nichte. Es ist mein völliger Ernst. Ich habe keine Hoffnung mehr auf dieser Welt. (Zum Ritter.) Aber das muß ich Ihnen noch sagen, daß ich meine erste, lebhafte Neigung mit in die Einsamkeit nehme — die Neigung zu Ihnen.

Ritter. Sagen Sie das nicht, strafen Sie mich nicht so hart. Jedes Ihrer Worte verwundet mich tief. Ihr Zustand ist gegen den meinigen zu beneiden. Sie können sagen: „Man hat mich unglücklich gemacht;" und welchen unerträglichen Schmerz muß ich empfinden, wenn ich mir sage: „Auch dich zählt sie unter die Menschen, die zu ihrem Verderben mitwirkten." O vergeben Sie mir! vergeben Sie einer Leidenschaft, die, durch einen unglückseligen Zufall mit sich selbst uneins, das verletzte, was ihr noch vor wenig Augenblicken das Liebste, das Wertheste auf der Welt war. Wir sollen uns trennen! Unaussprechlich ist die Qual, die ich in diesem Zustand empfinde. Erkennen Sie meine Liebe und bedauern Sie mich. O daß ich nicht meiner Empfindung folgte und nach der zufälligen Entdeckung gleich zum Domherrn eilte! Ich hätte mir einen Freund, eine Geliebte erworben, und ich hätte mein Glück mit Freuden genießen können. Es ist alles verloren.

Oberst. Fassen Sie sich!

Nichte. Leben Sie wohl! Diese letzten tröstlichen Worte werden mir immer gegenwärtig bleiben. (Zum

Oberst.) Ich sehe an Ihren Augen, daß ich scheiden soll. Möge Ihre Menschlichkeit belohnt werden!

(Sie geht mit der Wache ab.)

Oberst. Das arme Geschöpf dauert mich! Kommen Sie! Alles ist gut gegangen. Ihre Belohnung wird nicht ausbleiben.

Ritter. Sie mag sein welche sie will, so fürstlich als ich sie erwarten darf; ich werde nichts genießen können, denn ich habe nicht recht gehandelt. Mir bleibt nur Ein Wunsch und Eine Hoffnung, das gute Mädchen aufzurichten und sie sich selbst und der Welt wieder zu geben.

Der Bürgergeneral.

Ein Lustspiel
in einem Aufzuge.

Zweite Fortsetzung
der beiden Billets.

Personen.

Röse.
Görge.
Märten.
Der Edelmann.
Schnaps.
Der Richter.
Bauern.

Der Schauplatz ist vor Märtens Hause, wie in den vorigen Stücken.

Erster Auftritt.

Röse. Görge.

Görge (der zum Hause mit einem Rechen herauskommt, spricht zurück). Hörst du, liebe Röse?

Röse (die unter die Thüre tritt). Recht wohl, lieber Görge!

Görge. Ich gehe auf die Wiese, und ziehe Maulwurfshaufen auseinander.

Röse. Gut.

Görge. Hernach seh' ich wie es auf dem Acker aussieht.

Röse. Schön! Und dann kommst du auf's Krautland und gräbst, und findest mich da mit dem Frühstück.

Görge. Und da setzen wir uns zusammen und lassen es uns schmecken.

Röse. Du sollst eine gute Suppe haben.

Görge. Wenn sie noch so gut wäre! Du mußt mit essen, sonst schmeckt sie mir nicht.

Röse. Mir geht's eben so.

Görge. Nun, leb' wohl, Röse!

Röse. Leb' wohl, Görge!

Görge (geht, bleibt stehen, sieht sich um; sie werfen sich Kußhände zu, er kehrt zurück). Höre, Röse! — Die Leute reden kein wahr Wort.

Röse. Selten wenigstens. Wie so?

Görge. Sie sagen: Als Mann und Frau hätte man sich nicht mehr so lieb wie vorher. Es ist nicht wahr, Röse. Wie lange haben wir uns schon? Wart!

Röse. Zwölf Wochen.

Görge. Wahrhaftig! Und da ist immer noch Görge und Röschen, und Röschen und Görge wie vorher. Nun leb' wohl!

Röse. Leb' wohl. Wie oft haben wir das nicht schon gesagt!

Görge (entfernt sich). Und wie oft werden wir es noch sagen!

Röse. Und uns immer wieder suchen und finden.

Görge (stille stehend). Das ist eine Lust!

Röse. Ich komme gleich nach. Leb' wohl!

Görge (gehend). Leb' wohl!

Röse (unter der Thüre). Görge!

Görge (zurückkommend). Was gibt's?

Röse. Du hast was vergessen.

Görge (sich ansehend). Was denn?

Röse (ihm entgegenspringend). Noch einen Kuß!

Görge. Liebe Röse!

Röse. Lieber Görge! (küssend).

Zweiter Auftritt.

Die Vorigen. Der Edelmann.

Edelmann. Brav, ihr Kinder! Brav! an euch merkt man nicht daß die Zeit vergeht.

Görge. Wir merken's auch nicht, gnädiger Herr.

Röse (bedeutend). Sie werden's auch bald nicht mehr merken.

Edelmann. Wie so?

Röse. Machen Sie nur kein Geheimniß daraus! — Sie ist ja so hübsch.

Edelmann (lächelnd). Wer?

Görge. Hm! Röse, du hast recht. Ja wohl, recht hübsch.

Röse. Und Sie sind auch so ein schöner junger Herr.

Edelmann. Görge! Darf sie das sagen?

Görge. Jetzt eher als sonst. Denn ich will's nur gestehen, ich bin oft eifersüchtig auf Sie gewesen.

Edelmann. Du hast's auch Ursache gehabt. Röse gefiel mir immer.

Röse. Sie scherzen, gnädiger Herr.

Görge. Es ist mir nur immer gar zu ernstlich vorgekommen.

Röse. Er hat mich oft genug gequält.

Görge. Und sie mich auch.

Edelmann. Und jetzt?

Görge. Jetzt ist Röse meine Frau, und, ich denke, eine recht brave Frau.

Edelmann. Das ist sie gewiß.

Röse (bedeutend). Und Sie? —

Edelmann. Nun?

Görge (mit Bücklingen). Darf man gratuliren?

Edelmann. Wozu?

Röse (sich neigend). Wenn Sie's nicht ungnädig nehmen wollen.

Görge. Sie werden bald auch ein allerliebstes Weibchen haben.

Edelmann. Das ich nicht wüßte.

Röse. In wenig Tagen läugnen Sie es nicht mehr.

Görge. Und sie ist so liebenswürdig.

Edelmann. Wer denn?

Röse. Fräulein Caroline, die neulich mit der alten Tante hier zum Besuche war.

Edelmann. Daher habt ihr euren Argwohn? Wie ihr fein seid!

Görge. Ich dächte doch so etwas ließe sich einsehen.

Röse. Es ist recht schön daß Sie sich auch verheirathen.

Görge. Man wird ein ganz anderer Mensch. Sie werden's sehen.

Röse. Jetzt gefällt mir's erst zu Hause.

Görge. Und ich meine ich wäre dadrin im Hause geboren.

Röse. Und wenn der Vater die Zeitungen lies't und sich um die Welthändel bekümmert, da drücken wir einander die Hände.

Görge. Und wenn der Alte sich betrübt, daß es draußen so wild zugeht, dann rücken wir näher zusammen und freuen uns daß es bei uns so friedlich und ruhig ist.

Edelmann. Das Beste was ihr thun könnt.

Röse. Und wenn der Vater gar nicht begreifen kann wie er die französische Nation aus den Schulden retten will, da sag' ich: Görge, wir wollen uns nur hüten daß wir keine Schulden machen.

Görge. Und wenn er außer sich ist daß man allen Leuten dort ihre Güter und ihr Vermögen nimmt, da überlegen wir zusammen wie wir das Gütchen verbessern wollen, das wir von dem Lottogelde zu kaufen gedenken.

Edelmann. Ihr seid gescheidte junge Leute.

Röse. Und glücklich.

Edelmann. Das hör' ich gern.

Görge. Sie werden's auch bald erfahren.

Röse. Das wird wieder eine Lust auf dem Schlosse werden!

Görge. Als wie zu Lebzeiten Ihrer seligen Frau Mama.

Röse. Zu der man immer lief, wenn jemand krank war.

Görge. Die einem so guten Spiritus auflegte, wenn man sich eine Beule gestoßen hatte.

Röse. Die so gute Salben wußte, wenn man sich verbrannt hatte.

Edelmann. Wenn ich heirathe, will ich mich nach einem Frauenzimmer umsehen, die ihr ähnlich ist.

Görge. Die ist schon gefunden.

Röse. Ich denk's. Sein Sie nicht böse, gnädiger Herr, daß wir so vorlaut sind.

Görge. Wir können's aber nicht abwarten —

Röse. Sie so glücklich zu sehen als uns.

Görge. Sie müssen nicht länger zögern.

Röse. Es ist verlorne Zeit.

Görge. Und wir haben schon den Vorsprung.

Edelmann. Wir wollen sehen.

Görge. Es thut freilich nichts, wenn unser Junge ein bißchen älter ist als der Ihrige; da kann er desto besser auf den Junker Acht haben.

Röse. Das wird hübsch sein wenn sie zusammen spielen. Sie dürfen doch?

Edelmann. Wenn sie nur schon da wären. Ja! — meine Kinder sollen mit den eurigen aufwachsen, wie ich mit euch.

Röse. Das wird eine Lust sein!

Görge. Ich sehe sie schon.

Dritter Auftritt.

Die Vorigen. Märten (am Fenster).

Märten. Röse! Röse! Wo bleibt das Frühstück?

Röse. Gleich! Gleich!

Märten. Muß ich schon wieder warten? (Das Fenster zu.)

Röse. Den Augenblick!

Görge. Mach nur, Röse.

Röse. Da werd' ich ausgeschmält.

Edelmann. Daran ist der Kuß Schuld, über dem ich euch ertappte. Ich vergaß auch darüber mein Wildpret.

Görge. Ihre Freundlichkeit ist Schuld, gnädiger Herr!

Röse. Ja wohl. Ich vergaß darüber den Vater.

Görge. Und ich Wiese, Acker und Krautland.

Edelmann. Nun denn jedes auf seinen Weg.

(Unter wechselseitigen Begrüßungen an verschiedenen Seiten ab, und Röse in's Haus.)

Vierter Auftritt.

Märtens Stube, mit einem Kamin, einigen Schränken, einem Tisch mit Stühlen. An der Seite ein Fenster. Gegen über eine angelehnte Leiter.

Märten. Röse.

Märten. Röse, wo bist du?

Röse. Hier, Vater.

Märten. Wo bleibst du?

Röse. Der gnädige Herr kam gegangen, und wie er so gut ist, schwatzte er mit uns.

Märten. Und mein Kaffee?

Röse (auf den Kamin deutend). Steht hier.

Märten. Das seh' ich. Aber die Milch?

Röse. Ist gleich warm. (Geht nach dem Schranke, öffnet ihn mit einem Schlüssel des Bundes, das sie anhängen hat, nimmt Rahm heraus, und setzt ihn in den Kamin.)

Märten (indessen). Röse, das ist nicht hübsch!

Röse (beschäftigt). Was denn, Vater?

Märten. Daß du mich ganz und gar über Görgen vergissest.

Röse (wie oben). Wie so?

Märten. Mit ihm hast du geplaudert; für ihn hast du gesorgt.

Röse. Auch, Vater. Ich hab' ihm ein Butterbrot gegeben.

Märten. Für ihn allein sorgst du.

Röse. Nicht doch! Für euch so gut wie für ihn.

Märten. Und doch versprachst du mir, wenn ich dich heirathen ließe —

Röse. Sollte alles bleiben vor wie nach.

Märten. Hältst du nun Wort?

Röse. Gewiß. Hier ist der Kaffee.

Märten. Bist du alle Morgen gleich bei der Hand wie sonst?

Röse. Hier ist die Milch. (Sie läuft wieder nach dem Schranke.)

Märten. Und muß ich nicht auf alles warten?

Röse. Hier die Tasse! der Löffel! der Zucker! Wollt' ihr auch ein Butterbrot?

Märten. Nein, nein. — Du bleibst mir die Antwort schuldig.

Röse (auf das Frühstück deutend). Hier steht sie.

Märten. Es mag gut sein. Erzähle mir etwas.

Röse. Ich muß fort.

Märten. Schon wieder?

Röse. Görgen die Suppe bringen, der mag den Kaffee nicht.

Märten. Warum ißt er sie nicht zu Hause?

Röse. Er will erst was arbeiten. Auf dem Kraut=lande hat er eine Laube gebaut, da machen wir ein Feuerchen an, wärmen die Suppe, und verzehren sie mit einander.

Märten. So geh hin! Es ist doch nicht anders.

Röse. Wie meint ihr?

Märten. Vater und Mutter verlaßt ihr, und folgt dem Manne nach.

Röse. So soll's ja sein.

Märten. Geh nur.

Röse. Zu Mittag sollt ihr ein gut Essen haben; ich sage nicht was.

Märten. Schon recht.

Röse. Seid nicht verdrießlich.

Märten. Nein doch!

Röse. So lebt wohl.

Märten. Geh nur! Ich komme auch hinaus.

Fünfter Auftritt.

Märten allein (sitzend und trinkend).

Es ist gut daß sie geht. Schnaps sagte mir gestern im Vorbeigehn: wenn die Kinder im Felde wären, wollte er mich besuchen und mir viel Neues erzählen. — Ein vertrackter Kerl der Schnaps! Alles weiß er! — Wenn er nur mit Görgen besser stände! Aber der hat geschworen, wenn er ihn wieder im Hause trifft, will er ihn lederweich schlagen. Und Görge hält sein Wort. — Ein guter Bursch! Ein heftiger Bursch! — Ich höre was! (An der Thüre.) Ha! Ha! Schnaps! — Da ist er ja.

Sechster Auftritt.

Märten. Schnaps.

Schnaps (hereinsehend). Seid ihr allein, Vater Martin?

Märten. Nur herein!

Schnaps (einen Fuß hereinsetzend). Görgen sah ich gehen; ist Röse nach?

Märten. Ja, Gevatter Schnaps. Wie immer.

Schnaps. Da bin ich.

Märten. Ihr seid vorsichtig.

Schnaps. Das ist die erste Tugend.

Märten. Wo kommt ihr her?

Schnaps. Hm! Hm!

Märten. Seit acht Tagen hat man euch nicht gesehen.

Schnaps. Ich glaub' es.

Märten. Habt ihr auswärts eine Cur verrichtet?

Schnaps. Vater Martin! — Ich habe curiren gelernt.

Märten. Gelernt? — Als wenn ihr noch was zu lernen brauchtet.

Schnaps. Man lernt nie aus.

Märten. Ihr seid bescheiden.

Schnaps. Wie alle große Männer.

Märten. Nun, was die Größe betrifft! — Ihr seid ja kleiner als ich.

Schnaps. Vater Martin, davon ist die Rede nicht. Aber hier! hier! (Auf die Stirn deutend.)

Märten. Ich verstehe.

Schnaps. Und da gibt's Leute in der Welt, die das zu schätzen wissen.

Märten. Ohne Zweifel.

Schnaps. Da findet man Zutrauen —

Märten. Ich glaub's.

Schnaps. Da erfährt man —

Märten (ungeduldig). Was denn? Sagt!

Schnaps. Und erhält Aufträge.

Märten. Geschwind! Was gibt's?

Schnaps (bedeutend). Man wird ein Mann von Einfluß.

Märten. Ist's möglich?

Schnaps. In wenig Tagen erfahrt ihr's.

Märten. Nur gleich! Nur heraus damit!

Schnaps. Ich kann nicht. Schon das ist genug gesagt.

Märten (bedenklich). Gevatter Schnaps —

Schnaps. Was gibt's?

Märten. Seht mich an!

Schnaps. Nun?

Märten. Gerad in die Augen!

Schnaps. So?

Märten. Scharf!

Schnaps. Zum Henker! Ich seh' euch ja an. Mich wundert's, daß ihr meinen Blick ertragen könnt.

Märten. Hört.

Schnaps. Was soll's?

Märten. Wäre das, was ihr zu erzählen habt —

Schnaps. Wie meint ihr?

Märten. Nicht etwa wieder so eine Historie?

Schnaps. Wie könnt ihr so denken?

Märten. Oder —

Schnaps. Nicht doch, Vater Martin!

Märten. Oder von den vielen Schnäpsen, euren hochansehnlichen Vorfahren?

Schnaps. Das war Scherz, lauter Scherz! Nun fängt's an Ernst zu werden.

Märten. Überzeugt mich.

Schnaps. Nun denn! Weil ihr's seid.

Märten. Ich bin äußerst neugierig.

Schnaps. So hört! — Sind wir auch sicher?

Märten. Ganz gewiß! Görge ist auf's Feld, und Röse zu ihm.

Schnaps (mit Vorbereitung). Sperrt die Ohren auf! Sperrt die Augen auf!

Märten. So macht denn fort!

Schnaps. Ihr habt oft gehört — Es lauscht doch niemand?

Märten. Niemand.

Schnaps. Daß die berühmten Jacobiner — es ist doch niemand versteckt? —

Märten. Gewiß nicht.

Schnaps. Gescheidte Leute in allen Ländern aufsuchen, kennen, benutzen.

Märten. So sagt man.

Schnaps. Nun ist mein Ruf — ich höre jemand!

Märten. Nein doch!

Schnaps. Mein Ruf über den Rhein erschollen —

Märten. Das ist weit.

Schnaps. Und man gibt sich schon seit einem halben Jahre alle erdenkliche Mühe —

Märten. So fahrt nur fort!

Schnaps. Mich für die Sache der Freiheit und Gleichheit zu gewinnen.

Märten. Das wäre!

Schnaps. Man kennt in Paris meinen Verstand —

Märten. Ei! Ei!

Schnaps. Meine Geschicklichkeit.

Märten. Curios!

Schnaps. Genug, die Herren Jacobiner sind seit einem halben Jahre um mich herumgeschlichen, wie die Katze um den heißen Brei!

Märten. Ich kann mich nicht genug verwundern!

Schnaps. Bis man mich vor acht Tagen in die Stadt bestellte.

Märten. Ihr solltet einen Fremden curiren, der das Bein gebrochen hatte. So sagtet ihr.

Schnaps. So hatte man mir gesagt.

Märten. Wir wunderten uns.

Schnaps. Ich auch.

Märten. Ob's denn nicht auch in der Stadt Chirurgen gebe?

Schnaps. Genug, ich wunderte mich — und ging.

Märten. Da habt ihr wohl gethan.

Schnaps. Ich finde meinen Patienten.

Märten. Wirklich?

Schnaps. Und wie ich den Fuß aufbinde —

Märten. Nun?

Schnaps. Ist er so gesund wie meiner.

Märten. Was?

Schnaps. Ich erstaune!

Märten. Das glaub' ich.

Schnaps. Der Herr lacht —

Märten. Natürlich.

Schnaps. Und fällt mir um den Hals.

Märten. Ist's möglich!

Schnaps. Bürger Schnaps! ruft er aus.

Märten. Bürger Schnaps? das ist curios!

Schnaps. Werthester Bruder!

Märten. Und weiter?

Schnaps. Genug, er eröffnete mir alles.

Märten. Was denn?

Schnaps. Daß er ein Abgesandter des Jaco=biner=Clubs sei.

Märten. Wie sah er denn aus?

Schnaps. Wie ein andrer Mensch.

Märten. Habt ihr euch nicht vor dem Manne gefürchtet?

Schnaps. Ich mich fürchten?

Märten. Und habt mit ihm gesprochen, wie mit euresgleichen?

Schnaps. Natürlich! — Alle Menschen sind gleich.

Märten. So sagt nur!

Schnaps. Was soll ich alles weitläufig erzählen?

Märten. Ich hör' es gern.

Schnaps. Er nahm mich in seine Gesellschaft auf.

Märten. Wie ging das zu?

Schnaps. Mit vielen Ceremonien.

Märten. Die möcht' ich wissen.

Schnaps. Ihr könnt alles sehn.

Märten. Wie so?

Schnaps. Gebt Acht! hier im Barbiersacke trage ich das ganze Geheimniß.

Märten. Ist's möglich?

Schnaps. Schaut her!

Märten. Laßt sehen!

Schnaps. Eins nach dem andern.

Märten. Nur zu!

Schnaps (nach einer Pause). Erstlich umarmt' er mich nochmals.

Märten. Ein höflicher Herr!

Schnaps. Das dank' ihm der Henker!

Märten. Ich wüßte nicht —

Schnaps. Dann bracht' er (Er bringt eine rothe Mütze hervor.) —

Märten. Das rothe Käppchen? Ihr seid ja kein Ehemann.

Schnaps. Ungeschickt! — Die Freiheitsmütze.

Märten. Laßt sehen.

Schnaps. Und setzte mir sie auf. (Er setzt das Käppchen auf.)

Märten. Ihr seht schnakisch aus!

Schnaps. Ferner den Rock. (Er zieht eine Nationaluniform hervor.)

Märten. Das ist ein schmuckes Kleid.

Schnaps. Helft mir Vater, es ist ein bißchen knapp.

Märten (indem sie sich mit Anziehen plagen). Oh, das ist eine Noth! das zwängt!

Schnaps. Das ist die Uniform der Freiheit.

Märten. Da ist mir meine weite Bauerjacke doch lieber.

Schnaps. Nun seht her! Was sagt ihr zu dem Säbel?

Märten. Gut!

Schnaps. Nun die Cocarde!

Märten. Ist das die Nationalcocarde?

Schnaps. Freilich. (Steckt sie auf den Hut.)

Märten. Wie sie den alten Hut nicht ziert!

Schnaps. Möchtet ihr nicht auch so eine tragen?

Märten. Es käme drauf an.

Schnaps. Wie mich der Fremde so angezogen hatte —

Märten. Er selbst?

Schnaps. Freilich. Wir bedienen jetzt alle einander.

Märten. Das ist hübsch.

Schnaps. So sagte er —

Märten. Ich bin neugierig.

Schnaps. Ich habe schon viele hier im Lande angeworben —

Märten. So ist das doch wahr.

Schnaps. Aber keinen gefunden, auf den ich mehr Vertrauen setzte als auf euch.

Märten. Das ist schmeichelhaft.

Schnaps. So erfüllt nun meine Hoffnungen —

Märten. Und wie?

Schnaps. Geht zu euren Freunden und macht sie mit unsern Grundsätzen bekannt.

Märten. Laßt sie hören.

Schnaps. Gleich! — Und wenn ihr tausend redliche —

Märten. Tausend redliche? Das ist viel!

Schnaps. Wohldenkende und beherzte Leute beisammen habt —

Märten. Nun!

Schnaps. So fangt die Revolution in eurem Dorfe an.

Märten. In unserm Dorfe? Hier, in unserm Dorfe?

Schnaps. Freilich!

Märten. Behüt' uns Gott!

Schnaps. Ei! wo denn?

Märten. Eh! was weiß ich? Da oder dort! Überall! Nur nicht hier.

Schnaps. Hört nur, nun kommt das Wichtigste.

Märten. Noch was Wichtigers?

Schnaps. Fangt die Revolution an! sagte er.

Märten. Gnad' uns Gott!

Schnaps. Ich gebe euch dazu völlige Autorität, und mache euch hiermit —

Märten. Wozu?

Schnaps. Zum Bürgergeneral.

Märten. Zum General? — Herr Schnaps, Herr Schnaps! das klingt nun fast wieder nach dem ost= indischen General=Gouverneur.

Schnaps. Stille! Es ist nicht Zeit zu scherzen.

Märten. Es scheint.

Schnaps. Und zum Zeichen geb' ich euch diesen Schnurrbart.

Märten. Einen Schnurrbart?

Schnaps. Den jeder Bürgergeneral tragen muß.

Märten. Ist's möglich!

Schnaps (hat den Schnurrbart angeheftet). Ihr habt nun ein Ansehn.

Märten. Wahrhaftig!

Schnaps. Eine Autorität.

Märten. Zum Erstaunen!

Schnaps. Und an der Spitze der Freigesinnten werdet ihr Wunder thun.

Märten. Ohne Zweifel, Herr General.

Schnaps. Man sagt nicht: Herr General. Man sagt: mein General! Bürger=General! — Es ist kein Mensch ein Herr.

Märten. Mein General!

Schnaps. Was gibt's, Bürger?

Märten. Ich bin nur ein Bauer.

Schnaps. Wir sind alle Bürger.

Märten. So sagt mir nur wo das hinaus will?

Schnaps. Unsre Grundsätze heißt man das.

Märten. Worauf es hinaus will?

Schnaps. Ja.

Märten. Ich dächte fast es ginge auf Schläge hinaus.

Schnaps. Nun müßt ihr hören.

Märten. Was denn?

Schnaps. Die Grundsätze, die ich ausbreiten soll.

Märten. Die hatt' ich ganz und gar vergessen.

Schnaps. Hört!

Märten (der zufälligerweise im Auf= und Abgehen an das Fenster kommt). O weh!

Schnaps. Was gibt's?

Märten. Herr General! Mein General — da kommt Görge den Berg herein.

Schnaps. Verflucht!

Märten. Herr — mein General! Er hat einen großen Prügel.

Schnaps (nach dem Fenster laufend). Ich bin in großer Verlegenheit.

Märten. Das glaub' ich.

Schnaps. Ich fürchte —

Märten. So kommt mir's vor.

Schnaps. Meint ihr etwa Görgen?

Märten. Nein doch, den Prügel.

Schnaps. Nichts in der Welt, als verrathen zu werden.

Märten. Da habt ihr Recht.

Schnaps. Die gute Sache würde leiden, wenn man unsre Absicht zu früh entdeckte.

Märten. Gewiß.

Schnaps. Versteckt mich.

Märten. Steigt auf den Boden.

Schnaps. Ja! Ja!

Märten. Nur unter's Heu.

Schnaps. Ganz recht.

Märten. Nur fort, Herr General! der Feind ist in der Nähe.

Schnaps. Geschwind den Sack her! (Er nimmt den Barbiersack auf.)

Märten. Fort! Fort!

Schnaps (indem er die Leiter hinaufsteigt). Verrathet mich ja nicht.

Märten. Nein, nein.

Schnaps. Und denkt nicht, daß ich mich fürchte.

Märten. Nicht doch!

Schnaps. Lauter Klugheit!

Märten. Die ist zu loben. Nur zu!

Schnaps (ganz oben, indem er hineinsteigt). Lauter Klugheit!

Siebenter Auftritt.

Märten. Görge (mit einem Stock).

Görge. Wo ist der Schurke?

Märten. Wer?

Görge. Ist es wahr, Vater?

Märten. Was denn?

Görge. Röse sagte mir, sie hätte, da sie weggegangen wäre, Schnapsen in's Haus schleichen sehen.

Märten. Er kam; ich habe ihm aber gleich die Wege gewiesen.

Görge. Da habt ihr wohl gethan. Ich schlag' ihm Arm und Bein entzwei, wenn ich ihn hier antreffe.

Märten. Du bist gar zu aufgebracht.

Görge. Was? Nach allen den Streichen?

Märten. Das ist vorbei.

Görge. Er hat noch keine Ruhe. Jetzt, da Röse meine Frau ist —

Märten. Was denn?

Görge. Hört er nicht auf uns zu necken, uns zu beunruhigen.

Märten. Und wie denn?

Görge. Da sagt er zu Rösen im Vorbeigehen: Guten Abend, Röse! Wie ihr doch allen Leuten in die Augen stecht! Der Officier, der da durchritt, hat nach euch gefragt.

Märten. Das kann wohl wahr sein.

Görge. Was braucht er's wieder zu sagen? Nein, es sind lauter Lügen.

Märten. Wahrscheinlich.

Görge. Da kommt er einmal, und sagt: der Fremde, der auf dem Schlosse gewohnt hat, der hat euch recht gelobt. Wollt ihr ihn in der Stadt besuchen? Es wird ihm recht lieb sein. Er wohnt in der langen Straße Numero 636.

Märten. Das heißt man ja kuppeln.

Görge. Er ist alles im Stande.

Märten. Ich glaub's wohl.

Görge. Und Röse gibt ihm immer was ab, wie er's verdient, und der böse Kerl trägt's ihr nach. Ich fürchte er thut uns einen Possen.

Märten. So böse ist er doch nicht. Er spaßt nur.

Görge. Ein schöner Spaß! Ich will ihn aber treffen.

Märten. Nimm dich in Acht! das kostet Strafe.

Görge. Die bezahl' ich gern. Und ich will's ihm gedenken daß er mich jetzt von Rösen weggesprengt hat. Wenn er nur nicht gar draußen bei ihr ist! Geschwind, geschwind! ich muß fort. (Eilig ab.)

Achter Auftritt.

Märten. Hernach **Schnaps.**

Märten. Ein Glück, daß er ihn nicht vermuthet! Das hätte schöne Händel gesetzt! (Am Fenster.) Wie er läuft! Er ist schon am Berge. Nun kann mein General wieder aus dem Hinterhalte hervorkommen. Es ist doch curios, daß jetzt die schlimmsten Leute immer in die Höhe kommen! Man lies't's in allen Zeitungen. Der da oben taugt nun ganz und gar nichts, und kommt zu solchen Ehren! Wer weiß was noch daraus wird! Es sind gefährliche Zeiten; man weiß gar nicht mehr wen man um sich hat. Auf alle Fälle will ich ihm schmeicheln. Er nutzt mir wohl wieder. — Mein General!

Schnaps (an der Bodenthüre. Es fällt Heu herunter). Ist er fort?

Märten. Schon weit weg.

Schnaps (mit Heu bedeckt). Ich komme schon.

Märten. Ihr seht verzweifelt aus, General Schnaps.

Schnaps (auf der Leiter sich reinigend). Das ist im Felde nicht anders; man kann nicht alles sauber haben.

Märten. Kommt nur herunter.

Schnaps. Ist er wirklich fort?

Märten. Schon weit weg. Er war besorgt, ihr möchtet indessen zu Rösen schleichen, und lief als wenn es hinter ihm brennte.

Schnaps (herunterkommend). Vortrefflich! Nun schließt mir aber die Hausthür zu.

Märten. Das sieht verdächtig aus.

Schnaps. Besser verdächtig als ertappt. Schließt zu, Vater Martin. Mit wenig Worten sag' ich euch alles.

Märten (gehend). Nun gut.

Schnaps. Wenn jemand pocht pack' ich ein, und schleiche mich zur Hinterthür hinaus; und ihr macht was ihr wollt.

Neunter Auftritt.

Schnaps. Nachher **Märten.**

Schnaps. Wenn ich ihm nur erst ein Frühstück abgewonnen hätte! Eine rechte Schande! ein reicher Mann und immer so knauserig! (Er schleicht an den Schränken herum.) Alles verschlossen, wie gewöhnlich, und Röse hat wieder die Schlüssel mit. — Hernach brauch' ich noch ein Paar Laubthaler patriotische Contribution. (Wieder am Schranke.) Die Thüren klappern, die Schlösser sind schlecht verwahrt. Der Magen knurrt, der Beutel noch ärger. Schnaps! Bürgergeneral! Frisch dran! Mach' ein Probestück deines Handwerks!

Märten (zurückkommend). Alles ist verwahrt. Nun seid kurz.

Schnaps. Wie es die Sache zuläßt.

Märten. Ich fürchte die Kinder kommen zurück.

Schnaps. Das hat Zeit. Wenn sie beisammen sind wissen sie nicht wenn's Mittag oder Abend ist.

Märten. Ihr wagt am meisten.

Schnaps. So hört mich.

Märten. So macht fort.

Schnaps (nach einer Pause). Doch wenn ich bedenke —

Märten. Noch ein Bedenken?

Schnaps. Ihr seid ein gescheidter Mann, das ist wahr.

Märten. Großen Dank!

Schnaps. Doch ohne Studien.

Märten. Das ist meine Sache nicht.

Schnaps (wichtig). Den guten unstudirten Leutchen, die man sonst den gemeinen Mann zu nennen pflegte —

Märten. Nun?

Schnaps. Trägt man eine Sache besser durch Exempel, durch Gleichnisse vor.

Märten. Das läßt sich hören.

Schnaps. Also zum Exempel — (Er geht heftig auf und nieder, und stößt an Märten.)

Märten. Zum Exempel: das ist grob.

Schnaps. Verzeiht, ich war in meiner Revolutionslaune.

Märten. Die gefällt mir ganz und gar nicht.

Schnaps. Zum Exempel — (Auf Märten losgehend.)

Märten. Bleibt mir vom Leibe!

Schnaps. Zum Exempel, wir haben uns vereinigt.

Märten. Wer?

Schnaps. Wir beide und noch neun hundert neun und neunzig.

Märten. Ehrliche Leute?

Schnaps. Das macht tausend.

Märten. Richtig.

Schnaps. Gehen wir gewaffnet auf den Edelhof, mit Flinten und Pistolen.

Märten. Wo sollen die Flinten und Pistolen herkommen?

Schnaps. Das findet sich alles. Seht ihr nicht daß ich schon einen Säbel habe? (Er nimmt Märten an die eine Seite des Theaters.)

Märten. Ei wohl!

Schnaps. Wir ziehen auf den Edelhof, und stellen den Edelmann zur Rede. Da kommen wir nun hinein. (Er agirt das Hereinkommen.)

Märten (macht sich los). Hört nur, ich muß euch sagen, ich mag nicht mitgehen. Wir sind dem Edelmanne viel Dank schuldig.

Schnaps. Narrenspossen! Dankbarkeit ist das was ihr zum voraus abschaffen müßt.

Märten. Wie ist das möglich?

Schnaps. Es ist ganz natürlich. Schafft sie nur ab! Ihr werdet finden, der Undank ist die bequemste Sache von der Welt.

Märten. Hätt' ich nicht gedacht!

Schnaps. Probirt's und kommt! Macht keine Umstände, es ist ja nur ein Gleichniß.

Märten. Ja so! ein Gleichniß.

Schnaps (nimmt ihn wieder an die Seite). Nun kommen wir herein. — Aber wißt ihr was!

Märten. Nun?

Schnaps. Es ist besser daß ihr den Edelmann macht. (Er führt ihn hinüber.) Stellt euch hierher.

Märten. Meinetwegen.

Schnaps. Ich komme mit dem Bürgerausschuß.

Märten. Mit den neun hundert neun und neunzig?

Schnaps. Drüber oder drunter.

Märten. Gut.

Schnaps. Herr! sag' ich —

Märten. Nur gemach!

Schnaps. Nein! das war nicht recht: es soll niemand ein Herr sein.

Märten. Nun, wie sagt ihr denn?

Schnaps. Warte — Kurz und gut: im Namen der Freiheit und Gleichheit macht eure Keller auf und eure Vorrathskammern; wir wollen essen und ihr seid satt.

Märten. Wenn's nach Tische ist mag's angehn.

Schnaps. Thut eure Garderoben auf! Wir sind entblößt.

Märten. Pfui! Ihr werdet doch nicht —

Schnaps. Nicht anders. — Thut eure Beutel auf! Wir sind nicht bei Gelde.

Märten. Das glaubt euch jedermann.

Schnaps. Nun antwortet.

Märten. Ja, was soll ich sagen?

Schnaps (auffahrend und trotzig). Was wollt ihr sagen?

Märten. Nur gemach!

Schnaps. Was könnt ihr sagen? Ihr seid ein Verwegner! (Auf den Schrank losgehend.) Ihr habt verschloßne Gewölbe!

Märten. Das ist Rösens Milchschrank.

Schnaps (natürlich). Pfui! Ihr müßt im Gleichnisse bleiben.

Märten. Ja so!

Schnaps (wie oben). Und versperrte Kasten!

Märten. Da sind Kleider drin.

Schnaps. Wo sind die Schlüssel?

Märten. Röse hat sie mitgenommen. Sie ist sehr häuslich, sehr sorgfältig; sie verschließt alles, und trägt die Schlüssel bei sich.

Schnaps. Ausflüchte! Weitläufigkeiten! Wo sind die Schlüssel?

Märten. Ich habe sie nicht.

Schnaps. So werd' ich aufbrechen müssen. (Er zieht den Säbel, und macht sich an den Schrank.)

Märten. Reitet euch der Henker?

Schnaps. Das ist nur zum Exempel.

Märten. Laßt das bleiben.

Schnaps. Was! Ihr wollt euch widersetzen? (Er bricht an den Leisten.)

Märten. Seid ihr denn vom Teufel besessen?

Schnaps. Das muß auf! (Er bricht.) Krick! Krack!

Märten (herumlaufend). Röse! Röse! Wo bist du?

Schnaps (bricht). Es geht! Krick! Krack!

Märten. Görge! Görge!

Schnaps. So haltet euer Maul, und bedenkt daß ich es euch nur erzählungsweise vorbringe.

Märten. Nur erzählungsweise? Ich dächte es wäre handgreiflich genug.

Schnaps. Bedenkt doch! Ihr seid jetzt der Edelmann. (Der Schrank geht indessen auf.)

Märten. Gott bewahre mich! Da steht der Schrank auf. Die Leisten sind weggebrochen, das Schloß verdorben. Was wird Röse sagen? Packt euch zum Henker! Wißt ihr, daß ich das nicht leide! daß das Grobheiten sind! Ungezogenheiten! daß ich die Nachbarn rufen werde, daß ich zum Richter gehen werde!

Schnaps (der sich indessen im Schranke umgesehen und die Töpfe visitirt hat). Zum Richter? Eurem Todfeind? Zu dem stolzen Kerl?

Märten. Pest!

Schnaps. Wißt nur daß ihr Richter werden müßt, wenn wir nur hier erst den Freiheitsbaum errichtet haben.

Märten. Richter? Ich weiß wohl noch wie ich geheimer Landrichter werden sollte.

Schnaps. Das sind jetzt andere Zeiten; man betrügt niemand mehr.

Märten. Das wäre mir lieb.

Schnaps. Man hat niemand zum Besten.

Märten. Das ist mir angenehm.

Schnaps. Nun, vor allen Dingen —

Märten. Macht daß ich Richter werde!

Schnaps. Ohne Zweifel. — Vor allen Dingen aber hört wovon die Rede ist.

Märten. Die Rede ist daß wir die Schränke wieder zumachen.

Schnaps. Mit nichten.

Märten. Daß wir die Leisten wieder annageln.

Schnaps. Keinesweges. Die Rede ist daß ihr begreift warum man mich zum General gemacht hat.

Märten. Das seh' ich freilich nicht so deutlich ein.

Schnaps. Also Exempli gratia.

Märten. Noch ein Exempel?

Schnaps. Wir haben ja noch keins gehabt.

Märten. Nur zu viel.

Schnaps. Ich sage also — (Er holt einen großen Milchtopf, und setzt ihn auf den Tisch.)

Märten. Um Gottes willen rührt mir den Topf nicht an! Röse sagt: das wäre jetzt ihr bester.

Schnaps. Das ist mir lieb zu hören.

Märten. Nehmt doch einen kleinen Topf, wenn's ja sein soll.

Schnaps. Nein, ich brauche den größten zu meinem Exempel.

Märten. Nun so sag' ich euch kurz und gut, daß ich von allem dem Zeuge nichts wissen will.

Schnaps. So!

Märten. Und daß ihr euch aus dem Hause packen könnt.

Schnaps. Ei!

Märten. Und daß ich ganz und gar nichts hören will.

Schnaps. Ihr wollt nichts hören?

Märten. Nein.

Schnaps. Ihr wollt nichts wissen?

Märten. Nein.

Schnaps. Nichts annehmen?

Märten. Nein.

Schnaps (zieht den Säbel). So wißt! daß ich euch das Verständniß eröffnen werde.

Märten. Mit dem Säbel? Das ist eine schöne Manier.

Schnaps (ihm zu Leibe gehend). So wißt! daß ihr schuldig seid euch zu unterrichten, neue Gedanken zu erfahren; daß ihr gescheidt werden müßt, daß ihr frei werden müßt, daß ihr gleich werden müßt, ihr mögt wollen oder nicht.

Märten (bei Seite). Görge! Görge! Kämst du nur! ich wollt' ihn nicht verstecken.

Schnaps. Ihr hört also gern?

Märten. Gewiß.

Schnaps. Und habt keine Abneigung euch zu unterrichten?

Märten. Keinesweges.

Schnaps. So ist's recht.

Märten. Ich find' es auch.

Schnaps. Nun gebt Acht!

Märten. Recht gern.

Schnaps. Dieser Topf stellt ein Dorf vor.

Märten. Ein Dorf?

Schnaps. Oder eine Stadt.

Märten. Curios!

Schnaps. Oder eine Festung.

Märten. Wunderlich!

Schnaps. Ja! Zum Exempel eine Festung.

Märten (bei Seite). Wenn ich nur die Exempel los wäre!

Schnaps. Ich ziehe davor.

Märten. Was gibt das?

Schnaps. Ich fordre sie auf! Treteng! Treteng! (Die Trompete nachahmend.)

Märten. Er ist ganz und gar verrückt.

Schnaps. Sie macht Mäuse, und will sich nicht ergeben.

Märten. Daran thut sie wohl. (Bei Seite.) Wenn nur Röse käme die Festung zu entsetzen.

Schnaps. Ich beschieße sie! Pu! Pu!

Märten. Das wird arg!

Schnaps. Ich mache ihr die Hölle heiß. Ich setze ihr Tag und Nacht zu. Pu! Pu! Pu! Sie ergibt sich.

Märten. Da thut sie übel.

Schnaps (nähert sich dem Topfe). Ich ziehe hinein.

Märten. Es wird ihr schlimm gehen.

Schnaps (nimmt den Löffel). Ich versammle die Bürgerschaft.

Märten. Nun ist's aus.

Schnaps. Die Wohlgesinnten kommen eilig. Da lass' ich mich nieder, (Er setzt sich.) und rede sie an.

Märten. Du armer Topf!

Schnaps. Brüder Bürger! sag' ich.

Märten. Das klingt freundlich genug.

Schnaps. Leider seh' ich euch uneins.

Märten. Im Topfe ist es ja ganz stille.

Schnaps. Es ist eine heimliche Gährung.

Märten (horchend). Ich spüre nichts davon.

Schnaps. Ihr habt den ursprünglichen Zustand der Gleichheit verlassen.

Märten. Wie so?

Schnaps (pathetisch). Da ihr zusammen noch reine Milch wart, fand sich ein Tropfen wie der andere.

Märten. Das läßt sich nicht läugnen.

Schnaps. Nun aber seid ihr sauer geworden.

Märten. Die Bürger?

Schnaps. Ihr habt euch geschieden.

Märten. Sieh doch!

Schnaps. Und ich finde die Reichen, die unter dem sauren Rahm vorgestellt werden —

Märten. Das ist schnakisch!

Schnaps. Die Reichen schwimmen oben.

Märten. Die Reichen sind der saure Rahm? Ha! ha!

Schnaps. Sie schwimmen oben! Das ist nicht zu dulden.

Märten. Es ist unleidlich!

Schnaps. Ich schöpfe sie also ab. (Er schöpft auf einen Teller.)

Märten. O weh! Nun geht's drüber her.

Schnaps. Und wie ich den Rahm abgehoben habe, find' ich die Schlippermilch.

Märten. Natürlich.

Schnaps. Die ist auch nicht zu verachten.

Märten. Mich deucht.

Schnaps. Das ist so der hübsche, wohlhabende Mittelstand.

Märten. Die Schlippermilch der Mittelstand? Was das für Einfälle sind!

Schnaps. Davon nehme ich nach Gutdünken. (Er schöpft.)

Märten. Der versteht's.

Schnaps. Nun rühre ich sie unter einander, (Er rührt.) und lehre sie wie man sich verträgt.

Märten. Was soll's nun?

Schnaps (steht auf und geht nach dem Schranke). Nun sehe ich mich in der Gegend um und finde — (Er bringt ein großes Brot hervor.) einen Edelhof.

Märten. Das ist ja ein Brot.

Schnaps. Die Edelleute haben immer die besten Äcker in der Flur; drum werden sie billig unter dem Brote vorgestellt.

Märten. Das soll auch dran?

Schnaps. Natürlich! Es muß alles gleich werden.

Märten (bei Seite). Hätte er nur den Säbel nicht anhängen! Das macht unser Spiel verwünscht ungleich.

Schnaps. Da wird nun auch das Nöthige abgeschnitten, und —

Märten. Käme nur Görge!

Schnaps. Auf dem Reibeisen gerieben.

Märten. Gerieben?

Schnaps. Ja, um den Stolz, den Übermuth zu demüthigen.

Märten. Ja! Ja!

Schnaps. Und wird sodann unter das Übrige gemischt und umgerührt.

Märten. Seid ihr bald fertig?

Schnaps (bedächtig). Nun fehlen noch die geistlichen Güter.

Märten. Wo sollen die herkommen?

Schnaps. Hier find' ich eine Zuckerschachtel. (Er greift nach der, welche bei dem Kaffeezeuge steht.)

Märten (fällt ihm in den Arm). Laßt stehen! Rührt sie nicht an! Röse wiegt mir immer für die ganze Woche Zucker ab; damit muß ich reichen.

Schnaps (an den Säbel greifend). Bürger!

Märten. Geduld!

Schnaps. Die geistlichen Herren haben immer die schmackhaftesten, die süßesten Besitzthümer —

Märten. Es muß sie ja jemand haben.

Schnaps. Und werden deßhalb billig durch den Zucker repräsentirt. Der wird nun auch gerieben —

Märten. Was fang' ich an?

Schnaps. Und drüber gestreut.

Märten (bei Seite). Ich hoffe, du sollst mir das bezahlen. (An's Fenster.) Horch! Kömmt Görge wohl?

Schnaps. Und so ist die sauersüße Milch der Freiheit und Gleichheit fertig.

Märten (am Fenster, leise). Es war nichts.

Schnaps. Kommt her! Was macht ihr am Fenster?

Märten. Ich dachte, es käme jemand.

Schnaps. Görge kömmt doch nicht? (Er steht auf.)

Märten. Es ist alles stille.

Schnaps. Laßt einmal sehen. (Er tritt an das Fenster, und legt sich auf Märten.)

Zehnter Auftritt.

Die Vorigen. Görge (der zur Hinterthür hereinschleicht).

Görge (leise). Wer zum Henker ist bei'm Vater? Sollte das Schnaps sein?

Märten (am Fenster). Drückt mich nicht so!

Schnaps. Ich muß ja sehen. (Lehnt sich hinaus.)

Märten. Was denn?

Schnaps. Wie sich meine Soldaten betragen.

Görge (wie oben). Es ist seine Stimme! Wie sieht der Kerl aus?

Schnaps. Brav! meine wackern Freunde!

Märten. Mit wem redet ihr?

Schnaps. Seht ihr nicht wie meine Leute um den Freiheitsbaum tanzen?

Märten. Seid ihr toll? Es regt sich keine Seele.

Görge. Er ist's fürwahr! Was heißt das? Der Vater schließt sich mit ihm ein! Wie er vermummt ist! Glücklich! daß ich die Hinterthür offen fand!

Schnaps. So seht doch! wie man euern Weibern und Töchtern Begriffe von der Freiheit und Gleichheit beibringt!

Märten (der sich losmachen will, aber von Schnaps gehalten wird). Das ist zu arg!

Görge. Was sie nur zusammen reden! Ich verstehe nichts. (Sich umsehend.) Was soll das heißen?

Der Schrank offen! Saure Milch zurechte gemacht! Das soll wohl ein Frühstück werden?

Schnaps (wie oben). So freut euch doch wie alles einig und vergnügt ist.

Märten. In eurem Kopfe muß es wunderlich spuken. Ich sehe nichts.

Görge (sich zurückziehend). Ich muß nur horchen.

Schnaps (Märten loslassend). Ich sehe alles im Geiste; ihr werdet es bald vor eurem Hause mit Augen sehen.

Märten. In meinem Hause seh' ich schon im voraus nichts Gutes.

Schnaps (noch einmal zum Fenster hinaus sehend, für sich). Alles ist ruhig und sicher. Nun geschwind an die Mahlzeit! (Er tritt an den Tisch.)

Märten. Säh' ich dich wo anders!

Schnaps. O du liebliche Suppe der Freiheit und Gleichheit, sei mir gesegnet! — Seht her!

Märten. Was gibt's?

Schnaps. Nun setzt sich der Bürger=General drüber.

Märten. Das dacht' ich.

Schnaps. Und verzehrt sie.

Märten. Allein?

Schnaps (essend). Nicht doch! — Mit den Seinigen.

Märten. Das ist honnett.

Schnaps. Setzt euch, Bürger Martin.

Märten. Danke schön!

Schnaps. Laßt's euch schmecken.

Märten. Ich bin nicht hungrig.

Schnaps. Scheut euch nicht vor mir, wir sind alle gleich.

Märten. Das merk' ich.

Schnaps. Ihr seid ein braver Bürger.

Märten. Davon weiß ich kein Wort.

Schnaps. Ihr sollt mein Corporal werden.

Märten. Viel Ehre!

Schnaps. Setzt euch, mein Corporal.

Märten. Ihr scherzt, mein General.

Schnaps (aufstehend und complimentirend). Mein Corporal!

Märten. Mein General!

Görge (der sich indessen hervorgeschlichen, trifft Schnapsen mit dem Stocke, indem er sich bückt).

Schnaps. Was ist das?

Görge. Mein General!

Märten. Bravo, Görge!

Görge (auf Schnapsen schlagend). Mein Corporal!

Schnaps. Heilige Freiheit stehe mir bei!

Görge. Find' ich dich so?

Märten. Nur zu!

Schnaps. Heilige Gleichheit, nimm dich meiner an!

Görge. Singe nur! Ich schlage den Tact.

Schnaps (den Säbel ziehend und sich zur Wehre setzend). Heilige Revolutionsgewalt, befreie mich!

Görge. Was? Du willst dich wehren?

Zehnter Auftritt.

Märten. Nimm dich in Acht, der Kerl ist desperat.

Görge. Der Nichtswürdige! Er soll mir kommen. (Dringt auf Schnaps ein.)

Schnaps. O weh mir!

Görge. Du sollst empfinden!

Märten. Den Säbel her!

Görge (ihn entwaffnend). Ich habe ihn schon.

Schnaps (hinter Tisch und Stühle sich verschanzend). Nun gilt Kapituliren.

Görge. Hervor!

Schnaps. Bester Görge, ich spaße nur!

Görge. Ich auch. (Er schlägt nach ihm, trifft aber nur den Tisch.)

Märten. Triff ihn.

Schnaps (macht sich hervor, und läuft herum). Oder sonst —

Görge (ihm nach). Das soll dir nichts helfen.

Schnaps (da er gegen das Fenster kommt). Hülfe! Hülfe!

Görge (treibt ihn weg). Willst du schweigen!

Schnaps (wie oben). Feuer! Feuer!

Märten (verrennt ihm von der andern Seite den Weg). Stopf' ihm das Maul!

Schnaps (hinter zwei Stühlen verschanzt). Verschont mich! Es ist genug!

Görge. Willst du heraus!

Schnaps (wirft ihnen die Stühle nach den Beinen, sie springen zurück). Da habt ihr's!

Görge. Warte nur!

Schnaps. Wer ein Narr wäre! (Springt zur Hinterthür hinaus.)

Görge. Ich hasche dich doch. (Ihm nach.)

Märten (steht und reibt das Bein, das der Stuhl getroffen hat, und hinkt den übrigen Theil des Stücks). Der Bösewicht! Mein Bein! Hat er's doch auch brav abgekriegt!

Eilfter Auftritt.

Märten. Röse. Hernach Görge.

Röse (von außen). Vater! Vater!

Märten. O weh! Röse! Was wird die zu der Geschichte sagen?

Röse. Macht auf, Vater! Was ist das für ein Lärm?

Märten (am Fenster). Ich komme! Warte nur.

Görge (zur Hinterthür herein). Der verwünschte Kerl! Er hat sich in die Kammer eingesperrt; ich hab' aber gleich das Vorlegeschloß vorgelegt, er soll uns nicht entwischen.

Röse. Vater! wo bleibt ihr? Macht auf!

Görge. Das ist ja Röse.

Märten. Geh! Ich hinke. Mach' ihr die Thür auf.

Görge (ab).

Märten. Nun geht das Unglück an. Die arme Röse! Der schöne Topf! (Setzt sich.)

Görge (der mit Rösen hereinkommt). Sieh nur, Röse.

Röse. Was ist das? Was gibt das?

Görge. Denk nur —

Röse. Mein Topf! Vater, was heißt das?

Märten. Schnaps —

Görge. Stell dir nur vor —

Röse. Mein Schrank! Der Zucker! (Hin und her laufend). O weh! o weh! Schnaps? Wo ist er?

Görge. Sei ruhig, er ist eingesperrt.

Röse. Das ist recht. Wir wollen ihn gleich den Gerichtsleuten überliefern. Sie kommen schon.

Märten (aufspringend und hinkend). Wer?

Röse. Die Nachbarn sind zum Richter gelaufen, da es hier im Hause Lärm gab.

Märten. Zum Richter? O weh, wir sind verloren!

Röse. Mein schöner Topf!

Görge. Er soll's bezahlen.

Märten. Hört mich, Kinder, hört mich! Vergeßt Topf und alles!

Röse. Warum nicht gar.

Märten. Schweig' und höre! Wir dürfen Schnapsen nicht verrathen; wir müssen ihn verläugnen.

Görge. Das wäre schön!

Märten. So höre doch! Wir sind alle verloren, wenn sie ihn finden. Er ist ein Abgesandter vom Jacobinerclub.

Röse. Unmöglich! Der Schuft?

Märten. Warum nicht? Sie finden ihn in der Uniform. Er kann's nicht läugnen.

Görge. Ja, die hat er an.

Märten. Und wir werden verdächtig, wir werden eingezogen, wir müssen vor's Amt! Gott weiß!

Görge. Wir könnten ja aber sagen —

Märten. Eile nur, und sag' es sei nichts gewesen.

Görge. Wenn sie's nur glauben! (Eilig ab.)

Röse. Ich gebe mich nicht zufrieden. Mein schöner Topf!

Märten. Narrenspossen! Besinne dich auf was, unsre Köpfe zu retten.

Röse. Die verliert man nicht gleich. Ihr dürft ja nur sagen: wie euch der Kerl hätte anwerben wollen, hätte ihn Görge brav durchgeprügelt.

Märten. Das wäre vortrefflich! Warum ist dir's nicht gleich eingefallen? Nun ist Görge hinunter, und verläugnet ihn; nun sind wir verdächtig. Es ist ein Unglück! Ein Unglück!

Röse. O verwünscht!

Zwölfter Auftritt.

Die Vorigen. Der Richter. Görge.
Bauern.

Richter (hereinbringend). Nein, nein, ich muß die Sache untersuchen.

Görge (ihn abhaltend). Es ist nichts.

Märten. Muß ich den Richter in meinem Hause sehen? Ich unglücklicher Mann!

Röse (vortretend). Bemüh' Er sich nicht, Herr Richter.

Richter. Kein Bemühen! Es ist Schuldigkeit. Wer hat Feuer geschrieen?

Röse. Es war Spaß.

Richter. Man spaßt nicht so. Wer hat Hülfe gerufen?

Röse. Ich — Ich — neckte mich mit Görgen.

Richter. Necktet euch?

Röse (führt den Richter herum, und erzählt, indem sie sich besinnt). Da hatt' ich im Milchschranke einen schönen Topf saure Milch — und schloß den Schrank zu und ging weg — Da kam Görge — Warte nur, Görge! — Da kam Görge, und hatte Appetit — und brach den Schrank auf.

Richter. Ei! ei!

Röse. Und rahmte mir den Topf ab — und machte sich ein Frühstück zurecht — hier steht es noch

— da kam ich nach Hause — und war böse — und — gab ihm eine Ohrfeige — da hascht' er mich — und kitzelte mich, und da schrie ich — und da balgten wir uns, und da warfen wir die Stühle um — und da fiel einer dem Vater auf die Füße — Nicht wahr, Vater?

Märten. Ihr seht, wie ich hinke.

Röse. Und da schrie ich noch ärger — und —

Richter. Und da log ich dem Richter was vor.

Röse. Ich lüge nicht.

Richter. Ich glaube ihr wißt es selbst nicht, so glatt geht's euch vom Maule. Glaubt ihr, daß unser einer nicht besser aufpaßte?

Görge. Wie so?

Richter (zu Rösen). Gingt ihr nicht eben vor meinem Hause vorbei?

Röse. Ja.

Richter. Begegnetet ihr nicht diesen Leuten?

Röse. Ich erinnere mich's nicht.

Richter (zu den Bauern). Ist sie euch nicht begegnet?

Ein Bauer. Ja! und sie hat mit uns gesprochen, und wir haben ihr gesagt daß bei ihrem Vater großer Lärm wäre.

Märten. Nun ist's aus!

Röse. O verwünscht.

Görge. So geht's mit dem Ausreden!

Richter. Da steht ihr nun! Was sagt ihr dazu?

(Sie sehen einander an; der Richter geht auf und nieder, und findet die Mütze.) Oho! Was ist das?

Görge. Ich weiß nicht.

Richter (sieht sich um und findet den Hut mit der Cocarde). Und das?

Röse. Ich versteh's nicht.

Richter (hält sie Märten hin). Nun? Vielleicht wißt ihr? Vielleicht versteht ihr?

Märten (für sich). Was soll ich sagen?

Richter. So werd' ich's euch wohl erklären müssen. Das ist eine Freiheitsmütze. Das ist eine Nationalcocarde. Eine schöne Entdeckung! Nun steht ihr da, und verstummt, weil es zu deutlich ist. — In diesem Hause ist also der Club der Verschwornen, die Zusammenkunft der Verräther, der Sitz der Rebellen? — Das ist ein Fund! das ist ein Glück! — Ihr habt euch gewiß unter einander veruneinigt, wie die Franzosen auch — und seid euch einander in die Haare gefallen — habt euch selbst verrathen. So ist's schon recht! Wir wollen weiter hören.

Röse. Lieber Herr Richter!

Richter. Sonst seid ihr so schnippisch. Jetzt könnt ihr bitten.

Görge. Ihr müßt wissen —

Richter. Ich muß? — Ihr werdet bald anders reden.

Märten. Herr Gevatter!

Richter. Bin ich einmal wieder Gevatter?

Röse. Seid ihr nicht mein Pathe?

Richter. Seit der Zeit hat sich vieles geändert.

Märten. Laßt euch sagen —

Richter. Schweigt! Ihr dürft mir gar nicht kommen! Habt ihr nicht etwa schon Anstalt zum Freiheitsbaum gemacht? Habt ihr nicht schon abgeredet, mich an den ersten besten Pfahl zu hängen? Man weiß wie jetzt das unruhige Volk von seiner Obrigkeit spricht, wie es denkt! Es soll ihm übel bekommen. Es soll euch übel bekommen! (Zu den Bauern.) Fort mit ihnen! Und gleich zum Gerichtshalter! Es muß versiegelt werden, es muß inventirt werden. Es finden sich Waffen, Pulver, Cocarden! Das gibt eine Untersuchung. Fort! Fort!

Märten. Ich unglücklicher Mann!

Röse. So laßt euch bedeuten, Herr Richter.

Richter. Etwa belügen, Mamsell Röschen? Fort! fort!

Görge. Wenn's nicht anders ist, so soll Schnaps auch mit. Da muß sich die Sache aufklären.

Richter. Was sagt ihr von Schnaps?

Görge. Ich sage —

Röse (am Fenster). Da kommt zum Glück der gnädige Herr.

Richter. Der wird's zeitig genug erfahren.

Görge. Ruf' ihn!

Röse. Gnäd'ger Herr! Gnäd'ger Herr! Zu Hülfe! Zu Hülfe!

Richter. Schweigt nur! Er wird euch nicht helfen; er wird froh sein daß solche Bösewichter entdeckt sind. Und dann ist es eine Polizeisache, eine Criminalsache; die gehört für mich, für den Gerichtshalter, für die Regierung, für den Fürsten! Es muß ein Exempel statuirt werden!

Märten. Da haben wir das Exempel!

Dreizehnter Auftritt.

Die Vorigen. Der Edelmann.

Edelmann. Kinder, was gibt's?

Röse. Helfen Sie uns, gnädiger Herr!

Richter. Hier sehen Ew. Gnaden was sich im Hause findet.

Edelmann. Was denn?

Richter. Eine Freiheitsmütze.

Edelmann. Sonderbar!

Richter. Eine Nationalcocarde.

Edelmann. Was soll das heißen?

Richter. Verschwörung! Aufruhr! Hochverrath! (Er behält die Mütze und Cocarde in der Hand, und nimmt sie hernach mit hinaus.)

Edelmann. Laßt mich fragen!

Richter. Lassen Sie uns nachsuchen! Wer weiß, was noch im Hause steckt.

Edelmann. Stille!

Röse. Gnädiger Herr!

Edelmann. Diese Sachen?

Märten. Brachte Schnaps in's Haus.

Görge. In meiner Abwesenheit.

Märten. Brach die Schränke auf —

Röse. Machte sich über die Milchtöpfe —

Märten. Und wollte mich in der Gleichheit und Freiheit unterrichten.

Edelmann. Wo ist er?

Görge. In der Hinterkammer. Er hat sich eingesperrt, als ich ihn verfolgte.

Edelmann. Schafft ihn herbei!

Görge (mit dem Richter und den Bauern ab).

Edelmann. Das ist also wieder ein Streich von Herrn Schnaps, wie ich merke.

Märten. Nichts anders.

Edelmann. Wie kam er in's Haus?

Märten. In meiner Kinder Abwesenheit.

Röse. Er fürchtet sich vor Görgen.

Märten. Er machte mich neugierig.

Edelmann. Man sagt ihr seid's manchmal.

Märten. Verzeihen Sie!

Edelmann. Und ein bißchen leichtgläubig dazu.

Märten. Er machte es gar zu wahrscheinlich, daß er die wichtigsten Sachen wisse.

Edelmann. Und hatte euch zum Besten.

Märten. Wie es scheint.

Röse. Es war ihm nur um ein Frühstück zu thun. Da sehen Sie nur, gnädiger Herr, welche schöne saure Milch er sich zurecht gemacht hat, mit geriebenem Brot und Zucker und allem. Das liebe Gut! man muß es nun wegwerfen; es kann's kein ehrlicher Mensch genießen, da der Unflath die Schnauze drüber gehabt hat.

Edelmann. Er wollte also ein Frühstück gewinnen?

Märten. Nach seiner Art. Er sagte er sei von den Jacobinern abgeschickt.

Edelmann. Und weiter?

Märten. Zog er eine Uniform an und bewaffnete sich.

Edelmann. Toll genug!

Märten. Und sagte: er wäre Bürgergeneral, und ward mit jedem Augenblick gröber.

Edelmann. Das ist so die Art.

Märten. Erst that er freundlich und vertraut, dann ward er brutal, und brach mir den Schrank auf, und nahm was ihm gefiel.

Edelmann. Gerade wie seine Collegen!

Märten. Ich bin recht übel dran.

Edelmann. Noch nicht so übel wie die Provinzen wo seines Gleichen gehaus't haben; wo gutmüthige Thoren ihnen auch anfangs zufielen, wo sie mit Schmeicheln und Versprechungen anfingen, mit Gewalt, Raub, Verbannung ehrlicher Leute und allen Arten böser Begegnung endigten. Dankt Gott daß ihr so wohlfeil davon kommt!

Röse. Sie schützen uns also, gnädiger Herr?

Edelmann. Es scheint daß ihr nichts verschuldet habt.

Märten. Da kommen sie.

Vierzehnter Auftritt.

Die Vorigen. Görge. Der Richter. Schnaps (von den Bauern geführt in der Uniform, mit Säbel und Schnurrbart).

Edelmann. Hervor, Herr General!

Richter. Hier ist der Rädelsführer! Sehen Sie ihn nur an. Alles wie die Zeitungen schreiben. Uniform! Säbel! (Er setzt ihm Mütze und Hut auf.) Mütze! Hut! So soll er am Pranger stehen! Geschwind zum Gerichtshalter! Verhört! In Ketten und Banden nach der Residenz geschleppt!

Edelmann. Sachte! sachte!

Richter. Boten fort! Der Kerl ist nicht allein! Man muß ihn torquiren! Man muß die Mitverschwornen entdecken! Man muß Regimenter marschiren lassen! Man muß Haussuchung thun!

Edelmann. Nur gemach! — Schnaps, was sind das für Possen?

Schnaps. Ja wohl, eitel Possen!

Edelmann. Wo sind die Kleider her? Geschwind! Ich weiß schon.

Schnaps. Sie können unmöglich wissen, gnädiger Herr, daß ich diese Kleider mit dem ganzen militärischen Apparat von einem armen Teufel geerbt habe.

Edelmann. Geerbt? Er pflegt sonst zu stehlen.

Schnaps. Hören Sie mich an.

Märten. Was wird er sagen?

Schnaps. Als der letzte Transport französischer Kriegsgefangenen durch die Stadt gebracht wurde —

Edelmann. Nun?

Schnaps. Schlich ich aus Neugierde hinein.

Edelmann. Weiter!

Schnaps. Da blieb im Wirthshause in der Vorstadt ein armer Teufel liegen, der sehr krank war.

Richter. Das ist gewiß nicht wahr.

Schnaps. Ich nahm mich seiner an, und er — verschied.

Edelmann. Das ist sehr wahrscheinlich.

Schnaps. Er vermachte mir seine Sachen, für die Mühe die ich mir genommen —

Edelmann. Ihn umzubringen.

Schnaps. Bestehend aus diesem Rocke und Säbel.

Edelmann. Und die Mütze? Die Cocarde?

Schnaps. Fand ich in seinem Mantelsack unter alten Lumpen.

Edelmann. Da fand Er sein Generalspatent.

Schnaps. Ich kam hierher und fand den einfältigen Märten.

Märten. Den einfältigen Märten? Der Unverschämte!

Schnaps. Leider gelang es mir nur zur Hälfte; ich konnte die schöne Milch nicht ausessen, die ich eingebrockt hatte. Ich kriegte darüber eine kleine Differenz mit Görgen —

Edelmann. Ohne Umstände! Ist alles die reine Wahrheit was Er sagt?

Schnaps. Erkundigen Sie sich in der Stadt. Ich will angeben wo ich den Mantelsack verkauft habe. Diese Garderobe trug ich im Barbierbeutel herüber.

Edelmann. Es wird sich alles finden.

Richter. Glauben Sie ihm nicht!

Edelmann. Ich weiß was ich zu thun habe. Findet sich alles wahr, so muß eine solche Kleinigkeit nicht gerügt werden; sie erregt nur Schrecken und Mißtrauen in einem ruhigen Lande. Wir haben nichts zu befürchten. Kinder, liebt euch, bestellt euren Acker wohl, und haltet gut Haus.

Röse. Das ist unsre Sache.

Görge. Dabei bleibt's.

Edelmann. Und euch, Alter, soll es zum Lobe gereichen, wenn ihr euch auf die hiesige Landsart und auf die Witterung versteht, und euer Säen und Ernten darnach einrichtet. Fremde Länder laßt für sich sorgen, und den politischen Himmel betrachtet allenfalls einmal Sonn- und Festtags.

Märten. Es wird wohl das Beste sein.

Edelmann. Bei sich fange jeder an, und er wird viel zu thun finden. Er benutze die friedliche Zeit die uns gegönnt ist; er schaffe sich und den Seinigen einen rechtmäßigen Vortheil: so wird er dem Ganzen Vortheil bringen.

Richter (der indessen seine Ungeduld gezeigt hat, gleichsam einfallend). Aber dabei kann's doch unmöglich bleiben! Bedenken Sie die Folgen! Ginge so was ungestraft hin —

Edelmann. Nur gelassen! Unzeitige Gebote, unzeitige Strafen bringen erst das Übel hervor. In einem Lande wo der Fürst sich vor niemand verschließt; wo alle Stände billig gegen einander denken; wo niemand gehindert ist in seiner Art thätig zu sein; wo nützliche Einsichten und Kenntnisse allgemein verbreitet sind: da werden keine Parteien entstehen. Was in der Welt geschieht wird Aufmerksamkeit erregen; aber aufrührische Gesinnungen ganzer Nationen werden keinen Einfluß haben. Wir werden in der Stille dankbar sein daß wir einen heitern Himmel über uns sehen, indeß unglückliche Gewitter unermeßliche Fluren verhageln.

Röse. Es hört sich Ihnen so gut zu!

Görge. Wahrhaftig, Röse! — Reden Sie weiter, gnädiger Herr.

Edelmann. Ich habe schon alles gesagt. (Er zieht Schnapsen hervor.) Und wie viel will das schon heißen, daß wir über diese Cocarde, diese Mütze, diesen Rock, die so viel Übel in der Welt gestiftet haben, einen Augenblick lachen konnten!

Röse. Ja, recht lächerlich sieht Er aus, Herr Schnaps.

Görge. Ja, recht albern!

Schnaps. Das muß ich mir wohl gefallen lassen. (Nach der Milch schielend.) Wenn ich nur vor meinem Abzug die andere Hälfte der patriotischen Contribution zu mir nehmen dürfte!

Röse. So gut soll's Ihm nicht werden.

Lesarten.

Dieser Band entspricht dem vierzehnten der Ausgabe letzter Hand. Die Bearbeiter sind: Max Roediger (Der Triumph der Empfindsamkeit), Wilhelm Arndt (Die Vögel), Ernst Elster (Der Gross-Cophta und der Bürgergeneral). Als Redactor ist Carl Redlich betheiligt.

Der Triumph der Empfindsamkeit.

In den Tag- und Jahres-Heften „Bis 1780" schreibt Goethe (Werke Bd. 35 S 6, 6 ff.): „Bei Gelegenheit eines Liebhaber-Theaters und festlicher Tage wurden gedichtet und aufgeführt: Lila, die Geschwister, Iphigenia, Proserpina, letztere freventlich in den Triumph der Empfindsamkeit eingeschaltet und ihre Wirkung vernichtet; wie denn überhaupt eine schale Sentimentalität überhandnehmend manche harte realistische Gegenwirkung veranlasste". Hieraus ergibt sich, dass die Porserpina vor dem Triumph vollendet war; aber weiter wissen wir nichts Authentisches über ihre Entstehung, denn die Combination mit dem Gedicht für Gluck auf den Tod seiner Nichte (an Frau von Stein am 25. Mai 1776, Briefe 3, 71, 16 ff.) ist unsicher. — Der Triumph taucht zuerst in einem Briefe an die Frau von Stein vom 12. September 1777 auf, worin Goethe aus Eisenach schreibt (Briefe 3, 174, 15 ff.): „Eine Tollheit hab ich erfunden, eine komische Oper die Empfindsamen, so toll und grob als möglich. Wenn Seckendorf sie komponieren will kan sie den Winter gespielt werden ich hab angefangen, Philippen zu dicktiren". Am 15. November 1777 notirt Goethe im Tagebuch (Tagebücher 1, 54, 7): „abends allein gelesen Oronaro" (Düntzer Gegenwart Bd. 35, 1889, Nr. 14). Prinz Oronaro tritt im dritten Act zuerst auf. Am 27. (?) December meldet Goethe der Stein (Briefe 3, 203, 16 f.): „Ich bleibe zu Haus, um mit dem sechsten Ackt fertig zu werden." Damals war also die Proserpina als Haupttheil des vierten Actes bereits eingeschoben oder ihr Einschub wenigstens beschlossen. Es hat überhaupt schwerlich je eine Oper „Die Empfindsamen", noch eine fünfactige Gestalt des Stückes gegeben, wenn auch in den beiden ältesten Handschriften die Stelle 63, 4—23. worin Goethe-Andrason seine Verlegenheit über die ungewöhnliche Sechszahl der Acte ausspricht, noch fehlt. Der Bericht über die erste Aufführung am 30. Januar 1778, dem Geburtstag der Herzogin Louise (vgl. Tageb. 1, 61: „Den 30 zur H. Geburtstag das neue Stück"), den Burkhardt in den Grenzboten 32. Jahrgang, 1873, 2. Sem. 1. Bd. S 1 ff. heranzieht, könnte auf eine uns unbekannte Redaction deuten, ist aber offenbar ungenau. Zunächst lässt sich der Titel „Die geflickte Braut" urkundlich nicht nachweisen. Goethe bemerkt auch bei der zweiten Aufführung am 10. Februar im Tagebuch (Tageb. 1, 61 f.): „Die Empfindsamen wieder gegeben. Das Publikum wieder in seinem schönen Licht gesehn. Dumme Auslegungen pp." Dann meint der Monolog, worin Andrason als Eremit gekleidet die traurigste Stimmung über seine unglückliche Ehe kund gab, gewiss nur seine Klagen im ersten Act, als er im Kleid eines Fusswanderers vom Orakel zurückkehrt. Der Brief des Kammermusicus Kranz vom 16. Ferbruar 1778 gerade über diese Stelle macht eine andere Fassung vollends unwahrscheinlich. Auch Böttigers Mittheilungen weisen klärlich auf jene ältere Recension, die in $H^1 H^2$ erhalten ist. Sie wurde 1786 für den vierten Band der Schriften umgearbeitet und diese zweite Recension liegt in $H^3 H^4$ und den Drucken vor. Am 15. Juni 1786 theilt Goethe Charlotte von Stein aus Ilmenau mit (Briefe 7, 229, 13 ff.): „Ich hab auch den Triumph der Empfindsamkeit bearbeitet und frisch abschreiben lassen, ich dencke er soll nun producibler geworden seyn und eh gewonnen als verlohren haben". An dieselbe folgendes Tages: „Der Triumph der Empfindsamkeit ist bis auf den ersten Ackt fertig, den ich zulezt gelassen habe, ich wünsche mir soviel Laune zu Durcharbeitung der [des?] übrigen. Das Stück hat eine Gestalt, und ich hoffe es soll einen besondern Effeckt thun" (a.a.O. 230, 22 ff.).

Durch diese Anspielung auf 23, 8 ff. des Stückes und den Umstand, dass der erste Act bis zuletzt aufgespart blieb — er erhielt eine gänzlich abweichende Gestalt —, wird die Vermuthung von der Hellens (a.a.O. S 330), es könne sich hier um eine uns unbekannte, opernhafte Neubearbeitung handeln, hinfällig. Denn Ende Juni schreibt Goethe schon an Bertuch und Göschen (a.a.O. S 234 ff.), der Triumph solle in den vierten Band der Schriften kommen, und kann „mit Gewissheit sagen, dass" die vier ersten Bände „die angezeigten Stücke enthalten werden". Wir besitzen denn auch folgende Quittung Vogels, die mir Burkhardt vorwies:

Nota:
Vor Copirung zweyer theatralischer Werke des Herrn Geheimen Raths *von Goethe* als:

b. 14. Jul. 1786	1) Der Triumph der Empfindsamkeit	22. Bogen	— 22 gr. — „	
	2) Iphigenie	20. „	— 20 „ — „	
			1 thlr. 18 gr. — „	

sind mir *dato* baar bezahlt worden, welches hiermit bescheinige. Weimar den 20. *Febr.* 1787.

Ch. Ge. C. Vogel.

Auf eine der uns verbliebenen Handschriften bezieht sich diese Rechnung nicht, weil sie umfänglicher sind. — Michaelis 1786 war die Redaction der vier ersten Bände für die Göschensche Ausgabe vollendet (Tag- und Jahreshefte. Bis 1786, Werke 35, 9, 26 ff.).

Auch eine Handschrift der ersten Fassung dürfte verloren sein. Unter dem 18. März 1778 schreibt Goethe an Merck (Briefe 3, 214, 15 ff.): „Beyliegend kriegst du von der Mutter meine neuste Tollheit, daraus du sehn wirst dass der Teufel der parodie mich noch reitet. Denck dir nun dazu alle Ackteurs bis zur Carrikatur phisiognomisch. Von den Kleidern sieh ein Echantillon bey der Mutter auf einer Zeichnung von Kraus". Aus der Lektüre dieses Manuscripts rühren Frau Ajas Anspielungen auf Anderson (=Andrason) und den Mondschein im Kasten her (Briefe von Goethes Mutter an die Herzogin Anna Amalia S 18. 37, vom 4. Januar und 24. September 1779). Man möchte annehmen, dass dieses Exemplar auch in Fritz Jacobis Hände gelangt sei und er davon eine Abschrift habe machen lassen, unser H^1, das von keinem der Weimarischen Schreiber herrührt. Indes wird in $H^1 H^2$ unter den empfindsamen Büchern auch „Freundschaft und Liebe" genannt, nach Düntzer, Neue Goethestudien S 84 Anm., die so betitelte „Geschichte der Miss Luise Byron, aus dem Englischen", 1779 erschienen. Ist die Jahreszahl richtig, was ich nicht feststellen kann, so müsste hier ein späterer Zusatz Goethes vorliegen. Denn alles weist für $H^1 H^2$ auf 1777/78, auch die Selbstverspottung des Dichters durch den Mund des Askalaphus wegen seiner gerade in dieser Zeit betriebenen Parkanlagen. Wahrscheinlicher ist freilich, dass das Stück erst nach der Versöhnung mit Jacobi im October 1782 (vgl. Briefe 6, 61. 92) an diesen geschickt ward. Eine Rückäusserung ist nicht ausgeschlossen. Denn im fünften und sechsten Act hat wohl Jacobi einige Ausdrücke unterstrichen, die in H^2 geändert sind. Um Schreib- oder Hörfehler handelt es sich nur bei 69. 16 (vgl. ausserdem die Lesarten zu 51,19. 59,28. 60,27. 65, 2).

Bei der freilich ohnehin gesicherten Datirung von $H^1 H^4$ ist möglicher Weise 56, 6 „Der gute Jüngling" in Betracht zu ziehen. Die Worte sind in allen Handschriften und Drucken unterstrichen oder gesperrt, wie in der Umgebung die Buchtitel. Sollte damit das „Leben des guten Jünglings Engelhof" von Lorenz von Westenrieder, München 1781. 82, 2 Bände, gemeint sein? In $H^1 H^2$ fehlen die Worte noch, die sich allerdings auch auf Siegwart beziehen könnten. Die Bemerkung Soras: „Da ist ja auch ein Kupfer dabei!" geht ursprünglich auf die „Briefe von Selkof an Welmar. Herausgegeben von Welmar." Zürich 1777 (von Joh. Jak. Hottinger), wie die beissende Beschreibung des Gesnerschen Titel-Kupfers in $H^1 H^2$ lehrt.

Die Empfindsamen erlebten nur die oben genannten zwei Aufführungen, Proserpina allein wurde zuerst in Ettersburg am 17. Juni 1779 dargestellt (vgl. Tageb. 1, 86, 12 ff. und Anm.). Erst 1815 taucht sie wieder auf, nachdem Eberwein eine neue Musik dazu componirt hatte. Das Tagebuch meldet von Proben mit Madame Wolf und Eberwein am 2., 6. und 22. Januar (5, 146. 148), von der Hauptprobe am 2. Februar und der Wiederholung der Aufführung am 6. (S 149), nichts von der festlichen Aufführung am 2., dem Geburtstage des Erbprinzen (s. unten E^2 und J^3) und der am 4. Februar. Auch am 6. März und 12. Juni wurde sie gegeben (vgl. Burkhardt im G.-Jahrb. 4, 107 ff. und Das Repertoire des Weimarischen Theaters S 142). Auch am 6., 20. und 28. Mai erwähnt sie das Tagebuch (5, 160 ff.). Über diese Wiedererweckung Goethe an Zelter 2, 149 f. 179 f. 181 und in dem Aufsatz „Proserpina" bei Hempel 28, 708 ff. Am 2. Mai 1816 begann Goethe die Bearbeitung des 10. Bandes der Ausgabe B, redigirte den Band am 3., ordnete am 4. Juli die Interpunction und schickte die Druckvorlage den 8. an Cotta ab (Tageb. 5, 227. 249. 250). In den Agenda ist für den 10. Juni 1816 der Triumph der Empfindsamkeit vermerkt, der auch erledigt wurde (Tageb. 5, 314, 10). Auf die Herstellung des Textes in C^1C bezieht sich ein (ungedruckter) Brief Göttlings an Goethe d. d. Jena 12. Juni 1825, aus dem ich die einschlägigen Stellen im Apparat mittheile.

Handschriften.

H^1: Handschrift der Grossherzoglich sächsischen Bibliothek zu Weimar, jetzt im Goethe- und Schiller-Archiv aufbewahrt. In Pappe gebundenes Quartheft von 95 Seiten, auf der Aussenseite des Deckels: „Aus dem Nachlasse Fr. H. Jacobi's. Vgl. Blätter für literarische Unterhaltung 1849 Nr. 23 f. H. Düntzer." (Dieser Aufsatz wurde wieder gedruckt in Düntzers Neuen Goethestudien, Nürnberg 1861, S 69 ff.) Über die Entstehung der Hs. s. oben. Sie ist sorgsam und gefällig geschrieben und stammt aus der gleichen Vorlage wie H^2, was der gemeinsame Fehler Zeichen für Zeuge 68, 16 (der auf Verhören zurückgeht) am besten beweist. Die Orthographie ist regelrechter als die von H^2. i statt j in ja jener u. s. w. wendet H^1 nur selten und dann wohl im Anschluss an die Vorlage an. y in meyn zweyter u. dgl. ist ihr eigen. Aber sie schreibt nicht mehr Schwestergen mögte Mädgen wie H^2 und verwechselt nicht ständig wie diese ſ und ß. Eigenthümlich ist ihr mahl und das durchgehende 𝕮ato statt 𝕷ato. Ob man daraus schliessen darf, dass die Vorlage von derselben Hand wie *H*² herrührte? Denn dort ist 𝕷ato mit einem 𝕷 geschrieben, das dem 𝕮 stark ähnelt. — Der Titel auf S 1 lautet: 𝔇er 𝔗riumph der 𝔈mpfindſamkeit.

*H*² : Handschrift des Goethe- und Schiller-Archivs, bezeichnet (von Kräuter) 59ᵃ. Manuscript in Quarto von 68 beschriebenen Blättern, der Umschlag vorn als erstes mitgezählt. Auf ihm von Kräuters Hand die Bemerkung: „Älteres Manuscript, variirt mit den späteren." Geschrieben ist die Hs. von Sutor und von Goethe durchcorrigirt. Um die Orthographie (s. unter *H*¹) hat er sich wenig gekümmert, öfter die häufig vorkommenden nachlässigen п statt m im Dat. Sing. des starken Adjectivums weggeschafft. Ich hebe noch besonders hervor, dass das scheinbare ck der Hs. nur ein verschnörkeltes k ist, wie Verdoppelungen z. B. in 𝔈ntzükken Blatt 63, 5ᵃ und 𝔈ntzükkungen Blatt 61, 2ᵇ darthun. Der Titel auf Blatt 2 ist von Goethe geschrieben und lautet: 𝔇er 𝔗riumph | der | 𝔈mpfindſamkeit | (3 Striche unter einander) ein 𝔉eſtſpiel | mit 𝔊eſängen und 𝔗änzen.

Der Text von *H*¹ ist zwar, auch von der Orthographie abgesehen, besser als der von *H*², im Wesentlichen stimmen sie jedoch überein. Wo beide Handschriften gleichen Wortlaut haben, citire ich nach *H*², weil sie in Goethes Händen war und von ihr die weitere Entwickelung ausging.

Alle folgenden Handschriften und Drucke führen uns die zweite und letzte Redaction von 1786 vor.

*H*³ : Handschrift des Goethe- und Schiller-Archivs, bezeichnet (von Kräuter) 59ᵇ. Manuscript in Quarto von 98 Blättern. Schreiber ist wohl Rost. Goethe und Herder haben die Hs. durchcorrigirt, und zwar Goethe zuerst mit blassschwarzer Tinte, dann Herder mit rother, endlich Goethe mit dunkelschwarzer. Dieser Gang der gemeinsamen Arbeit wird deutlich z. B. aus der Lesart zu 12, 27 und 44, 6. Die beiden Tinten Goethes lassen sich aber nur mit Sicherheit scheiden, wo Correcturen von Goethe und Herder zusammenfallen, und ich habe daher anderwärts auf eine zeitliche Sonderung bei Goethes Thätigkeit verzichtet. Goethe hat vielfach die Interpunction, selten die Orthographie geändert. Auch Herders Besserungen beziehen sich im Wesentlichen auf diese beiden Punkte.

H^4: Handschrift des Goethe- und Schiller-Archivs, bezeichnet (von Kräuter) 59°. Manuscript von Vogels Hand, 93 Blätter in Quarto mit blaugrauem Deckel, um den ein halber Bogen grauen Papiers als Umschlag gelegt ist. Auf ihn schrieb Musculus: „Der Triumph der Empfindsamkeit. mscpt., wornach wahrscheinlich der erste Abdruck besorgt wurde. Beim Schluss fehlen wenige Zeilen." Dass die Hs. in die Druckerei ging, lehren Bemerkungen von Göschens Hand. Auf dem Titelblatt: „Da die Beschreibung der Handlungen etwas lang sind [so!] so wollen wir sie nicht aus [Petit, gestrichen] non pareil sondern aus neuer Petit versuchen und die Zeilen nicht zu sehr durchschlagen." Bei den Orakelsprüchen am Rande: „durchschlagen". Zu Anfang der Proserpina notirt Göschen: „Über den Druck von hier an muss ich mit Herrn Solbrig [dem Factor oder Setzer?] sprechen." Und dgl. mehr. Beim Satz ist das Heft aufgelöst worden und hat unverkennbare Spuren geschwärzter Finger angenommen. Der Schluss kehrte nicht wieder heim. Am Rand ist vom Setzer oder Factor der Beginn eines neuen Bogens durch Buchstaben und Seitenzahlen angezeichnet worden, die zum Drucke S stimmen. — Der Text von H^4 beruht auf dem von H^3. Herder hat ihn auf die Orthographie hin mit schwarzer Tinte durchcorrigirt, auch Goethe ihn durchgesehen.

Drucke.

S: Der Triumph der Empfindsamkeit. Eine dramatische Grille. in Goethe's Schriften. Vierter Band. [Vignette aus Stella.] Leipzig, bey Georg Joachim Göschen, 1787. 8°. Titelkupfer von Mechau und Geyser zu Stella, Kupfer von Chodowiecki (die Entleerung der Puppe) zum Triumph, der S 103—220 einnimmt. Mit S fällt zusammen

S^E: Der Triumph der Empfindsamkeit. Eine dramatische Grille. Von Goethe. Ächte Ausgabe. Leipzig, bey Georg Joachim Göschen, 1787. 118 S 8°. Der Satz von S ist nur anders paginirt und normirt und ein Titelblatt hinzugefügt. Die Identität lehrt der gemeinsame Fehler Arsalaphus statt

Aſkalaphus, der auf einem eigenthümlichen verzierten s in H⁴ beruht. Auch mangelhafte Lettern stimmen überein und der Druckfehler Tifche für Tifche 14, 21, den S freilich nicht in allen Exemplaren zeigt, kehrt in Sᴱ wieder. Es ist also unnöthig, Sᴱ im Apparat anzuführen.

Die weitere Fortpflanzung des Triumphes ging, wie Arndt, Die Vögel S XXXII, durch einen Brief Goethes an Cotta vom 26. October 1806 bewies, nicht aus von S, sondern von

S¹: Der Triumph der Empfindſamkeit. Eine dramatiſche Grille. in Goethe's Schriften. Zweyter Band. [Vignette zu Iphigenie von Öser und Grögory.] Leipzig, bey Georg Joachim Göſchen. 1787. 8°. S 361—438. Der Text dieser sonst verrufenen Ausgabe ist für den Triumph durchaus nicht schlecht. Er enthält nur eine Verkehrtheit, ein störendes Komma hinter ſtürmiſche 65, 3. An einigen andern Stellen ist die Interpunction sogar besser als in S (32, 15 Komma hinter Nebenbuhlerinn; 38, 4 hinter Gebüſte; 45, 19 Ausrufungszeichen hinter lächle; 65, 6 Komma hinter ich). Die Orthographie weicht nur unbedeutend ab (so schreibt S¹ mahl gegen S mal), der Wortlaut gar nicht, abgesehen von wenigen kleinen Verschiedenheiten in den Formen, namentlich in Bezug auf die Synkope von e; dazu kommt 43, 5 Augenbraunen S¹ gegen Augenbrauen S. Richtig hat S¹ Aſkalaphus, falsch S Arkalaphus. Ich führe das Nöthige im Apparat an und bitte, wo nichts bemerkt ist, unter S auch S¹ mit zu verstehen.

A: Der Triumph der Empfindſamkeit. Eine dramatiſche Grille. in Goethe's Werke. Neunter Band. Tübingen in der J. G. Cotta'ſchen Buchhandlung 1808. 8°. S 137—213.

B: Der Triumph der Empfindſamkeit. Eine dramatiſche Grille. in Goethe's Werke. Zehnter Band. Stuttgart und Tübingen, in der J. G. Cotta'ſchen Buchhandlung. 1817. 8°. S 1—77. Der schlechteste unsrer Drucke und die Quelle einiger unsinnigen Lesarten in C¹C. Hier entsprang ebenfalls statt allenfalls 22, 27. 66, 21; ernſtlich statt erſtlich 24, 6. 38, 21; nichts statt nicht 59, 23; rechte statt recht 61, 12. — 7, 12 ſteht trette statt trete; 7, 18 köſtliche statt köſtlichſte; 15, 14 Kāſten statt

Käſtchen; 26,1 fehlt O; 36,13 im statt in; 48,19 Kolon statt Ausrufungszeichen; und zum fröhlichen Schluss finden wir 73,18 sogar befriebrigt für befriedigt. Diesen und ein paar andere Fehler, aus denen nichts für den Text zu gewinnen ist, wird man im Apparat nicht finden. Da mein Text gedruckt war, ehe Seuffert und Fresenius durch ihre Untersuchungen und Funde den Werth von B^1 festgestellt hatten, so habe ich mich durch BC^1C zu Fehlern verleiten lassen: s. zu 12,1. 21. 25,1. 36,13. 52,14. 61,12. Beachtung verdient aber die Interpunction von B: s. oben S 315.

B^1: Der Triumph der Empfindſamkeit. Eine dramatiſche Grille. in Goethe's Werke. Zehnter Band. Original=Ausgabe. Wien, 1817. Bey Chr. Kaulfuß und C. Armbruſter. Stuttgart. In der J. G. Cotta'ſchen Buchhandlung. Gedruckt bey Anton Strauß. Dazu ein gestochener Titel: GOETHE'S WERKE. X. BAND. *Original-Ausgabe.* [Vignette aus den Aufgeregten von Schnorr v. K(arolsfeld) und Rahl.] Wien und Stuttgart 1817. 8°. S 5—90. Es wird von andrer Seite nachgewiesen werden, dass B^1 nicht aus B, sondern der Vorlage von B hergestellt ist. Daher verstärkt es, wo es von B abweicht, das Zeugniss der Überlieferung vor diesem und kann Fehler aufdecken, die durch B in den Text gekommen sind. Andrerseits bestätigt es Lesarten von B gegen A. In solchen Fällen war es im Apparat anzuführen, nicht aber mit offenbaren Fehlern, wie 10,25 vor der Tafel; 18,21 von zärtlichen ohne ſo; 28,13 elyſäiſchen; 41,16 lachend zum ohne auf; 44,6 Fragezeichen hinter du; 55,18 Fragezeichen hinter ſeyn; 59,4 davon etwas; 59,8 da statt daß; 62,2 einem ſo; 73,20 Luftbarkeit. Denn die beiden letzten Drucke gingen von B aus (oben S 315).

C^1: Der Triumph der Empfindſamkeit. Eine dramatiſche Grille. in Goethe's Werke. Vollſtändige Ausgabe letzter Hand. Vierzehnter Band. Unter des durchlauchtigſten deutſchen Bundes ſchützenden Privilegien. Stuttgart und Tübingen, in der J. G. Cotta'ſchen Buchhandlung. 1828. Klein 8° (richtiger 16°). S 1—76.

C: Der Triumph der Empfindſamkeit. Eine dramatiſche Grille. in Goethes Werke. Vollſtändige Ausgabe letzter Hand. Vierzehnter Band. Unter des durchlauchtigſten deutſchen Bundes

schützenden Privilegien. Stuttgart und Tübingen, in der J. G.
Cotta'schen Buchhandlung. 1829. 8°. S 1—76.

Trotz ihrer nahen Verwandtschaft habe ich, um Irrthümer zu verhindern, C^1 und C nicht als C zusammengefasst, sondern jedes für sich citirt. Ferner wird man neben der üblichen Reihe $A-C$ auch noch andere finden, die um der Kürze willen gewählt wurden und keinen Bedenken unterliegen, weil sie streng chronologisch geordnet sind. In sie durften auch die Hss. einbezogen werden (z. B. H^1-S, H^3-A). Ausserhalb dieser Reihen blieben die Sonderdrucke der Proserpina, die für die Kritik wenig ergeben. Sie ist überhaupt in peinlicher Lage. Verdächtig sind nicht nur die Änderungen, die bei B gegen B^1 beginnen, sondern auch die bei S^1 anfangenden. Grobe Fehler sind leicht erkennbar, aber Kleinigkeiten, wie namentlich die Behandlung der schwachen e, entziehen sich der innern Kritik, auch in den frei gebauten Versen. Willkürlichkeiten dieser Art, die ein Setzer sich gestattete, können stillschweigende Billigung gefunden haben, sofern sie keinen Anstoss erregten. Deshalb folgt bei solchen Fragen die Weimarische Ausgabe vorsichtig der letzter Hand.

Sonderdrucke der Proserpina.

E^1: In den Grenzboten 32. Jahrg., 1873, 2. Sem. 1. Bd. S 11 gibt C. A. H. Burkhardt an, der erste Einzeldruck der Proserpina sei am 28. Januar 1778 aus Glüsings Druckerei in Weimar hervorgegangen. „Er besteht in einem Bogen Octav, wurde in nur 300 Exemplaren auf Blankenburger Fürstenhut- und Postschreibpapier gedruckt. Nur 12 Exemplare erhielten ihre bessere Ausstattung auf grossem holländischem Papier." Nach gütiger Mittheilung Burkhardts hat er diese Beschreibung einem mit Details versehenen Rechnungsposten Glüsings entnommen. Den Druck selbst hat er nie gesehen, das Goethe-Archiv, das Grossherzogliche Hausarchiv, die Bibliothek in Weimar besitzen ihn nicht, und ich habe ihn auch anderwärts nicht auftreiben können. Es handelt sich offenbar um ein Textbuch zur ersten Aufführung.

J^1: Proserpina, ein Monodrama. in Der Teutsche Merkur vom Jahr 1778. Ihro Römisch-Kayserlichen Majestät zugeeignet. [Vignette.] Mit Königl. Preuss. und Churfürstl. Brandenburg. gnädigstem Privilegio. Erstes Vierteljahr. Weimar. 8°. Als Nr. I des Februarheftes, S 97—103, unterzeichnet G. Unter dem Titel: (Eine öbe felfigte Gegend, Höhle im Grund, auf der einen Seite ein Granatbaum mit Früchten.) Vgl. 35, 3. Dann: Proserpina. und 40, 5—49, 22, und zwar als Prosa. Der Text stellt sich in allem Wesentlichen zu $H^1 H^2$, namentlich zu H^1 (z. B. 40, 16), hat aber auch bessere Lesarten, wie 44, 3 und 10. 11.

J^2: Proserpina, ein Monodrama von Göthe. (aufgeführt auf einem Privattheater zu Weimar im Februar 1778.) in Litteratur- und Theater-Zeitung. Des ersten Jahrganges erster Theil. Berlin, bey Arnold Wever 1778. 8°. No. IX. Berlin, den 28. Februar 1778. Hinter dem Titel Proserpina u. s. w.: Eine öbe felfigte Gegend u. s. w. wie in J^1. Dieses oder E^1 wird J^2 abgedruckt haben, machte aber dabei Fehler. 40, 26 zu — 27 Zeit fehlt, ebenso 42, 19. 20 (nur in $H^1 H^2$); zu 47, 16 und der Gedankenstrich hinter 48, 18. Weitere Fehler sind 44, 20 unbetreten von den; 46, 13 auch statt ach!; 47, 23 solltest du; 49, 3 Treu und Gerechtigkeit. Das zweimalige Liebe! 43, 9 ist zwar richtiger als das dreimalige im Merkur, kann aber auf Auslassung beruhen. Ebenso wenig ist auf 49, 7 die verhaßte gegen die verhaßten im Merkur zu geben. Jedenfalls ist J^2 für den Text werthlos, und erst recht das aus J^2 abgedruckte

h^1: Proserpina, ein Monodrama. in J. W. Goethens Schriften Vierter Band. [Vignette.] Berlin, 1779. Bei Christian Friedrich Himburg. Klein 8°. S 145—152 in der Abtheilung Fragmente. Alle Fehler von J^2 sind übernommen, die Abweichungen leichte, z. B. in der starken und schwachen Pluralform der Adjective hinter dem bestimmten Artikel und Demonstrativen.

E^2: Proserpina. Melodram von Goethe, Musik von Eberwein. Weimar, zur Feyer des zweiten Februar's 1815. 1 Bogen 8°, Textbuch. Es beginnt ohne Beschreibung der Scene mit der Personenangabe Proserpina. Der Text ist in Verse zerlegt. Merkwürdig an ihm sind nur einige Entstellungen:

41, 3 Luft und Leben; 19 bu noch Flammen; 45, 21 Freundlicher Vater; 24 Komma hinter befreit; 46, 14 einen Granatapfel; 47, 9 O warum; 12 mir statt hier; 49, 3 und Herrlichkeit. Ich führe das lieber hier an, statt den Apparat damit zu beschweren.

J^3: Proserpina. Melodram von Goethe, Musik von Eberwein. im Journal für Litteratur, Kunst, Luxus und Mode. Herausgegeben von Carl Bertuch. Dreissigster Band. Jahrgang 1815. Mit ausgemalten und schwarzen Kupfertafeln. Weimar, im Verlage des H. S. privil. Landes-Industrie-Comptoirs. 1815. 8°. Im Aprilheft S 232—241 „durch Vergünstigung des Verfassers" gedruckt, nebst einem Bericht über die Aufführung „zum Geburtsfeste des Durchlauchtigsten Herrn Erbprinzen von Weimar", den Goethe in seinem Aufsatz „Proserpina" (s. oben S 315) benutzte. Der Text stimmt zu E^2, bleibt also dem Apparat fern.

Zwei kleine Abschnitte aus der Proserpina finden sich in:

Volks- und andere Lieder, mit Begleitung des Fortepiano, in Musik gesetzt von Siegmund Freyherrn von Seckendorff. Zweyte Sammlung. Weimar, bey Karl Ludolf Hoffmann. 1779. Quer 4°. S 12. 13 O du hörst mich freundlich, lieber Vater — ergötze (45, 20—25). S 14 Laß dich genießen — warb, labend, labend! (46, 15—30). Am Schlusse beide Male: „Aus Göthens Monodrama Proserpina." Die angeführten Worte und der Fehler vertaumelnden statt vertaumelten 46, 21 lehren die Werthlosigkeit dieser Texte für die Kritik.

Es bedeutet: *g* eigenhändig mit Tinte, *g*¹ eigenhändig mit Blei, *g*² eigenhändig mit rother Tinte Geschriebenes. *Cursivdruck* bezeichnet Lateingeschriebenes, Schwabacher Ausgestrichenes der Handschrift. Für Herders Correcturen, die in H^3 und H^4 sehr häufig sind, wird die Abkürzung *Hr* eingeführt; *Hr g* bezeichnet Herders Änderungsvorschläge, die von Goethe, meist durch Streichung der von Herder beanstandeten Worte und Formen, befolgt wurden.

Lesarten.

Personen.

2, 1—16 fehlt H^2 2 ein humoristischer fehlt H^1 3 Manbantane H^1 daraus g Manbanbane H^2 4 fehlt H^1 einmal leblos H^3 leblos g H^4 5 eine junge Wittwe fehlt H^1 Wittib H^2 daraus g Wittwe H^4 Wittwe $S-B^1$ 6—9 fehlt H^1 12—16 Manbantanens Kammerdiener. Vier Fräulein der Feria. Obrist von des Prinzen Wache. Vier Wachen. Vier Sclaven. Zwey höllische Geister. H^1 12 Obriste $H^2 H^4$ 16 Aftalaphus S, verlesen aus einem eigenthümlichen ſ (Astalaphus S^1).

Erster Act.

Der erste Act nach $H^1 H^2$ hier vollständig im Voraus wegen der starken Abweichungen. Der Text nach H^2, in eckigen Klammern die Lesarten von H^1. Die Anmerkungen verweisen auf gleiche oder ähnliche Stellen im neu bearbeiteten Text und sollen den Vergleich erleichtern, nicht ihn im Einzelnen durchführen.

(Blatt 3)   Garten
   an beiden Seiten leichte bunte Stangen mit Kränzen.

Erster Auftritt.

Feria allein im leichten Tanz,¹) einige Ungedult ausdrückend,
5   hernach die Mädgen [ihre Mädchen.]

                 Mana gelaufen.
(Er kommt!²)
                    Feria.
Kommt er!
10   Sora gelaufen.
Dein Bruder kommt.

            Lato [Cato immer] und Mela.
Er kommt! Er kommt!

---
¹) 3, 15.   ²) 4, 26.

21*

Mana.
Wir haben oben auf dem Felsen gesessen, und hinüber ins Thal gesehn, da kam er über den Bach gesprun(Bl. 3ᵇ)gen¹) ich sah ihn zuerst.
Sora.
Nein ich!
Feria.
Ich glaub wohl ihr habt beide gute Augen auf die Männer. Kommt wir wollen ihn überraschen. Nehmt die Kränze!
Sora.
Er ist wohl schon ganz nahe hier! |: alle ab. :|

Zweiter Auftritt.
Musik, [Musik zu einer *Entrée*,] sie kommen wieder. Feria führt Andrason die andern tragen die Kränze über ihn, so umgehen sie zusammen das Theater. [ihn, machen eine Tour des Theaters.]

Feria.²)
Sey uns willkommen! herzlich willkommen!
(Bl. 4) #### Alle.
Willkommen!
Andrason.
Gott lohns ihr Kinder! Schwestergen Gott lohns! daß ihr euch freuen mögt mich wieder zu sehen, ich hab auch eine rechte Freude. Gebt mir immer einen Kuß ihr Puppen [Püppchen], wer weiß wenn ich wieder was Guts genieße.
|: er küßt sie :|
Feria.³)
Ei nicht Bruder! Du sollst immer vergnügt seyn, dir solls immer wohl seyn. Wir waren seit dem du uns ehegestern verließest voller Hoffnung für dich und dein Anliegen. Nun erzähl uns, [Bruder — uns fehlt] was sagt denn das Orakel.
Mana.⁴)
Hat das Orakel nichts Guts gesagt?

---

¹) 5, 2.   ²) 5, 6.   ³) 5, 12.   ⁴) 5, 27.

Sora.

Habt ihr das Orakel nicht unsert(Bl. 3ᵇ)wegen gefragt, ihr wißt ja!

Andrason.

Liebe [Lieben] Kinder! das Orakel ist eben ein Orakel.

Lato.

Curios

Andrason.¹)

Und wer Verdruß im Hauße oder Zahnweh hat, der frag [frage aus frag von andrer Hand] kein Orakel und keinen Arzt, denn da fällt ihre Kunst zu kurz. Dies und jenes Mittelgen, und vorzüglich Gedult ist was sie euch empfehlen.

Feria.

Kannst du, darfst du uns sagen, hats dir eine Antwort gegeben, darfst du sie entdecken?

Andrason.

Ich wollte sie drucken laßen. Es (Bl. 5) stiehlt mir [bir] niemand nichts davon.

Feria.

Wie?

Andrason.

Wie ich ankomme und eingeführt werde, so frag ich —

Mana.

Erzähl uns was von der Reise!

Sora.

Wie siehts im Tempel aus?

Feria.

Ruhe Mädgen!

Andrason.

Wie mich die Priester zu der heiligen [heiligen fehlt] Höle bringen —

Mana.

Wie siehts drinn [drinnen] aus?

---

¹) 6, 22.

Andrason.

Nicht wie in deinen Augen. Wie ich eingeführt werde, sag ich klar und vernehmlich: Geheimnißvolle (Bl. 5ᵇ) Weißheit, ich habe zu Hause eine Frau die eine brave Frau ist, nur macht ihr neuerdings ein Mensch den Hof, den ich nicht leiden kann, Er ist mir sehr fatal, und sie weiß er einzunehmen. Ich mögt ihn gern mit Ehren los seyn. Hilf mir! nun. [genau ebenso!] Das war klar.

Feria.

Nun ia.

Andrason.

Und die Antwort! Ich steh und horche. Fängts von unten auf an, erst leis, dann vernehmlich, vernemlicher:

Wenn wird ein greiflich Gespenst, von schönen Händen entgeistert.

Alle.

Oh!

(Bl. 6) ###### Andrason.

Sagt was dabrüber! Ein greiflich Gespenst soll entgeistert werden.

Feria.

Von schönen Händen?

Andrason.

Nun die fänden sich wohl. Ein greiflich Gespenst! Das ist so was aus der neuen Poesie, die mir immer unbegreiflich gewesen ist.

Feria.

Das ist arg.

Andrason.

Wart nur! es kommt erst:

Wenn wird ein greiflich Gespenst, von schönen Händen entgeistert. [auch Punkt!]
Und der leinene Sack seine Geweide giebt her.

Alle.

Oh o! Eh! O! ha ha. [genau so!]

(Bl. 6ᵇ) ###### Andrason.

Seht! Ein leinen Gespenst und ein greiflicher Sack und Eingeweide von schönen Händen! Nein ihr Kinder was zu viel ist, ist zu viel, ich resignire mich, und geh nach Hause.

Mana, Feria [Sora].
Sagts noch einmal!
                          Andrason.
Das hört ihr Mädgen gar zu gerne, wenns so was ist, das
5 ihr nicht versteht, wenns nur erhaben ist.
          Wenn wird ein greiflich Gespenst von schönen Händen
                  entgeistert. [auch Punkt!]
          Und der leinene Sack seine [sein] Geweibe giebt her.
(Bl. 7) Erklärt mirs einmal! Und nun merkt auf:
10   Wird die geflickte Braut mit dem Verliebten vereinbart
                       [auch Punkt!]
          Dann kommt Ruhe und Glück Fragender über dein
                          Haus.
Klingt das doch, als wenns ein Engel oder ein Teufel gesungen hätte.
15   Mana.
Wie hies es?
                          Andrason.
Ich solls euch gewiß noch einmal sagen [sagen auf Rasur H^2
ober noch zehnmal, ihr werdet nicht gescheut werden.

20   Feria.
Was denkst du nun Bruder?

                          Andrason.
Von der geflickten Braut?

                           Feria.
25 Ich meine was du thun willst!

                          Andrason.
Mein Nebel wieder auf den Buckel (Bl. 7b) laden und nach
Haus trollen. Indessen hab ich nicht alle Hofnung[1]) aufgegeben.

                           Sora.
30 Was hoft ihr denn?

                          Andrason.
Ich wills euch sagen: Da mir das Orakel die lauterwelsche
[lauterw. von andrer Hand aus lauterw.] Antwort gegeben hatte,

---

[1]) 10, 4.

und ich in Gedanken da stund, und eben noch einmal fragen wollte,
strichen mich die Priester ganz sachte zum Heiligthum hinaus, und
nun gingen im Vortempel die Ceremonien an, da ich den Aus=
spruch mit goldnen Buchstaben auf Pergament geschrieben[1]) erhielt,
wie ihr hier das weitere sehen könnt. Nun delektirt euch dran
(er giebts ihnen.) Wie nun (Bl. 8) die Priester sehr Hochwürdig,
und die Küster sehr bemüthig erwarteten, auf welche Art ich
mich lösen würde, nahte ich mich dem Oberpriester[2]) sehr ehr=
furchtsvoll, und indem ich seine heilige Hand küßte, vertraut[e]
ich derselben einen Beutel von einigem Gewichte. Sein Gesicht
blieb unveränderlich, aber als die Bewegung seiner Barthaare,
eine innerliche Zufriedenheit andeuteten[=te], sprach ich zu ihm:
O du, vor dessen Weißheit und Alter ich Respekt wie vor der
heiligen Höle empfinde, ich gehe zufrieden von hier weg, weil ich
aus dieser Antwort sehe, daß die Götter, obgleich auf eine unbe=
greifliche Weise für [vor] mich sorgen wollen. Ich lege meine
ganße Glückseeligkeit in deinen Schoos, brüte (Bl. 8ᵇ) mein An=
liegen zu seiner völligen Reife drinn aus, und wenn der mir so
fatale Prinz, der mir so verhaßte Nebenbuhler, der gleichfalls auf
einer Reise hierher zu euch begriffen ist, bey euch anlangt, o so
mögen die Götter ihm schreckliche Worte ins Herz donnern, daß er
es nie wieder wage meine Schwelle zu betretten [betreten]. Der
Alte neigte sein Haupt, ich ging, und mein Seckel wurde ganz
mager von den [von allen den] Reverenzen, die ihm durch Tempel
und Vorhof, und noch hundert Schritte weiter hinaus gemacht
wurden.

      Feria.

Das kann gut seyn.

      Andrason.

Und wenn auch dies fehlschlagen (Bl. 9) sollte, so hab ich
noch eine Hofnung,[3]) und die ist auf euch gestellt ihr Mädgen.

      Alle.

Auf uns [uns!]

      Andrason.

Ja auf euch. Und wenn mir Götter und Mädgen nicht
helfen können, dann weiß ich wenigstens, daß mein Uebel unheil=
bar ist.

---

  [1]) 9, 23.   [2]) 10, 7.   [3]) 12, 23.

Mana.

Und wie soll denn das werden?

Andrason.

Der Prinz, wenn er nach dem Orakel geht wird hier durch=
kommen, er wird euch, wie ich und mehr Fremde bitten seinen
Troß zu beherbergen, und denn nach dem Gesez, den Weeg durchs
Gebirg zu Fuße nach dem Orakel alleine machen er [machen. Er]
wird vor und nachher sich bey euch aufhalten. Ihr, [auch Komma!]
seid hübsch und macht (Bl. 9ᵇ) euch gelegentlich wohl noch ein biß=
gen hübscher, verliebt seid ihr auch und könnt euch mir zu gefallen
wohl noch ein bißgen verliebter stellen, und er schmilzt bey iedem
Feuer. Wenn mir nun [aus nur; nur *H*¹] eine, ein paar oder
alle eine Diversion auf sein Hertz machten, daß er sich bey euch
gefiele, und mir mit Ehren wegbliebe.

Lato.

Und wir sollen ihn indeß am Hals haben.

Andrason.

Am Hals oder wie ihr wollt.

Sora.

Wenn er uns nun auch unerträglich ist, es ist hübsch, daß ihr
uns die unerträglichen zuschicken wollt.

Andrason.

Das hat gute Weege; Denn erstlich (Bl. 10) seid ihr Mädgen,
und liebt gewöhnlich das an den Männern, was sie an sich unter
einander nicht leiden können, und zweytens ist er ein Fremder,
und ein Fremder mag so platt seyn als er will, interessirt er euch
wenigstens auf eine Zeitlang.

Mana.

Verdenkts uns einmal! Ein Fremder ist wenigstens auch auf
eine Zeitlang artig. [ist doch wenigstens immer artig auf eine
Weile.]

Andrason.

Und also Feria liebe Schwester, [ich] halte drauf, halt sie dazu
an, daß sie ihm hübsch thun, und lege selbst ein bißgen mit Hand
ans Werk, es ist ja der erste Phantast nicht von dem ihr euch den

Hof machen laßt, [dem du bir bie Cour m. läßt;] ich will in=
beßen nach Hauß gehen,¹) und mit meiner Frau Trüb(Bl. 10ᵇ)
ſal [aus Trübſale; so H¹] blaſen.

Feria.
Was macht denn die indeßen?

Andraſon.
Sie geht im Mondſchein ſpazieren, ſchlummert an Waßerfällen,
und hält weitläuftige Unterredungen mit den Nachtigallen. Denn
ſeit dem der verfluchte Prinz weg iſt einen Zug durch ſeine Pro=
vinzen und hiernächſt zum Orakel zu machen; iſt's gar als wenn
ihre Seele, in einen langen Faden gezogen wäre, der biß zu ihm
hinüber reichte. Eins noch woran ſie großes Vergnügen findet, iſt
daß ſie Monodramata ſpielt.

Feria.
Was ſind das für Dinger?

(Bl. 11) ### Andraſon.
Wenn ihr griechiſch köntet, würdet ihr gleich wißen, daß das
ein Schauſpiel iſt, wo nur eine Perſon ſpielt.

Lato.
Mit wem ſpielt ſie denn?

Andraſon.
Mit ſich ſelbſt, das verſteht ſich.

Lato.
Pfui! das muß ein langweilig Spiel ſeyn.

Andraſon.
Für den Zuſchauer wohl. Denn eigentlich iſt die Perſon nicht
allein, ſie ſpielt aber doch allein; denn es können noch mehr Per=
ſonen dabey ſeyn, Liebhaber, Kammerjungfern, Najaden, Dreaden,
Hamadryaden, [Naj. — Hamadr. fehlt] Ehemänner, Hofmeiſter,
aber eigentlich ſpielt ſie für ſich, es bleibt ein Mono(Bl. 11ᵇ)drama.
Es iſt eben eine von den neuſten Erfindungen, es läßt ſich nichts
drüber ſagen, ſolche Dinge finden großen Beyfall.

---

¹) 11, 10.

Feria.
Und das spielt sie ganz allein für sich?

Anbrason.
O ia. Ober wenn etwa Dolch oder Gift zu bringen ist, denn
es geht meistentheils etwas bunt zu, oder eine schreckliche Stimme,
aus dem Felsen, oder durchs Schlüßelloch zu rufen hat, die grosse
Rolle nimmt der Prinz über sich, wenn er da ist, oder in seiner
Abwesenheit ihr Kammerdiener, ein sehr alberner Bursche, aber
[denn] das ist eins.

Sora.
Wir wollen auch einmal so spielen.

(Bl. 12) #### Anbrason.
Lasts doch gut seyn, und dankt Gott daß das noch [daß die
Seuche noch] nicht biß zu euch gekommen ist. Wenn ihr spielen
wollt, so spielt zu zwey [zweyt aus zwey vom Corrector] wenigstens,
das ist seit dem Paradiese her, das üblichste, und das gescheutste
gewesen.

Feria.
Wie lange bleibst du noch bey uns Bruder?

Anbrason.
Gieb mir zu eßen, hernach will ich fort, ich kann mein Weib
nicht lang allein laßen.

Feria.
Das Eßen ist wohl gleich fertig, ich habe nur noch ein paar
Worte mit einem Kaufmann zu sprechen, der schon den ganzen
Morgen auf mich wartet. Kommt Mädgen!

(Bl. 12ᵇ) #### Anbrason.
Geh du lieber allein, und laß mir indeß die Mädgen zur
Recreation; ich sehe sie doch so bald nicht wieder, und habe immer
eine Art von Freundschaft für sie.

:| Feria ab. :|

Dritter Auftritt.
Die Vorigen außer Feria.

Anbrason.
Nun ihr Mädgen warum ich bleibe, ist euch mit wenigen
[wenigen auch *H*[1]] zu unterrichten, wie ihr euch anzustellen habt,

wenn der Prinz zu euch komt. Laßts [Laßt]¹) einmal sehen, denkt ich wär der Prinz, ich will auch einmal artig und schmachtend [und will so schmachtend] thun wie er, wie wollt ihr mich empfangen!
(Bl. 13) (Sie beginnen einen lebhaften Tanz.)

Andrason.

Nein das ist nichts. O ihr versteht nichts. Meint ihr das alles Wild nach einer Witterung geht. Mit so einem Bauerntanz, wollt ihr meinen sublimirten Prinzen gewinnen. [gewinnen. Ich wills euch anders zeigen.]

(Es geht eine langsame Musik an, und er macht ihn [ihnen] die hergebrachte Bewegungen [*g* aus =ung *II*²] vor, womit die Schauspieler [hergebrachten Gests vor, womit die Acteurs] gewöhnlich die Empfindung auszudrücken denken.)

Andrason.

Habt ihr wohl acht gegeben Kinder. Erstlich immer den Leib vorwärts gebogen, und mit den Knien ge(Bl. 13ᵇ)knickst [geknickt], als wenn ihr kein Mark in den Knochen hättet, hernach immer eine Hand an der Stirn und eine am Herzen, als wenns euch in Stücken springen wollte, mit unter tief Athem gehohlt, und so weiter. Und die [weiter, die] Schnupftücher nicht vergeßen.

(Die Musik geht fort, und die Mädgens [Mädchen] machens nach. Er stellt den Prinzen vor korrigirt sie bald, und nimmt die Person des Prinzen wieder an. Man hört eine Trompete in der Ferne.)

Andrason.

Was ist das?

Lato.

Es wird aufgetragen.

(Bl. 14)   ### Andrason.

Bey uns heißt das zu Pferde! bey euch heißts zu Tische! Item! wenn man nur [nur fehlt] die Signale versteht. Kommt! diese Empfindsamkeit zulezt hat mich hungriger gemacht, als meine Reisen bisher.

[Ende des ersten Akts.]

---

¹) 13, 25.

Lesarten von H^1 und H^2, die für die neue Redaction von Bedeutung sind, wiederhole ich im Folgenden.

3, 10 unmöglich Hr aus ohnmöglich H^3 15 lauft H^3 16 ans Hr aus an das H^3 19 weiß Nachtrag $g\,H^3$ 21 lies die Couriere mit H^3-AB^1 die fehlt BC^1C 4, 2 einen H^3 daraus Hr einem H^4 5 heute H^3B^1 frühe H^3H^4S 8 bang' Hr aus bange H^3 9 gnädigen Hr über beliebigen H^3 12 Gebürge H^3H^4 13 so; allein g aus so! Allein H^3 21 vor Hr über für H^3 5, 3 gehen Zusatz $Hr\,H^3$ 4 Da g aus Das H^3 24 für daraus Hr vor H^3 vor H^4-A 6, 7 Ahndungen H^3-A 14 für Hr über vor H^3 vor H^4-A 15 heute g eingeschoben H^3 17 sucht g auf freigelassenem Platz H^3 20 für Hr über vor H^3 vor H^4-A 23 im] in H^3H^4 7, 5 ankomme g aus ankommen, werde g aus wurde H^3 8 ihr Zusatz $Hr\,H^3$ 15 Glücklichsten H^3 hielt Hr aus hielte H^3 16 einem Menschen Zusatz $g\,H^3$ 17 nach sie auch Hr gestrichen H^3 selbst $Hr\,g$ statt und H^3 18 köstliche B 22 Musterbilb H^3 Muster aus Muster bilb H^4 8, 5 errathen Hr aus gerathen H^3 6 Mela] M, daraus Hr Mana, g Mana Mela H^3 9 dann Nachtrag $Hr\,H^3$ 10. 11 Hr auf eine Zeile geschrieben und unterstrichen H^3 24. 25 seine Geweide giebt her H^1H^2 sein (aus seine $g\,H^3$) Eingeweide giebt (gibt $S-B^1$) her H^3-B^1 'Zehnter Band S. 9 und 13 sperrt sich in dem Orakel der Pentameter etwas. Sollte nicht, da sich S. 58 [hier 55] derselbe Pentameter mit der Veränderung: „seine Geweide gibt her" findet, die Verkürzung der Länge gibt durch ein iambisches Verbum, etwa wie in „seine Geweide verliert" vermieden werden können?' Göttling. Goethe zog verleiht C^1C vor. Vgl. unten zu 55, 20. In H^3 ist das Distichon von Herder auf zwei Zeilen gebracht und am Rande bemerkt NB mit Schwabacher. Sie ist aber in S nicht angewandt worden. 9, 5 erhaben g aus es haben H^3 ihr's Hr aus ihr es H^3 6—9 vgl. zu 8, 24. 25. Aber hier keine Druckanordnung und 8 sein aus seine $g\,H^3$ 12 vereinet g aus vereint H^3 19. 20 Hier — erhielt Zusatz $g\,H^3$ 21 es uns lesen g aus uns es (lesen fehlte) H^3 26 vor munter] recht H^3 recht H^4 vorzustellen] zu machen H^3-A 27 hier] die Stelle g aus diese Stelle H^3 die Stelle H^4-A 28 daß fehlt H^3-A 29 werde] zu machen H^3—A 10,3 unverschämte g aus unverschämten H^3 6 Fassung für Hoffnung g H^3 8 gold=nen H^3 12 dunklen H^3H^4 13. 14 die Unsterblichen g aus sie uns Sterblichen H^3 16 Zutrauens Hr aus Zutrauns H^3 28 meinem] diesem H^3 meinem g? aus diesem H^4 11, 2 missen g aus müssen H^3 3 freundlichen g? aus freundschaftlichen H^4 9 hätte, mit aus hätte und mit (und g H^3) H^3—S ohne S^1 15 seit dem H^3 17 nicht anders Hr g über gar H^3 ob Hr g über wenn H^3 19 an dem] woran H^3 g für woran H^4 20 Monodramen auf=führt g für Monodrama spielt H^3 23. 24 wo ... spielt] die ... aufführt, dann aber ausgewischt und Puncte unter wo und spielt g H^3 24 Eine g aus eine H^3 12, 1 nicht Zusatz g H^3

lies sie spielt mit H^1—AB^1, wogegen sie fehlt BC^1C 6 neusten H^3—S (neuesten S^1)   8 Sora nach Feria H^3 9 Oder Hr unterstrichen und aR NB, beides getilgt g H^3 10 meistens Hr g aus meistentheils H^3 11 wenn] oder H^3, dafür g wenn H^4 aus g über dies H^3 12. 13 solche wichtige Rollen Hr g aus die wichtigste Rolle H^3 15 Pursche H^3 Bursche g aus Pursche H^4 17 Laßt's] Lafft's g aus Lafft H^3 19 zweyen Hr aus zwei H^3 21 lies Gescheidteste. gescheidteste (Hr aus ge=scheuteste) H^3S^1, aus gescheibeste g H^4 gescheiteste S gescheibeste ABC^1 Gescheidteste B^1 gescheidtste C hinter gewesen Absatz H^3 22 wir g über du H^3 23 verplappern g aus verplapperst H^3 24 werden Hr g für sein H^2 27 hoffe g in eine Lücke, o ver-deutlicht Hr H^3 13, 4 zu Zusatz Hr H^3 bezeugen H^4 6 das zweite ihm anbieten Zusatz g H^3 7 sein Hr aus seine H^3 8 Gebürge H^4 9 er — wolle stand hinter Gefolge; hierher Hr H^3 11 so Zusatz Hr H^3 18 Ihr andern liebt g für Die Frauen liebte, wozu Herder Strich und NB gesetzt hatte H^3 14, 2 Meint H^3S—B Einer g aus einer H^3 8 hergebrachte H^3 9 aus zu drücken g aus aus zu drucken H^3 13 hättet g aus hattet H^4 14. 15 wenns euch g aus wenn auch H^3 18 be=folgen seine Vorschrift g über machen es nach H^3 20 an. Endlich, daraus g an, endlich und Hr an; H^3

Zweiter Act.

15, 3 fehlt, hinter Saal Erster Auftritt. H^1H^2 im Chinesischen H^3H^4 5 Gepäck H^1H^2 7 ungeheuere H^1 8 lauft H^1—H^4 9 Flügel vom Pallast H^1H^2 12 so reisen H^1H^2 ob Hr über wenn H^3, als ob H^4S uns Hr unterstrichen H^3, unterstrichen H^4, gesperrt S, aber nicht S^1 13 vier] drey H^1H^2 14 gehn H^3—S ohne S^1 Kästen B 16 sich nicht unterstrichen H^1H^2, Hr unterstrichen H^3 18 übel] sehr übel H^1H^2, sehr Hr gestrichen H^3 hinter nehmen Zweiter Auftritt. H^1H^2 19 kommt fehlt H^1—H^4, dafür die Vorigen H^1H^2 16, 1 Bediente H^1—H^3 2 Kopfzeug H^1H^2 4 lies Halte mit H^1—AB^1 gegen BC^1C vor 5] Dritter Auftritt. H^1H^2 7. 8 worin — fühlte] da ich mich so glücklich preißen (preisen H^1) kann H^1H^2 8 fühlte g aus fühle H^3 dem] den H^1H^2 9 armen] arme H^1—S verdrießlichen Hr aus verdrüslichen H^3 10 Angelegenheiten] Fällen H^1H^2 angenehmen müssen wir zurückstehen H^1H^2 zurück Hr aus zurücke H^3 12. 13 mich — in die] mich den ersten sehn läßt, der diese H^1H^2 13 sendet] betritt H^1H^2 15 vor Wir Mana H^1H^2, Mana g gestrichen H^3 16 Guts H^1H^2 vor] vor der H^1 Hr über für H^3 17 sehen Hr aus sehn H^3 18 Fürst] Prinz H^1H^3 19 streiche hat mit H^3—B^1 gegen C^1C? Aufmerksamkeit auf sich gezogen hat, und H^1H^2 22 sollte] wird H^1H^2 sollte. So, daraus g sollte; so, Hr sollte: so H^3 als den] vor dem H^2 vor den H^1 23 der fehlt H^1H^2, Zusatz Hr H^3 23. 24 Dürfte — aufwarten] Sollt ich indeß ihrer Prinzeßin nicht aufwarten können H^1H^2 23 nicht vor aufwarten H^3—S 26 Sie — 27 befohlen] Sie handelt mit ihren Räthen vor Tafel noch einige Geschäfte ab, und wünscht sie alsdenn zu sehen. Sie hat uns aufgetragen H^1H^2 27 befohlen Hr g für aufgetragen H^3 17, 1 anstoßende H^2H^3S anstoßende H^4 anzuweisen — 2 so] anzuweißen, sich deren zu bedienen, so H^1H^2 2 davon Hr g für deren H^3 3 Wollten H^1H^2 mir] mir indeß H^1H^2 4 wenig H^1H^2 5 ließe aus lies H^2 6 Sora. Sie sind Herr und Meister H^1 Sora. Laßen sie sich an nichts stören H^2 Mana g für Sora H^3 8 Sora] Mana H^1H^2 g für Mana H^3 10—16 Marsch. (Es kommt ein Zug.) Vierter Auftritt. Merkulo voraus, der Hauptmann, die

Wache [der — Wache fehlt H^1], sodann vier [acht H^1] Trabanten, zwey und zwey Kasten [Kästen H^1] tragend, hinter diesen vier Mohren, die eine Laube bringen, sie machen die Tour vom Theater. Auf Merkulos Ordre, werden die Kasten zu beiden Seiten, die Laube im Grunde niedergesezt. Der Marsch hört auf. H^1H^2 11 Obrist H^2H^4 12 von Zusatz Hr H^3 13 und Zusatz Hr H^3 14 aus beidenseiten Hr beyhdenseiten g beyhden Seiten H^3 15 ben] bem H^3, aus bem H^4 17 fehlt H^1H^2 18—23 fehlt H^1 18 bewaffneten — 19 Leute] jungen Leute mit den Waffen da, H^2 20 Obriste H^3H^4 22 militarische H^2H^4S g aus militairische H^3 und g über meist H^3 29 sollt H^1H^2 18,5 heilige H^1H^2 10 schöne H^1H^2, daraus g schönen H^3 14 trägt, g aus träg H^3 15 zärtlichen g aus zärtlich H^3 16 der einfachen Natur H^1H^2 17 Sora] Mana H^1H^2 g für Mana H^3 ein — uns] unser Mann H^1H^2 ein Mann für uns Hr g für unser Mann H^3 18 gehen H^1H^2 gern Hr aus gerne H^3 20 Eins Hr für eins H^3 bebauren AB^1 vortreff-liche H^1—H^3S 24 Tageszeiten aus Tageszeit H^2 Tageszeiten H^1 freyen H^1H^2 27 Leibärzte für] Leibmedici vor H^1H^2 Hr aus Leib Medici vor H^3 Leib-Ärzte für H^4 für] vor H^1 fehlt H^4 19,4 Mücken g aus Mucken H^3 am] an H^3 5 Hat — 6 Ameisen] Die Ameisen laufen einen [einem H^1] in die Kleider auf dem Rasen, H^1H^2 8 eine — Spinne] das Herabfahren einer Spinne H^1H^2 herab fahrende g aus herab fallende H^3 9 hat — seine] hat zwar auf seinen H^1H^2 seine g aus seinen H^3 10 um — ob] wie H^1H^2 11 Welt, — könne] Welt könne ab-geholfen werden, H^1H^2 könne g aus könnte H^3 12 Es — 14 weiter.] es sind auch verschiedene durch große Naturkünbiger gewonnen worden, der [die H^1] Sache aber ist bis iezt noch nicht abgeholfen [abgethan H^1] H^1H^2 13 bie Hr aus ber H^3 um kein Hr aus nicht um ein H^3 15 je] ja H^1 Mücken] Muken H^3 16 erfunden — sollte] sollte erfunden werden H^1 Sie es] sies H^1H^2 18 erinnert — 20 gleich] erinnern einen bie leidigen mit ihren Stacheln gleich H^1H^2 18—20 NB Hr aR H^3 19 das — seinen g aus bie leidigen mit ihren H^3 krabligen] krab-lichen g aus grabligen H^3 krablichen H^4 19 mit — 20 Füßen nicht zwischen Kommata H^2—A 21 schöne H^1—H^3 (g aus schönen) H^4S 25 verschaffen] schaffen H^1H^2 20,1 Stahl-federn und fehlt H^1H^2 3 scharmant g aus Charmant H^3

4 daran H^1 5 er Nachtrag g H^3 denn] denn auch H^1H^2
auch Hr gestrichen H^3 6 Reisenatur nicht unterstrichen
H^1H^2 Reise=Natur Hr g für Reisenatur H^3 8 mit einem]
durch einen H^1H^2 Manne] Mann, H^1H^2 Hr aus Mann H^3
9 vermehrt worden fehlt H^1H^2 dem] den H^1 Naturmeister
nicht unterstrichen H^1H^2, durch Hr H^3 hinter Naturmeister
Hr oder, g gestrichen H^3 10 haben. — 12 Ein] haben, der unter
sich [unter dem H^1] eine große Anzahl von Künstlern hat [steht
H^1], vermehret worden, und ein H^1H^2 10 Er] Dieser H^3—A
13 und fehlt H^1H^2 14 in — Qualität fehlt H^1H^2 18 diesem]
diesen H^1 sehen Hr aus sehn H^3 Mangel — sehen] Mangel
abzuhelfen, denn es muß dort ein großer Ueberfluß an Luft seyn
weil die Frauenzimmer iezt die Windmühlen auf den Köpfen
tragen. H^1H^2; darnach Nun meine Freunde bringt alles in
Ordnung. Musik, es wird die Laube hinten aus einander ge=
schlagen, so daß sie zwar noch einen mit einer Thüre von Reisig
verschloßenen Sitz zeigt, auf jeder Seite aber drey Bogen mit
Girlanden stehen, die Rasenbänke werden davor gesetzt, die Musik
hört auf.) Merkulo. Nun wie gefällt ihnen das, meine Fräu=
lein. H^1 Fortsetzung in H^1: 20, 19 — 22, 18 fehlt, es folgt
22, 19 — 23, dann 20, 19 — 22, 7 und ein der Druckredaction
fehlendes Zwischenstück, das in 23, 13 Ihr Prinz mündet.
Fortsetzung in H^2: 20, 19 — 22, 18 fehlt, es folgt 22, 19 —
23, 12, dann 20, 19 — 22, 7 und das Zwischenstück aus H^1,
das erweitert ist, aber wie dort schliesst. Es berührt sich
in der scenischen Anweisung mit 22, 6 — 18, das in H^1H^2
fehlt. 19 lies den Kasten. Plural wegen 26. 21, 1. 4., ohne
Umlaut wegen 17, 12. 14. 27. 22, 11. denen Kästen H^1H^2 den
Kästen H^3H^4 den Kästen SS^1 dem Kasten $A—C$ 21 schöne
Fräuleins H^1—H^3 (woraus g Fräulein) schöne Fräulein H^4S
23 aufzulösen] aufzuschliessen H^1H^2 so fehlt H^1H^2 Zusatz Hr H^3
26 Kasten] Kasten hier H^1H^2 Kasten hier H^3 21, 2 verborgen
fehlt H^1H^2 3 Mana] Sora H^1H^2 g nach Sora H^3 6
Sora] Mana H^1H^2 g nach Mana H^3 7 doch fehlt H^1H^2
sehen H^1H^2 8 Es] Das H^1H^2 9 ganz allein H^1H^2
in — 10 sezzen] sichtbar zu machen H^1H^2 dafür g unsern Text
H^3 11 ich — 12 machen] sie sehen hier nichts als groben Stoff
[hier nur den Stoff H^1] H^1H^2 für H^2 g unsern Text H^3
hinter Stoff] (Unter diesen Gesprächen werden die Kästen auf=

gemacht, daraus verschiedene Maschinen gehoben werden die man auf und um die Laube herumstellt, denen man aber nicht ansehen kann was sie in der Folge zeigen. Die Wache und Mohren verlieren sich.) H^1 11 konnte S 14 uns die Maschinen] sie uns H^1H^2 16 von] vom H^2 17 Spielen nicht unterstrichen H^1H^2, Hr unterstrichen H^3 seine — 18 erkennen] nicht gern seine Liebhabereyen paßiren laßen H^1H^2 18 schönen] schöne H^1-S 19 meistens] meist H^1-H^3 22 Ihnen Nachtrag Hr H^3 23 nur Hr unterpunctirt H^3 24 mit dieser Nachtrag g H^3 24. 25 eingeschlossenen C hinter 25 übereinstimmend: Nur ist Schade die Architektur des Saals verdirbt den ganzen schönen Effect von der Laube. H^1H^2 26 Mana — muß] Merkulo. Freilich so ganz vollkommen kann H^1H^2 27 verlangen] haben H^1H^2 22, 1 ist] wäre H^1H^2 2 gewürkten aus gewirkten H^3 gewürkten aus gewürckten H^4 5 Ein fehlt H^1-H^4 Bediente H^1-H^3 Sag H^1H^2 Hoftapezier g aus Hoftapecier H^3 statt 8—23, 13 mir] (Die Scene verwandelt sich in Wald, Musik, indeß wird die Laube in Ordnung gebracht [Laube auseinander geschlagen g H^2] daß sich auf beyden Seiten zwey mit Blumen behängte Bogen zeigen, in der Mitte aber eine verschloßne grüne Thüre bleibt. die Ballen [werden Einschub g H^2] aufgemacht, alles zurecht gesezt, so daß der Mond über die Laube, die Waßerfälle und Vögel zu beyden Seiten drunter, die Rasenbänke vor die Bänke [Bogen g aus Bänke H^2] zu stehen kommen.) [Klammer gestrichen, Zusatz: NB es muß in diesem Augenblick das ganze eine angenehme Waldscene ausmachen) g H^2 Musik — ausmachen fehlt H^1] Merkulo. Das geht ia gar schön und geschwind. Mana. O ia. Wir haben auch auf mancherley raffinirt, und unser Hauptspaß ist die Veränderung. Merkulo. Womit unterhalten sie sich denn gewöhnlich? Mana. O wir haben mancherley Spaß. Sora. Nur zu wenig Mannsleute. Mana. Apropos ist H^1H^2 22, 9 Musik Zusatz g H^3 13 übereinstimmend g für einstimmend H^3 14 sey g aus sein H^3 15 mache g aus machen H^3 16 Brav! Bravo! H^3H^4 17 Sora g nach Mana H^3 18 lange Hr aus lang H^3 fortbauert nach gewöhnlich H^3 20 Um] Bitte um H^1H^2 Hr aus Bitte um H^3 21 künstliche Natur Hr unterstrichen H^3 22 Natur nicht unterstrichen H^3H^4 24. 26 Scharmant Hr aus Charmant H^3 27 allenfalls] ebenfalls BC^1C (vgl. auch zu 66, 21) 28 von] und H^3

23, 2 Effect *Hr* unterstrichen H^3 8 besondern nicht unterstrichen H^3 11 Gedankenstrich *g* H^3 macht] thut H^3S 13 allen H^3—A alle B^1 15 Das — 16 trefflicher] und dazu ein excellenter H^1H^2 16 mit einander Zusatz *g* H^3 18 vor ihnen etwas H^1H^2 statt Ausrufungszeichens Punct *C* (nicht C^1!)   23 *Monodramas* H^1H^2 Monodramen *g* über Monodramata letzteres *g* aus *Monodramas* H^3 24, 1. 2 So — Exempel] Denn z. E. lesen wir H^1H^2 ; denn zE lesen wir vom Nero., daraus *g* ; so lesen wir zum Exempel vom Nero. endlich *Hr* . So lesen wir, zum Exempel, vom Nero — H^3 2 Gedankenstrich fehlt *C*   3 Kaiser] Kerl H^1H^2 4 (Es] Das H^1H^2 er] der H^1H^2 *Hr g* aus der H^3 taugte] tauchte H^2 *Hr* aus tauchte H^3 von] vom H^2 5 nichts *g* aus nicht H^3 6 bloß] nun blos H^2 nur blos H^1 Monodramen] *Monodramata* H^1H^2 *g* über Monodramata H^3 erstlich] ernstlich BC^1C (vgl. 38, 21)   7 sagt Suetonius —] lesen wir — H^1H^2 Suetonius — *g* auf frei gelassenem Platz H^8 alles] zwar alles H^1H^2 8 treflichen H^1H^2 Akademisten — 10 gedruckt] Profeßoren, über die *Monodramas* [*Monodrami* H^1] zu hören kriegen, die auf Befehl unsers Prinzen nunmehr verfertiget wird H^1H^2 11 neuste H^1H^2 auf fehlt H^1—H^3SAB^1. H^4BC^1C haben auf, was sich empfiehlt, da nicht vom Buchhandel, sondern von theatralischen Aufführungen die Rede ist.   den Meißen H^1 12 *Monodrams* H^1H^2 Monodramen *Hr* über Monodrame H^3 *Duodrams* H^1H^2 Duodramen *Hr* über Duodrame H^3 nicht unterstrichen H^4 Dyodramen *C*   dreyen aus drei H^3 13. 14 und s. w. H^3H^4 17 . Es — 19 wird] , sondern — H^1H^2 *g* für ; sondern — H^3 19 Melobram *Hr* unterstrichen H^3 Melo doppelt unterstrichen H^4 25 für das zweite lange lang H^1H^2 27 Gedankenstrich *g* H^3 25, 1 lies eins mit H^3 —C^1 gegen *C*   eins — 4 werde] das Compliment, das man so oft hört, das alle hohe und durchlauchtige Kinder auswendig gelernt haben. H^1H^2 4 weggehen *Hr* aus weggehn H^3 6 Scherze] Schäckereien H^1H^2 *g* über Schäckerein, wozu *Hr NB* an den Rand gesetzt hatte H^3 unserer H^1H^2 10 zärtliches H^1H^2 ihn fehlt H^1H^2 13 Sora] Mana H^1H^2 *g* für Mana H^3 unsre *g* aus unsere H^3. Nur durch Nachlässigkeit wieder in den Text gekommen?   15 Mana] Sora H^1H^2 *g* für Sora H^3 17 Sora] Mana H^1H^2 *g* für Mana H^3

in] an H^1-H^3 g aus an H^4 18 finben] haben H^1H^2
19 baß] biß H^1H^2 20 Mana] Sora H^1H^2 g für Sora H^3
21 derer H^1 verſchiedne H^2 23 O thun H^1H^3 25—28 Hr
unterſtrichen H^3 27 beiner Hr aus beine H^3 28 mildeſten]
lieblichſten H^1H^2 26, 1 O fehlt B dem Hr aus den H^4
Griechiſchen g aus Grigiſchen H^3. Parodie von Aristophanes
Ecclesiazusen 1 ff. Dieterich im Rheinischen Museum 46, 36 f.
Anm.   5 gefallt H^2 7 ich hab' es] das hab' ich H^1H^2 ſelbſt
fehlt H^1H^2 9 *royès* H^1H^2 *royés* H^3H^4S *Larmes* H^2
10 Fräulein] Mädgen H^1H^2 11 man eilt ihm] Der Hof iſt ihm
ſchon H^1H^2 13 gehen BB^1 für 13] (alle ab.)   Ende des
zwenten Acts. H^1

Dritter Act.

27, 2. 3 Eben der Saal. Erſter Auftritt. H^1 Wald, die
Laube im Grund. Erſter Auftritt. H^2 4—15 fehlt H^1H^2
10 für] vor Hr über für H^3 vor H^4SA 18 habe — 19 Haus]
habe ich mich dieſe Tafel über H^1H^2 20 ich Nachtrag g H^3
Ew. Durchl. H^1-H^3 Eur. Durchl. H^4 Eure C 21 baß — un=
begreiflich] baß mir [mir das H^1] manchmal an ihnen unbegreiflich
H^1H^2 baß mirs [Hr aus mir es] manchmal [g aus manche mal]
an ihnen [g geſtrichen] unbegreiflich H^3 28, 2 liebenswürdigen
Frauen] zwey hübſchen Mädgen H^1H^2 6 Quaal Hr aus Qual
H^4 Eine Hr aus eine H^3 kann] kanns H^1H^2 g aus kanns H^3
mein Herz g üdZ H^3 9 meine Mitleidenheit H^1H^2 eine ſo]
ſo eine H^1H^2 10 verſtehen   11 würklich H^3H^4 12 ſtanden]
ſtunden H^1H^2 g aus ſtunden H^3 13 Komma hinter Grau=
ſamkeit fehlt H^1-AB^1; zu ſtreichen? elyſiſchen] eliſäiſche
H^1H^2 Eliſäiſchen H^3H^4 Elyſäiſchen SA elyſäiſchen BB^1 'S. 29, 17
[in B]. möchte wohl statt „elysäisch" zu schreiben sein
„elyscisch" oder noch besser, wie denn diese Form später
in demselben Stücke vorkommt, „elysisch".' Göttling. Von
Goethe gebilligt.   vertrieben] geſchwubbt H^1H^2 18 trefliche
Qualitäten H^2 treffliche Qualitäten H^1 19 kan man begreifen
was g über iſts evident, daß H^2 Einer] einer H^1H^3 20 ganz
— 21 muß.] mehr [dafür g für eine H^2] Wirthſchaft in einem

[in den *g* H²] ſchönen [armen H¹] Herzen machen muß, als hundert Ameiſen in einem Wamms. [als hundert Ameiſen in einem paar Beinkleider. *g* geſtrichen H²] H¹H²   23 dies H¹—H³, daraus *g* dieſes H⁴   27 dabrüber H²   28 betrifft —] betrift. Wie ſie mich hier ſehn hab ich ſchon manchem [manchen H¹] Nebenbuhler Trotz geboten, aber gegen Prinzen, hab ich mein Lebtag keine Feſtung halten können. H¹H²   29, 1—7 fehlt H¹H² 4 ohnehin Hr über ſo. Goethe entſchied nicht H³   12 jeder Stunde] ieden Stunden H¹H² *g* aus jeder Stunden H³   13 eignen] eigne H¹—H³ S eigne S¹   gewidmet] gewidmet, daraus *g* ge= widmet H³   Darin] Da H¹H² Hr aus Da H³   16 vorgehen H¹H²   18 laßt H¹H²   nichts] gar nichts H¹H²   21 Sei] Darüber ſey H¹H²   27 mich] nicht unterſtrichen H¹H², Hr unterſtrichen H³   etwas] was H¹H² *g* aus was H³   zärt= lichſten *g* aus zärtlichen H³   30, 3 Schweig'] Schweige H¹—H⁴S 4 Ab! Nachtrag *g* H³   5 (Ab.)] (geht ab.) (Muſik, wenige feierliche Töne, die durch angenehme unterbrochen werden, der Prinz wird aus ſeiner verherrlichten Stimmung, durch vier Mädgen geſtört, die nach verſchiedenen Bemühungen, und [H¹H², und mit *g* H²] Verdruß über ſeine Kälte davon gehen.) H¹H² unter 5 kein Schlußſtrich H⁴   10 Seele aus Seelen H⁴ 10. 11 Fahrt wohl, ihr aus Fahrt von mir *g* ohne Komma hinter wohl *g* H³   11 ſterbliche H¹—S   12 Stirn H¹H²   14 (Die] (Der Prinz allein, die H¹H²   17—31, 22 ohne Versabtheil= lung H¹H²   18 hohen H¹—S   24 deutest] deckeſt H¹   25 Liebe Nachtrag *g* H³   29 ben H²   31, 1 fehlt H¹—H³ Zuſatz *g* H⁴   8. 9 ben] nicht unterſtrichen H¹H², Hr unterſtrichen H³   10 man—12 auftritt.)] und man ſieht inwendig ſitzend die Geſtalt von Mandatanen [Mandantanen H¹].) H¹H²   10 darin *g* aus darinnen H³   12 Mandanbane *g* aus Mandantane H³ 18 geſchaffen H¹H²   19 gefunden H¹ gefundne H²   20 gewählt H¹ vor 23 Aria H¹H² Aria *g* geſtrichen H³   25 vor] für H¹H² Hr über für H³   27 Ach — 30 Luſt!] Seeligkeiten! Stre= ben! [Sterben! H¹] Leben! Luſt! (von Anfang.) H¹H²   zu 27 —30 aR *g* Zurückgerückt H³   27 mich Nachtrag *g* H³   31 letzten fehlt H¹H²   da — 32 lange] da ihn die Inſtrumente zu lang H¹H²   32 ſetzt — 32, 1 man] ſchläft der Prinz auf einer Raſen= bank ein, man H¹H²   1 endlich fehlt H³ Einſchub *g* H⁴ verſchiednemal] verſchiedentlich H¹H² verſchiedenemal H³   an

—3 endlich] wieder an, da er sich nicht rührt, H^1H^2 2 möge] soll H^3 g über soll H^4 4 Violine] Violin H^1H^2 genöthigt aus genöthiget g H^3 die Instrumente —5 ein fehlt H^1H^2 geht zu] schließt sich H^3 g über schließt sich H^4 mittlere fehlt H^1H^2 g aus Mittlere H^3 hinter 7 Zweiter Auftritt. H^1H^2 8 Fräulein] Mädgen H^1H^2 11 Schloß H^1H^2 12 habe] hätte H^1 g über hätte H^2 Sind—13 Raßeln?] Laßt (g über Ihr habt H^2 Ihr habt H^1] eure Klappern hören [g über bey euch H^2 bey euch H^1] und Raßeln! H^1H^2 13 Chariwari H^1H^2 daraus Hr Schariwari H^3 14 Schläfrigkeit g aus Schläferigkeit H^3 unserer verhaßten H^1H^2 daraus g unsere verhaßte H^2 unsre Hr aus unsere H^3 16 mit — Metallbecken fehlt H^1H^2 17 tanzt fehlt H^1H^2 Zusatz Hr H^3 solo — 20 Lärm] Solo. Die Wache die vor seinem Zimmer steht, bittet sie ruhig zu seyn. H^1 Obriste H^3H^4 18 stören — 19 immer] stören. Die Wache mischt sich in den Tanz. Die Mädgen machen immern H^2 (H^1 s. oben) 20 das — 21 herein fehlt H^1 21 Merkulo — herein fehlt H^2 Zusatz g H^3 22 wie [g gestrichen] bewegt H^3 24 Erinnen H^1—H^3 daraus g Erinnyen H^4 25. 26 Ohne Gefühl für Lieb und für Schmerz. H^1H^2 28 — 30 Und ihr zerreißt mein leibend Herz H^1H^2 31 der] dieser H^1H^2 Fräulein] Mädgen H^1H^2 32 es fehlt H^1H^2 Nachtrag g H^4 33, 4 Chariwari H^1H^2 daraus Schariwari Hr H^3 6 Gebirgs H^1H^2 Gebürges H^3H^4 10 Ohne] Nicht H^1H^2 11 Stimmung g über Wohnung H^3 12 Tönen Nachtrag g H^3 13 wo] so H^1H^2 14 bös H^1H^2 daraus böse g H^3 15 Mädgen H^1H^2 16 Déjeuné] Dejeuné H^1 Dejeune H^2H^3 (é Hr) H^4 Dejeuné S Déjeûné A—C   19 mögte g aus möge, möchte Hr H^3 20 wir fehlt H^1H^2 27 für] vor H^1—A   34, 2 keinem] keinerley H^1H^2 g aus keinerlei H^3 3 herein] drein H^1H^2 6 hinter (Ab.): Ende des dritten Akts. H^1

Vierter Act.

35, 2 fehlt H^1 3 felsigte $H^1H^2H^4$ Grund H^1H^2 daraus g Grunde H^3 hinter Grund.] Erster Auftritt. H^2 4 Mandbandanens — als fehlt H^1 Mandbantanens H^2 Mandbanens g aus Mandbantauns H^3 Arkalaphus S ohne S^1 5 einem] *g* aus einer H^2 *g* aus einen H^3 und — Prologus fehlt H^2 vor 6 Erster Auftritt. Aẞkalaphus. H^1 Aẞkalaphus. H^2 6 Herren H^1 7 Plutons H^1—*S* ohne S^1 8 ich Nachtrag *g* H^3 10 Artalaphus *S* ohne S^1 13 ehmals *g* aus ehmals H^3 badrüben *g* aus darüber H^3 14 rauhe H^1—*S* zu bahüben *NB*, dann aber *Hr* gestrichen H^3 18 bis daß fehlt H^1H^2 36, 7. 8 Acherons. Herauf, müssen H^1H^2 12 Eins *g* aus eines H^3 13 lies in. in H^1H^2 *g* aus im H^3 in H^4SAB^1 im BC^1C 19 haben es] habens H^1—H^3 *g* aus habens H^4 22 liebsten] lieblichsten H^1 23 das Mannigfaltige willen, daraus *g* das Mannigfaltigen willen H^3 vor 27 *Hr* Puncte und *NB* aR H^3 37, 4 formen H^1 9. 10 So wird zum Exempel Ein Kuhstall zum chinesischen Tempel H^1H^2 11 versteht — schon *Hr* in Klammern H^3 12 grabeswegs H^1H^2 gerades weges, woraus *Hr* gerades wegs und *g* Ein Wort H^3 13 Sach' *g* aus Sache H^3 15—18 *Hr* angestrichen und *NB* aR H^3 16 weiter *g* über wieder H^3 18 meistens] immer H^1H^2 *g* über immer H^3 wo es] was H^1H^2 wo's H^3 es Nachtrag *g* H^4 19 elifische H^1H^2 Elyfische *Hr* aus Elifische H^3 Elyfische H^4S Elyfischen *A* 20 elifische H^1H^2 Elyfische *Hr* aus Elifische H^3 Elyfische H^4SA 24 Verdorrt *g* aus Verdort H^3 Verborret BC^1C 38, 4 anders H^1H^2 anderes H^4 7 Thürne H^1H^2 8 nachgetragen *g* H^3 9 Triumphbögen H^1—*S* 11. 12 Chinesische Tempel und Monumente H^1 verbessert *g* H^2 11 Xing, genauer *t'ing*, ist chinesisch und bedeutet Kiosk, Pavillon. (Freundliche Mittheilung des Herrn Prof. C. Arendt.) 12 Monumente *g* aus Monumenta? H^3 19 einen H^1, daraus einem H^2, daraus *g* Einem H^3 20 Das] Die H^1—*S* 21 ernstlich BC^1C; vgl. 24, 6 bestehen H^1H^2 22 sehen H^1H^2 23 Absatz, *g* getilgt H^3 30 Phriphlehton H^1—H^3 daraus *g* Phriphlegeton H^3 aus letzterem Periphlegeton *g* H^4 Periphlegeton *SA* Phriphlegeton BB^1 39, 2 gescheuten H^1—H^4 gescheiten *S* gescheiben ABC^1C gescheibten S^1B^1 5 leibt H^1H^2 Erz *g* aus Erzt H^3 8 Plutons H^1—*S* ohne S^1 junges fehlt BC^1C 10 drin *g* aus brünne H^3 17 Rothbeerchen H^1 Rothebeergen H^2 Rothbergen, woraus *Hr* Rothberchen und *g* Rothe beergen H^3 Rothebeerchen H^4 19 Granatbaum aus Granatenbaum H^2 einem Kübel] einer Scherbe H^1H^2 25 macht] machts H^1 zurechte (*g* aus zurecht) H^3S ohne S^1 wie ers aus wiers *g* H^3.

40,1 ahndend seltene H^3—A hinter 1 Zweiter Auftritt. H^1H^2
2 Mandandane H^1H^2 daraus g Mandaudane H^3 5—49,24
als Prosa geschrieben $H^1H^2\ E^1$] $J^1J^2h^1$ 7 liegen] liegen
sie $H^1H^2J^1$.   9.10 eine Zeile, woraus g zwei Zeilen H^3
9 Nichts C 10 aufwärts — 11 bie Nachtrag g H^3 12 um=
wölbt H^1H^2 umwölkt J^1 umwölbt g aus umwölkt H^3 verwölbt
g aus umwölbt H^4 liebe $H^2J^1H^3H^4S$ 13.14 eine Zeile,
woraus g zwei Zeilen H^3 16 Tochter du] Enkelinn H^1J^1
18.19 eine Zeile, daraus g zwei Zeilen H^3 19 als iene [jene
Hr] blumenreiche g H^2 lies blumenreiche mit der gesammten
Überlieferung   21 Himmelsklaren H^1 Strome H^1H^2 22 scher=
zen H^1 25 Haupte B—C 26 zum] zu H^1H^2 zu schwazen J^1
41,3 leben] leben wieder H^1 leben, wieder J^1 16 auf zum
Olymp] zum Olymp auf $H^1H^2J^1H^3$ g aus zum Olymp auf H^4
17 eine Zeile, daraus g zwei Zeilen H^3 18 guug J^1 19 bie
Nachtrag g H^3 22 endlose $H^1H^2J^1$ (g aus endlosen H^2) H^3—S
26 Absatz $Hr\ H^2$ 27 Abgeschiednen J^1 28 wend' es] end' es H^1
wendes g aus werdes H^2 42,1.2 eine Zeile, woraus g zwei
Zeilen H^3 1 ersten H^2 3 wandle H^1 11 greifen] eingreifen
$H^1H^2J^1H^3$ g aus eingreifen H^4 12 und Einhalt thun seinem
$H^1H^2J^1H^3$ daraus g einhalten (zuerst mit Bleistift Einhalten)
seinen H^4 16 unter ihnen fehlt $H^1H^2J^1$ Zusatz g H^3 schaue]
schau auf $H^1H^2J^1$ 17.18 eine Zeile, daraus g zwei Zeilen H^3
19.20 nur in $H^1H^2J^1$; nöthig wegen 25 und 48.19.   21.22 Einen
Hr aus einen H^3 21 einen $H^1H^2J^1$ zum — 22 Wassers
Nachtrag g, aber   22 ein H^2 einen H^1J^1 29.30 euren J^1
43,5 lies Augenbraunen mit $H^1H^2J^1S^1A$—C gegen Augenbrauen
$H^3H^4SE^2$ 6 Blick J^1 9 Liebe! dreimal J^1 vor 22.23 aR
Hr mit schwarzer Tinte $NB\ H^3$ 23 und hintändelnd J^1
26 bedürfe J^1 28 goldne H^2 29 fandst J^1 44,3 in ihren
[die ihre aus ihren H^1] Locken rauften H^2 in ihre L. r. J^1
5 liebe H^1H^2 daraus Hr lieben H^3 6 rufft du; als neue Zeile,
g gestrichen und zur vorigen rufft du geschrieben, dahinter
Hr Komma H^3 8 Jupitern H^1 10.11 Fackeln her, in der
Nacht! Nach will ich ihm ziehen! H^1H^2 ebenso, nur Nacht nach J^1
11 nach (Hr gestrichen) nach Nacht H^3 ihn verfolgen Hr g für
ihn ziehen H^3 12 ruhn E^2 vor 21.22 NB aR Hr mit
schwarzer Tinte H^3 21 beschwerenden H^1H^2 be in beschweren=
dem g H^3 23 wo] wohin $H^1H^2J^1$ ist] sey $H^1H^2J^1$ Hr g aus

fei H^3 45,1 Abſatz, was in unſerm Text nicht deutlich 2 lies golbenen mit H^3A-CE^2 gegen goldnen $H^1H^2J^1H^4S$ 3 klein $H^1H^2J^1$ 4 keit in Freundlichkeit g H^3 aufhubſt $H^1H^2 \cdot J^1H^3H^4$ 5 ſcherzend bildete Zeile für ſich; Hr zur vorigen und zwiſchen Kommata H^3 Komma hinter mich geſtrichen, hinter ſcherzend keins H^4 10.11 eine Zeile, daraus g zwei Zeilen H^3 11 Punct hinter Himmels H^1-A, Semikolon J^1 17 liebe J^1 21 freundlich lieber $H^1H^2J^1$ daraus g Ein Wort H^3 Freundlich=lieber B^1 24 Daß, befreyt und von — Plage zwei Zeilen, g vereinigt H^3 Daß] daß ich (trotz ich in 25) H^1 25 Ich — Himmel und wieder — ergöße zwei Zeilen, Hr vereinigt H^3 ergöze H^1H^2 ergöße $J^1H^3H^4$ 46,5 Ach — ich und wieder — Blume zwei Zeilen, g vereinigt H^3 11 ſind' ich fehlt $H^1H^2J^1$ 13 Ach!] ach Hr H^4 14 fehlt H^1J^1 Komma hinter Wolken Nachtrag H^4S-C 29 fehlt H^1J^1 47,3 offne g in Lücke H^3 offene E^2 12 ſchröcklicher J^1H^3 daraus ſchrecklicher H^4 14 zu] zum H^2 15 Schooße $J^1H^4B^1$ Schoße B 16 Dumpfe Gewitter und toſend ſich erzeugen als zwei Zeilen, g vereinigt, zu Hr nachgetragen H^3 zu fehlt H^1H^2 17 Komma hinter Parzen SAB^1 20 unſichtbar fehlt H^1 unſichtbaar Zuſatz g H^2 22 Ahnherrn! H^2A-C Anherrn: $H^1H^3H^4$ Ahnherrn: S Ahn= herrn, E^2 23 ſollteſt] ſollteſt du Hr H^3 du H^4 29 verſtößt H^1H^2 verſtießeſt g aus verſtößeſt aus verſtöſeſt H^3 30.31 eine Zeile daraus g zwei Zeilen H^3 48,1 der H^2 5 Die Parzen H^1H^2 7 traurſt H^1 9 Unſre] o $H^1H^2J^1$ o, darüber Hr als Vorſchlag unſre Goethe bemerkt nichts dazu H^3 Unſere E^2 11.12 O hätte der Tartarus eine Tiefe, daß ich euch drein verwünſchte! $H^1H^2J^1$ 12 hin] g über hier H^3 g aus hier H^4 13 nicht Nachtrag g H^3 ewig fehlt H^1 18 ewigen H^1B^1 Erſt hinter dieſer Zeile darf Abſatz ſein, wie Zuſammenhang und Inter- punction beweiſen. Richtig nur $H^1H^2J^1$ 22 beherrſch H^1H^2 beherrſch' J^1E^2 beherrſche Hr aus beherrſch H^3 23 drum $H^1H^2J^1$ 24 die Parzen H^1H^2 25 Biſt nun unſer! J^1 26 uns fehlt $H^1H^2J^1$ hinter dir Punct B, keine Interpunction B^1C^1C 28 du hohe H^1H^2 49,3 eure vor Herrlichkeit fehlt $H^1H^2J^1$ nach 5 Abſcheu und Gemahl o Pluto Pluto! — (= 17.18) H^1J^1, nur Gemahl, und Pluto! 7 verhaßte Umarmung H^2 8 die Parzen H^1H^2 9 Unſre] Unſere H^1H^2 unſere J^1 11 mir aus? J^1 12 nach dem] über den $H^1H^2J^1$ 16—18 fehlt H^1J^1

nach 22 :ab:] H^2 23. 24 fehlt $H^1H^2J^1$ 24 Unſer Unſre!] H^3
25—28 fehlt J^1E^2 (Andraſon tritt während der letzten Worte
herein. Steht verwundert, ſieht ſie an, und folgt ihr da ſie abgeht.) Ende des vierten Akts. H^1 25 bei—27 (Er) während der
letzten Worte H^2 26 Mandandane aus Mandantane Hr H^3
27. 28 voller Verwunderung] verwundernd H^2

Fünfter Act.

Vor 50, 3 Erſter Auftritt H^1H^2 Erſter Auftritt H^3 3 Lato.
Mela] Mela. Lato C^1C 4 Sora] Mana H^1H^2 6 Mana]
Sora H^1H^2 7 Sora] Mana H^1H^2 Männer. Wir] Mannsleute. Wir H^1H^2 daraus g Mannsleute, wir H^2 11 Sora]
Mana H^1H^2 12 Schlaftrunk g aus Schlaftrank H^3 gemiſcht]
angemacht H^1H^2 15 Sora] Mana H^1H^2 17 wenn] wo H^1H^2
18 an] hinan $A-C$ 19 Thüre H^3 daraus Thür H^4 20 her
fehlt H^1H^2 21 Mana] Sora H^1H^2 ſahſt g aus ſagſt H^3
51, 1 Sora] Mana H^1H^2 ich] ichs H^1H^2 4 Lato] Sora H^1H^2
6 Sora] Mana H^1H^2 Das fehlt H^1H^2 zugeſetzt Hr nicht
g aus Nicht H^3 8 Mana] Sora H^1H^2 10 Sora] Mana
H^1H^2 ich nicht unterſtrichen H^1H^2 Hr unterſtrichen H^3
nicht geſperrt $A-C$ nichts g aus nicht H^3 11 ſetze
Komma hinter Kaſten. Ohne Komma nur H^4 12 ſo Hr H^3
13 ſo] wie ſo H^1 und ſo g aus wie ſo H^2 14 Mana] Sora
H^1H^2 17 Sora] Mana H^1H^2 einen — Kleide] ihr Kleid
H^1-H^3 g über ihr Kleid H^4 19 entſtand — 20 Geräuſche]
war haußen ein Geräuſch H^1H^2 war haußen mit Bleiſtift unterſtrichen (von Jacobi?) H^1 20 ruſcht'] ruſcht H^1H^2 ruſcht'
H^3-B rauſcht' B^1 [in der Walpurgisnacht 4016, Bd. 14, 202
= B^1 9. 236 iſt ruſcht ſtehen geblieben] rutſcht' C^1C 22 Zuſatz g H^3 23 Sora] Mana H^1H^2 Es — erfahren fehlt H^1H^2
Zuſatz g H^3 25 die g für ihr H^4 [ſtellt euch an, als ob ihr
ihre Liebchen wäret]   26 — 52, 5 (Muſik; die Mädgen machen
verſchiedene Poſſen, um die Aufmerkſamkeit der Wache auf ſich zu
ziehen, die aber in ihrer Gravität bleibt. Sie ſezen ihre Spiele
fort, die Wache ſchwankt. Sie bringen Wein und Früchte, und
die Burſche laßen ſich drauf ein. Tanz pp die Wache fängt an

Der Triumph der Empfindsamkeit. Fünfter Act. 347

schläfrig zu werden, sie taumeln in die Scenen, und die Mädgen behalten das Feld.) H^1H^2 26 Die vor Frauenzimmer Zusatz g H^3 Wache unterstrichen g H^3 52,2 sich's Hr aus sich es H^3 3 schläfrig g aus schläferig H^3 6 Sora] Mana H^1H^2 Nun] Nur H^1 8 unsern H^4 10 verändert] verwandelt H^1H^2 die g über eine H^2 11 ohne Mondschein fehlt H^1H^2 12 stille. — Fräulein] stille.) Zweiter Auftritt, vier Mädgen H^1H^2 13 worin] womit H^3 Neugierde und Verdruß] Neugierde [und] Verdruß und Furcht [und Furcht g üdZ] H^2 14 lies eröffnen mit H^1—AB^1 gegen öffnen BC^1C leuchten starrend] starren H^1H^2 15 Manbantane H^1H^2 Manbanbane g aus Manbantana H^3 16 Gemahlin] Frau H^1H^2 Hr g für Frau H^3 17 stickt brunter H^1H^2 stückt, daraus g stickt, daraus Hr steckt H^3 22 blieben] ließen uns H^1—H^3 g über ließen uns H^4 Spiel H^1H^2 23 stickt H^1H^2 dahinter H^3 daraus dahinter H^4 24 Sora] Mana H^1H^2 25 Mana] Sora H^1H^2 26 Sie] Es H^1H^2 27 geh H^1H^2 28 Sora] Mana H^1H^2 29 Mana] Sora H^1H^2 53,2 Manbantane H^1H^2 daraus g Manbanbane H^3 seyn? Es g aus sein. es H^3 5 redet es] redets H^1 redts H^2 6 Sora] Mana H^1H^2 nahet H^1H^2 nähert Hr aus nährt H^3 9 Mana] Sora H^1H^2 10 eines BC^1C nehme C^1C 11 Anlauf] Zulauf (unter Zu Bleistiftstrich, von Jacobi?) H^1H^2 Hr aus Zulauf H^3 13 es zerrt] zieht H^1H^2 zerrt g über zieht H^3 andere H^1—S(ohne S^1)B^1 17 Mühe] Müh H^1H^2 Nachtrag g H^3 18 gehn H^3—S ohne S^1 24 Sora] Mela H^1H^2 g für Mela H^3 Punct hinter hat H^3—S 26 Auskleiden — Garten] wir wollen sie auskleiden, und in Garten H^1H^2 soll man] wollen wir Hr als Vorschlag, g gestrichen H^3 54,1 Mela] Sora H^1H^2 g für Sora H^3 2 gehörte H^1H^2 Manbanbauen] Andrasons Frau H^1H^2 Manbanbane Hr für Andrasons Frau H^3 5 will] haben will H^1 6. 7 Sie machen allerley Versuche mit ihr, endlich bringen sie unter dem Brustlatz einen Sack hervor und führen ein lautes Geschrey.) H^1 6 verschiednes (g aus verschiedenes H^3) H^3H^4 7 erheben] führen H^1—H^3 mit Bleistift über führen H^4 8. 9 Sacke H^3 daraus Sack H^4 8 sehen H^1—H^3 10 drin g aus drinn H^3 drinn Hr aus drin H^4 12 (Es) Er H^1H^2 13 etwas] was H^1H^2 drin Hr aus drinne H^3 14 sehen! dann Überschrift Dritter Auftritt. H^1H^2 16 vor Ihr] Andrason. H^1H^2 23 worin — 24 Prinz] wo der

Prinz inne H^1H^2 worin g aus worinnen H^3 55,4 verzuckt H^3-B^1. 'S. 57,15 [B] ist mir aufgefallen: „Du bist verzuckt". Göttling. Goethe beseitigt den Anstoss, daher C^1C verzückt (= H^1H^2). 8 der leinene Sack H^1H^2 den Sack H^4 16. 17. 20. 21 nicht unterstrichen H^4 16 Wann Hr aus Wenn H^3 20. 21 vgl. zu 8. 24. 25 sein (aus seine g) Eingeweide gibt her giebt her (die Änderung g, weil der Schreiber zu wenig eingerückt hatte) H^3 sein Eingeweide gibt her H^4 24 umschütten H^1H^2 daraus g umschüttlen H^3 umschüttlen H^4 ganz H^1 25 Hexel H^1H^2 27 Empfindsamkeiten fehlt H^1 56,2 indeß H^1H^2 3 Siegwarth H^1H^2 daraus g Siegwart H^3 6 Der gute Jüngling! fehlt H^1H^2. Die Worte sind überall unterstrichen oder gesperrt. 7 Andrason. Halte! halte! was ist denn das? Selkows Briefe an Wellmar! o schön! H^1H^2 9—15 Eine] Andrason. Laßts gut seyn, es ist nichts als einer der sich im Gras wälzt. (zu Lato.) Gieb her. Thomas Imgarten! Adelstan und Röschen! Allwills Papiere! Freundschaft und Liebe! Stella! Eine H^1H^2 9 wie Nachtrag g H^3 ausgesehn auf Rasur von (aus)sah, dann g gesehen hat H^3 interessant g auf Raum, den der Schreiber frei gelassen, H^3 15 Einem] einem schönen H^1H^2 Hr aus einem H^3 19 völlig] vollends H^1H^2 g über vollends H^3 Hexel H^1H^2 21 sehen H^1H^2 22. 23 Andrason. Die Leiden des jungen Werthers! Armer Werther! die neue Heloise! H^1H^2 27 die Bücher] sie H^1H^2 28 Hexel H^1H^2 binds H^1H^2 um] lies ein. ein H^1H^2 zu, daraus ein, das man leicht in um verlesen kann, H^3 Daher das falsche um in H^4 und allen Drucken. 57,4 euern H^3H^4 5 eurem H^3H^4 6 mit H^2 7 Laßt sie] Laßts H^1H^2 Laßts H^3 sie Nachtrag g H^4 die] der H^3 der Nachtrag g auf leeren Platz H^4 sehen H^1H^2 9 für] vor H^1 neue g aus neuen H^3 12 ihr für] ihr wieder vor H^1H^2. Was — 13 Andrason Nachtrag g H^3 13 Hört — 14 Feuer: gestrichen und noch einmal geschrieben g H^3 18 hat! Nachtrag g H^3 19—22 nicht unterstrichen H^4 20 vereinbart H^1H^2 20 Semikolon hinter vereinet alle, aber besser Kolon wie 9,12 23 sei] ist H^2 24 mehr fehlt H^1H^2 aber (g gestrichen?) H^2 vereinbaren H^1H^2 26 Ich — darüber] da will ich auch nicht drüber H^1-H^3 daraus g unsern Text, nur Ich Hr für ich H^3 27 Sache] ihre Sache H^1H^2 58,1 an

den] ben fehlt $H^1 — H^3$, zugesetzt g H^3 bie — 4 gesetzt] bie
Mädgen helfen ihr ben Latz zu, bie Maske wieder vorbinben [ver-
binben H^1], und bie Puppe wieder in gehörige Positur setzen.) H^1H^2
bie Mädgen helfen ihr ben Latz zu schnüren, die Maske wieder vorbinben und bie Puppe wieder in gehörige Positur setzen !: Die
Schauspieler werden wißen das alles mit Anstand zu thun :|
gestrichen, und unsern Text g H^3 Decenz vom Schreiber
nachgetragen auf frei gelassenem Platz H^4 5 Sora] Mana
H^1H^2 alle H^1H^2 6 das, fehlt H^2 7 Sachen g aus Sagen H^3
bei 7. 8 Kreuz mit Bleistift aR H^3 8 und in] mit $H^1—S$
14 schöne $H^1—S$ 17 an Nachtrag g H^3 27 leinene $H^1—S$
28 sein Hr aus seinen H^3 29 Alraun H^1H^2 daraus Hr Alraune
H^3 Alraune aus Alraunen H^4 59, 1 Komma hinter Todten-
töpfe $H^2S—C$. Gestrichen, weil Todtenköpfe nicht Apposition
zu magische Zeichen.   die vor Geister g gestrichen H^4 und Schätze
fehlt H^1H^2 g üdZ nachgetragen H^4 2 bieser g über ber H^3
2. 3 himmlische H^2 4 niemand etwas] niemand als ben unsrigen
etwas H^1H^2 5 Mitwürkung H^3H^4 9. 10 Empfindungen H^1
daraus g Empfindung H^3 14 liebe $H^2—S$ 15 Hause Hr aus
Hauß H^3 17 sehen Hr aus sehn H^3 wurb H^1H^2 18 nach
mir. folgt: In meinen Gedanken war bas Versprechen bes Orakels
schon erfüllt: baß Ruhe und Friede unter mein Dach kommen sollte
(sollen H^3 sollten aus sollen H^4) $H^1 — H^3$ durchstrichen H^4
21 höre ich] so hör' ich H^1H^2 Gebrauß H^1H^2 Getön H^1H^2
23 nichts BC^1C 24 geh H^1H^2 26 hör' ich H^1H^2 28 in
ben Saal] hinein H^1H^2, mit Bleistift unterstrichen (von
Jacobi?) H^1 Ich — 60, 2 mir] da fährt sie mir in präch-
tigem Schmuck, H^1 da fährt sie mir H^2 60, 1 wie g über
wen H^3 und vor ganz g gestrichen H^3 3 mit fehlt
H^1H^2 Zusatz Hr H^3 4 als Scheusal] Abscheu H^1H^2, vom
Schreiber auf frei gelassenem Platze nachgetragen H^2 Hr g
für Abscheu H^3 (fälschlich, vgl. 49, 17)   5 baß — 6 weiß] nicht
anders als wenn ich in Feuer gekleidet aus der Hölle käme, und
[um H^1] sie zu einer Partie Tarock omber (aus Taro- tomber g)
mit den Furien zu invitiren H^1H^2 10 Monodrama H^1H^2
daraus Monobrama Hr H^3 11 Mela] Sora H^1H^2 g
für Sora H^3 17 kommt's] kommts euch H^1H^2 euch g gestrichen H^3 19 durchgehen H^1H^2 burch kommen Hr g für burch
gehen H^3 20 liebe H^1 21 setze Bindestrich hinter poetisch.

mit Hr $H^3H^4S — B^1$ gegen C^1C 22 erholt] wieder erhohlt $H^1 — H^3$ wieder erholt H^4 24 zerstreuen Hr aus zerstreun H^3 26 sehen H^1H^2 ich g für Ich H^3 27 sagte] sag H^1H^2, mit Bleistift unterstrichen (von Jacobi?) H^1 ihr vor sehr fehlt H^1 29 schnellste H^3H^3 beste H^2 seien] sehen g aus sein H^3 seyn aus sehen [!] H^4 seyn S sollte] soll H^1 61, 1 in den Wagen] zu mir im [in H^1] Wagen H^1H^2 2 hinten drein H^1H^2 hintendrein H^3 3 eh H^1H^2 5 wie gewöhnlich fehlt H^1 6 was Guts drans H^1H^2 guths, daraus g Guts, daraus Hr Gutes H^3 7 gelegner aus gelegener g H^3 hätten wir] hätte ich H^1H^2 nach 7 Vierter Auftritt. H^1H^2 8 Mandantane H^1H^2 immer daraus g Mandandane immer H^3 12 lies recht mit H^1H^2 (g aus rechte H^2) $H^3H^4SAB^1$ gegen BC^1C 15 gibt's] setzs H^1H^2 18 für] vor $H^1 — A$ ausgehen H^1H^2 22 Dieses H^1H^2 daraus Hr Dies H^3 vollkommne H^3H^4 24 Verläumbung] eine Verläumbung H^1H^2 eine (Hr gestrichen) Verläumbung H^3 25 geistiger Empfindung H^1H^2 geistigen Empfindung, woraus g Empfindungen H^3 26 sollt H^2 62, 1 für] vor H^1H^2 3 im] in $H^1 — H^3$ 4 Sora] Mana H^1H^2 6 um Nachtrag Hr H^3 8 Halt H^1H^2 16 wüstest g aus wüstests H^2 17 ist g über wäre H^3 20 her nehmen] herkriegen H^1H^2 22 du es] dus H^1H^2 23 so — Mittel] das beste Mittel ist H^1H^2 25 Herel H^1H^2 daraus g Hekkerling H^2 26 alsdenn H^1H^2 27 sehen indeß] thun indeß H^1H^2 sehen (Hr über thun H^3) indeßen $H^3 — S$ ohne S^1 63, 2 uns Nachtrag g H^3 3] |: Alle ab :| Andrason im Hinausgehen H^1H^2 4 — 23 gefaßt! — fehlt H^1H^2 12 Teutscher H^3H^4 13 teutschen aus Teutschen g H^3 teutschen H^4 16 — 23 Andrason liess der Schreiber aus, strich darauf 23 Muth — 24 Orakel (Seitenende) und klebte über den Rest auf der folgenden Seite ein neues Blatt H^3 23 O] Und H^1H^2 24 euren Orakeln H^1H^2 eurem H^3H^4 dem — 25 und fehlt H^1H^2 25 Entwickelung H^1H^2 26 ohne — 27 sollen.] ich sehe weder das eine noch das andere. H^1H^2 27 sollen Hr aus wollen H^3 dahinter Ende des fünften Akts. H^1

Sechster Act.

Hinter 64, 2 Erster Auftritt. H^1H^2 g gestrichen H^3 3 und fehlt H^1H^2 5 für] vor $H^1—A$ bei'm] bey bem H^1H^2 daraus g bey'm H^3 7 jetzt g aus jetzo H^3 11 Schmerzens H^2H^3 daraus Schmerzes H^4 12 bin? Nachtrag Hr H^3 13 sie Hr aus Sie H^4 14 wenn] ob H^1H^2 65, 1 sollte H^1H^2, mit Bleistift unterstrichen (von Jacobi?) H^1 2 gerührten $H^1—H^4$ mir — entwickeln fehlt H^1H^2 denn] denn endlich H^1H^2, endlich mit Bleistift unterstrichen (von Jacobi?) H^1 3 Bewegungen, en mit Bleistift unterstrichen (von Jacobi?) H^1 endlich g üdZ nachgetragen H^3 meines Herzens] meiner Seele H^1H^2 Tantalische, woraus g tantalische H^3 SA   5 fliehenden H^1H^2 daraus g fliehendem H^3 ersättigt H^1H^2 6 wann] wenn H^1H^2 für] vor H^2 Hr statt vor H^3 8 Herzen Nachtrag g am Anfang einer neuen Seite H^1 9 für] vor H^1H^2 für vor g H^3 12 Er fehlt $H^1—H^4$ 14—21. 24—66, 4 nicht unterstrichen H^4 65, 15 ernsten] ersten H^1 g aus ersten H^3

Spiele g für Spiel H^3 16 lieb nicht Nachtrag g auf freigelassenem Raume H^4 20 im ewigen H^2 23 fehlt H^1H^2 24 thöricht Hr aus thörig H^3 erraubt g aus erraubet H^3 du] Nachtrag g H^3 26 bann] denn H^1H^2. so—erborgst] ängstlich nur borgst H^1H^2 so Nachtrag Hr H^3 66, 3. 4 Fürchte Tantals Geschick hier [g aus hüben H^2] und über [g aus drüber H^2] dem [g aus den H^2] Fluß. $H^1—B^1$,S. 69, 3 [B] müsste wohl in dem Orakel der spondeische Ausgang des Pentameters: „hier und über dem Fluss" vermieden werden etwa wie in: „Hier und über dem Fluss fürchte des Tantalus Loos."' Göttling. Von Goethe gebilligt.   5—7 fehlt H^1H^2 g nachgetragen am unteren Ende der mit Z 10 schliessenden Seite und mittelst Verweisungszeichen an die Stelle nach 4 gesetzt H^3. Dieses Verweisungszeichen ist bei Anfertigung von H^4 übersehen worden und die scenische Bemerkung hat hier und in $S—C$ den falschen Platz nach 10 behalten. 7 gehört g nach verstanden H^3 8 Thörigter daraus g Thöriger und Hr Thörichter H^3 11 dacht H^1 13 denn g aus den H^3 16 versteh's H^1H^2 daraus Hr versteh es H^4 17 aber] wohl aber $H^1—H^3$ wohl aber H^4 18 für beide soll sollt H^1 soll und follt H^2 21 allenfalls] ebenfalls BC^2C (wegen desselben Fehlers vgl. zu 22, 27)   67, 2 verlieren H^1H^2 3 verschwinden H^1H^2 Die Infinitive in 2 und 3 sind leicht das Echte.   4 für sich fehlt H^1 vor sich $H^2—A$ 12 anderer H^3H^4 14 für] vor H^1 23 Erfüll H^1H^2 24 Weggehen H^3H^4 Andrason ist] Andrason hab ich gesehen ist H^1H^2 68, 1 aufstund H^1H^2 gesehen Hr aus gesehn H^3 3 Sinne H^2 5 gehen H^1H^2 zurechte (Hr aus zurecht H^2) $H^3—S$ ohne S^1 vor 8 Zweiter Auftritt. H^1H^2 9 mußt nicht unterstrichen H^1H^2 11 vor — drin] vor sitzt drinne (drinnen H^1) H^1H^2 drin g aus brinne H^3 15 ganz fehlt H^1 16 eigenen H^1H^2 20 gestehen H^1H^2 69, 2 nach] noch H^1H^2 3 du es] das H^1H^2 wärst H^1H^2 5 erzeigt g aus erzeugt H^3 7 euren $H^1—H^3$ thue g über gehe H^2 leb H^1H^2 Von ungefähr] Durchs Ungefehr H^1H^2 Von Ungefähr g für Durchs Ungefähr H^3 8 hätte H^1 nehm H^1H^2 10 himmlischen $H^1H^2H^4$ enrem $H^1—H^4$ 11 folgsamem Hr aus folgsamen (!) H^3 Sohne H^1H^2 wohl auch in H^3 beabsichtigt, wo aber nur Sohm knapp am innern Rande   14 Bring H^1H^2 16 Zeuge] ein Zeichen (Zeichen mit Bleistift durchstrichen und darüber Zeuge Jacobi H^1) H^1H^2 g über ein Zeichen H^3 14 Der fehlt H^1H^2 Unter — 22 Andrason] während eines Stücks Musik kommen. Dritter Auftritt. Die übrigen. [D. ü. fehlt H^1] Feria [fehlt H^1] die Tänzerinnen, der Hauptmann, und die Wache, stellen sich an die Seiten, wie sie nachher das Schlußballet anfangen. Die Sclaven und Mohren tretten zu beiden Seiten der Laube. Feria und Andrason kommen H^1H^2 19 Obriste H^3H^4 25 nunmehr haben] und H^1H^2 26 mir] haben mir H^1H^2 eröffnet H^1H^2 28 Unsterblichen] Götter H^1H^2 70, 1 Nimm] Nimm sie H^1H^2 Nimm sie (Hr gestrichen) H^3 3 Vergangene H^3 meinem] meinen aber hinter Irrthum Komma H^1 g aus einen H^3 5 Für] vor $H^1—A$ 8 empfange] empfang H^1H^2 zurück] wieder H^1H^2 zurük [so!] Hr über wieber; Goethe entschied nicht H^3 10 schleppest mir (Hr gestrichen) H^3 sie — dir] mir sie mit H^1H^2 beschimpfst H^1H^2 daraus Hr beschimpfest H^3 11 mich aus sie H^2 sie mir] mir sie H^1H^2 13 lies sei bir   16 er spricht fehlt H^1H^2 Zusatz Hr H^3 19 still H^1H^2 daraus g stille H^3 22 einen H^4 23 für] vor $H^1—A$ 25 Wär'] War H^1 27 Hierin g aus Hierinne H^3 71, 1 Sinnen H^1H^2 zwiespältig $H^1—H^3$ daraus g zwiespaltig H^4 2 Weiber

H^1 4 jene fehlt H^1—H^3 Nachtrag g H^4 5 bie bie H^1 beſitze] habe H^1H^2 g über habe H^3 9 ich fehlt H^1H^2 Nachtrag Hr H^3 noch] ich H^1H^2 Hr über ich H^3 12 Ruh H^2 daraus g Ruhe H^3 13 beiden] beide H^1H^2 beyde H^3—S 14 Eine aus eine H^3 g H^4 19 des Grundes] des *fonds* H^1 des fonds H^2 20 im — abzuwerfen] die Maste abwerfend H^1—H^3 daraus g unſern Text H^4 22 der — 23 läßt fehlt H^1H^2 22 abnehmen g aus abwerfen H^4 23 Püppchen g aus Puppchen H^3 Stille] Still H^1H^2 Es — 24 Augenblick] es geht gut H^1H^2 27. 28 nicht als Verse wie 31, 14. 15. Vgl. zu 30, 17   72, 1—4 fehlt H^1H^2 1. 2 gegen Manbantanen über geſetzt, daraus g Manbanbanen und Hr Manbanbanen gegenüber geſetzt H^3 angeſehen Hr aus angeſehn H^3 7 vereine — 8 mit] vereinbare ſie hiermit H^1—H^3 daraus g vereine Hr mit H^3 7 vereine g aus verein H^4 9 Für] vor H^1—A 11 fühls in ihre (so!) H^1 14 in den H^1—H^3 hingeriſſen H^1—S 15 ihr] dir H^1H^2 Manbantane H^1H^2 16 deutend] zeigend H^1 19 die — abwirft fehlt H^1H^2 20 erneuern H^3 22 Komma hinter Treuen fehlt H^1—C 23 thöricht Hr aus thörig H^3 24 zur Puppe g zugeſetzt H^2 25 Menſchen] Götter H^1—H^3 g über Götter H^3 26 Die Götter] Den Menſchen H^1H^2 g für Die Menſchen H^3 geſammt H^1H^2 27. 73, 7 erneuen g aus erneuern H^3 8—10 pp H^1—H^3 11 zur Puppe fehlt H^1—H^3 12 Menſchen] Götter H^1H^2 g über Götter H^3 für 13—15 pp nach 19 H^1—H^3 17 meinen aus meine H^4 18 so wieder] wieder ſo H^1H^2 meine Arme H^3 20 fehlen. — 21 genießen] fehlen, daß wir indeß unſers Glücks (Glück H^1) genießen, und H^1H^2 20 mit Wir wollen un= bricht H^4 ab   22 ſtille H^1H^2 (Mehr — 27 Göttern fehlt H^1H^2 28 fehlt H^1 Schluß Ballet g H^3

Die Vögel.

Handschriften.

H^1: Handschrift der Herzoglichen Bibliothek zu Gotha, bezeichnet: Chart. B. 1304. Geschenk Goethes an den Prinzen August von Gotha, diesem mit Brief vom 2. April 1781 (Werke IV, 5, S 103 f. Nr. 1186) gesandt. Das Original dieses Briefes, sowie das eines zweiten am 17. September 1781 an den Prinzen August gerichteten (Werke IV, 5, S 191 f. Nr. 1312), ist H^1 vorgebunden. Pappband, Deckel mit Papier von gelber Steinfarbe beklebt und mit schmalen eingepressten Goldstreifen ausgeziert. Die Bogen sind zu Quart zusammengelegt. Von Vogels Hand geschrieben und von Goethe durchcorrigirt. Auf Blatt 4 steht der Titel: Die Vögel. Erſter Akt. 1780. in Fracturbuchstaben. Die Rückseite dieses Blattes wurde leer gelassen, das Personenverzeichniss fehlt. Auf Blatt 5 beginnt der Text, er geht bis zum Schlusse des Blattes 51. Der Name der agirenden Person steht stets in der Mitte einer besonderen Zeile, die scenarischen Bemerkungen sind in Klammern den Personennamen beigefügt, reicht die Zeile dazu nicht aus, so wird in einer neuen damit fortgefahren, aber regelmässig nur die rechte Hälfte dieser neuen Zeile dazu benutzt. Die Textworte beginnen stets eine neue Zeile. Die mit Bleistift vorgenommene Foliirung von H^1 ist jung, erst aus den letzten Jahrzehnten stammend.

H^2: Handschrift des Goethe-Schiller-Archivs. Dieselbe bildet einen Bestandtheil des I. Heftes von „Goethens Ungedruckte Schriften", die Goethe der Herzogin Mutter Anna Amalia zum 24. October 1782 geschenkt hatte (vgl. 12, 319 und 347). Es sind vier, nicht geheftete Lagen von je vier Doppelblättern grossen Quartformats, das hergestellt wurde, indem von dem oberen Theil jedes Bogens etwa ein Viertel weggeschnitten worden ist, die letzte, fünfte, Lage besteht nur aus vier Blättern oder zwei Bogen. Das erste Blatt ist leer gelassen. Die im Archiv mit Bleistift vorgenommene Foliirung beginnt erst auf Blatt 2. Auf diesem steht in Fractur der Titel: Die Vögel. Nach dem Aristophanes. Erster Act. Auf der Rückseite dieses Blattes steht das Personenverzeichniss. Der Text beginnt auf dem folgenden Blatt (jetzt 2), das Scenarium Walbiges — Ruine in Fractur, darunter ein Strich. Die Namen der agirenden Personen sind in Fractur geschrieben, die scenischen Bemerkungen in Klammern mit gewöhnlicher Schrift. H^2 ist ganz von Vogels Hand geschrieben, Correcturen Goethes sind nicht vorhanden. H^1 und H^2 gehen auf eine gemeinsame Vorlage, wahrscheinlich auf das von der Göchhausen nach Goethes Dictat geschriebene Original, zurück, jedoch sind in H^2 schon kleine Änderungen vorgenommen, die fast alle vulgäre und ungewöhnliche Ausdrücke der ersten Fassung beseitigten. Wo H^1 und H^2 übereinstimmen, ist in den Lesarten durchgehends die zusammenfassende Bezeichnung H gesetzt worden. Die lediglich orthographischen Abweichungen von H^1 und H^2 untereinander und von den Drucken sind übergangen.

H^3: Für die erste, noch nicht in Verse abgetheilte Fassung des Epilogs liegt in dem Goethe-Schiller-Archiv das, von Seidel geschriebene, Original des Briefes Goethes an Merck, Weimar 3. Juli 1780 (Werke IV, 4, S 246—249) vor. Ein halber Bogen gelblichen Papiers. Goethe hat den Epilog durchcorrigirt.

Für die Bearbeitung, die das Stück in S erhalten hat, fehlt es an Handschriften.

Drucke.

S: Die Vögel. Nach dem Aristophanes. in Goethe's Schriften. Vierter Band. Leipzig, bey Georg Joachim Göschen, 1787. 8°.

S 221—284. Vorher geht Stella und Der Triumph der Empfindsamkeit. Es gibt auch Ausgaben mit der Jahreszahl 1790, da Göschen in diesem Jahre noch einmal eine Gesammtausgabe veranstaltete. Die Einzelausgabe Die Vögel. Nach dem Aristophanes. Von Goethe. Ächte Ausgabe. Leipzig, bey Georg Joachim Göschen, 1787. 8°. 64 S ist von dem stehengebliebenen Satz genommen, und kommt für die Lesarten nicht in Betracht.

S^1: Die Vögel. Nach dem Aristophanes. in Goethe's Schriften. Zweyter Band. Leipzig, bey Georg Joachim Göschen 1787. 8°. S 439—484. In diesem Bande gehen vorher Die Mitschuldigen, Iphigenie, Clavigo, Die Geschwister, Stella, Der Triumph der Empfindsamkeit, er ist also aus den Bänden II, III, IV der rechtmässigen Ausgabe zusammengestellt. Der Text der Vögel beruht auf S, hat jedoch durch Drucker- und Correctorwillkür an einzelnen Stellen gelitten. S^1 diente als Vorlage für A; Goethe schreibt am 26. October 1806 an Cotta (vgl. E S XXXII): „Da man die vier Goeschen'schen Bände nicht zerreißen wollte, so folgen auch schon durchgesehen für die dritte Lieferung: Triumph der Empfindsamkeit, die Vögel, Werther." Eine Handschrift ist natürlich bei der Drucklegung von S^1, da diese Ausgabe ohne Goethes Vorwissen gemacht wurde, nicht herangezogen. Auch für die sämmtlichen folgenden Cotta'schen Ausgaben ist nicht auf die Handschriften zurückgegangen, und somit fehlt von $S—C$ die in S bereits ausgefallene Stelle unserer Ausgabe 109, 28 — 110, 3.

A: Die Vögel. Nach dem Aristophanes. in Goethe's Werke. Neunter Band. Tübingen in der J. G. Cotta'schen Buchhandlung. 1808. 8°. S 215—256. Vorangehen Der Groß-Cophta, Der Triumph der Empfindsamkeit. Auf Die Vögel folgen Der Bürgergeneral und Gelegenheitsgedichte. Goethe hat das Stück vor dem Druck revidirt.

B: Die Vögel. Nach dem Aristophanes. in Goethe's Werke. Zehnter Band. Stuttgart und Tübingen, in der J. G. Cotta'schen Buchhandlung. 1817. 8°. S 79—120. Vorher geht Der Triumph der Empfindsamkeit, auf Die Vögel folgen Der Groß-Cophta, Der Bürgergeneral, Die Aufgeregten. Goethe hat die Druckvorlage A durchgesehen.

B^1: Die Vögel. Nach dem Aristophanes. in Goethe's Werke. Zehnter Band. Original-Ausgabe. Wien, 1817. Bey Chr. Kaulfuß und C. Armbruster. Stuttgart. In der J. G. Cotta'schen Buchhandlung. Gedruckt bey Anton Strauß. 8°. S 91—136. Anordnung des Bandes ist dieselbe wie in B (Über B^1 vgl. S 319.) Die Ausgabe floss aus A, wie deutlich aus 103, 10 hervorgeht, wo der Druckfehler von A: weder durch Unachtsamkeit übernommen wurde. In der Orthographie stimmt B^1 bisweilen auffallend mit S^1 überein, doch wird dies nur auf Eigenthümlichkeit des Wiener Correctors beruhen, der gewiss nicht S^1 dafür herangezogen hat. Die willkürlichen Abweichungen des Druckes B^1 von der Vorlage (wie z. B. 80, 24 einen Ort wird; 102, 15 Generale; 103, 5 lerne; 106, 15 Geschlechtern) finden in den Lesarten keine Berücksichtigung.

C^1: Die Vögel. Nach dem Aristophanes. in Goethe's Werke. Vierzehnter Band (vgl. S 319). S 77—117.

C: Die Vögel. Nach dem Aristophanes. in Goethe's Werke. Vierzehnter Band (vgl. S 319 f.). S 77—118.

E: Die Vögel von Goethe. In der ursprünglichen Gestalt herausgegeben von Wilhelm Arndt. Leipzig, Verlag von Veit & Comp. 1886. 8°. XXXVI und 59 Seiten. Beruht auf H^1, im Anhang die Abweichungen der Ausgaben.

Lesarten.

S 75 Der Titel so in allen Ausgaben. Die Vögel | Erster Akt. | 1780. H^1 Die Vögel. | Nach dem Aristophanes. | Erster Akt. H^2

76 Das Personenverzeichniss fehlt H^1 4—6 der Papagay. | der Schuhu. | Nachtigall und | Lerche ungesehn | Chor der Vögel. H^2

77, 1 Waldiges] Waldig und H^1 Waldiges und H^2 2 Grund H^1 4 dem] den H^2 6. 7 umgesehen H^1 8 (antwortend) fehlt H 15 betriegrischen B^1 16 schwindle H 21 hunten H 78, 1 (auf — liegend) fehlt H 6 dem] den H^2 10 der — *pigerrimus*] das *Lichen ejulans, foliis acaciae sursum protuberan-*

tibus apicibus inflexo reticulosis. *H*   11 welch — Figur! fehlt
H   12 verschellert *H*, in *H¹* jedoch *g* zerschellert   18 Meers=
grund *H*   Meersgrund' *S*   Meergrund' *S¹* — *C*   79,1 (herunter
kommend) fehlt *H*   2 versichre *HS*   14 Faß'] Nu, nu, faß'
H   22 als] wie *HSS¹*   80,7 Land *H*   8 zugieng *H¹*
9 den *H²*   Weeg *H*   Weg' *S*   13.14 es — verewigt fehlt *H*
15 Bergs *HS*   18 Land *H*   21 gescheut *HS*   23 wie — Teufel
fehlt *H*   26 Sieh] Sie *S* (Druckfehler)   81,6 und — schnarrend
fehlt *H*   Herrn *H¹*   Herr'n *H²*   14 zu gewinnen fehlt *H*
16 gerne *H²*   23 vom *H¹*   82,5 frag *H¹*   8 Langweile *H*
14 kömmt *H*   16 besondere *HS*   19 und bey Nacht *H*   22 Un=
glücke *H²*   25 Kopf *H¹*   83,6 deliciös *H*   13 feuchtliches *g*
aus fruchtliches *H¹*   16 wollt *H¹*   26 seinem *B* (Druckfehler)
27 heiß *H¹*   84,5 unartig als wie *HSS¹*   9 theuer *H²* (Schreibfehler) bitt *H¹*   11 euren *H*   16 ist so eben *H*   26 erhalt' *H¹*
85,1 ben fehlt *HSS¹AB¹*, ist daher als ein willkürlicher
Einschub von *B*, der in *C¹C* überging, in unserem Text zu
tilgen.   3.4 Treufreund. Da können sie ja ehster Tage einen
Briefwechsel heraus geben? Papagay. Es wird sich schon fin=
den. *H*   9 und Gekratse] ein Gekratse *H*   16.17 Wir — ge=
wendet] Wir hätten uns also an niemand beßern wenden können *H*
18 befinden *H*   19 hergekommen *H¹*, gebessert *g*   86,1 To=
back *H*   3 wollt *H¹*   5 ja fehlt *H¹*   9 meiste *HSS¹*

18 Treufreund — 88,6 rühren:

Hoffegut. Nun eben eine Stadt, wo mir einer auf dem
Marckte begegnete, und mich anführe und sagte: Was, Herr, ist
das erlaubt, ist das ein Freundschaftstück, in acht Tagen sich nicht
einmal bey mir zu Gaste zu laden? meine Capaunen nicht ver=
zehren helfen? meinen alten Wein zu verschmähen? Ich muß
wahrhaftig bitten, mein Herr, daß sie ihre Aufführung ändern,
sonst kann's nicht gut gehen.

Treufreund. So eine Stadt, wo mich ein alter würdiger
Greis in der Allee beym Lippen kriegte, und mich zur Rede stellte
und sagte: Was, ihr belohnt meine Wohlthaten so! Habe ich
euch darum einen Eintritt in mein Haus erlaubt? da hab ich
meine Tochter, das allerliebste Mädchen! habe ich euch nur darum
bey ihr allein gelassen, daß ihr ihr so begegnen sollt? Der arme

---

10 Hab' *H¹*   12 Mädgen *g* über Weibgen *H¹*   hab *H¹*

Tropf kommt zu mir, weint und schluchzt und sagt: ach lieber Herzenspapa, bedenkt nur, er hat mich nicht einmal geküßt, nicht einmal geherzt, nicht einmal — ach, daß das arme Kind vor weinen nicht fortreden kann! — Pfui, fährt der Alte in einem gesezten Tone fort, das hätte ich mir von euch nicht versehn! beschimpft mich nicht so zum zweitenmale, wenn wir gute Freunde bleiben sollen, wie ich's von eurem seeligen Vater gewesen bin.

Hoffegut. Und wo wider Vermuthen ein bescheidner, sauber gekleideter Mann in mein Zimmer träte und mich sehr um Vergebung bäte. Ich bin ihnen doch nicht beschwerlich? sagt' er „Im geringsten nicht", sagt' ich. — Ich habe was vorzubringen, wenn sie mir's nicht übel aufnehmen, sagt' er: „im geringsten nicht", sagt' ich. — Es ist eine Kleinigkeit, sagt' er: „Oh desto beßer", sagt' ich. — Aber ich muß überzeugt seyn, daß sie deswegen nicht schlimmer von mir denken werden. „Oh ganz und gar nicht." — Daß sie nach wie vor mein Freund seyn wollen? — „Auf alle Weise." — Nun so wag' ich's. Ich habe hier 200 Stück Louisd'ors; sie sind warlich vollwichtig! darf ich sie ihnen anbieten? Ich wüßte nicht bey wem sie sichrer wären. Ohne Hypothek! ohne Verschreibung! ohne Wechsel! aber ich bitte sie ums Himmelswillen, unter zehn zwanzig Jahren denken sie mir an keine Rückzahlung.

Treufreund. Und wenn mir nun irgend für ein Werk des Genies 5, 6, 800 Louisd'ors geradeswegs vom unbekannten unaufgeforderten Publiko ins Haus geschickt werden, und ich nicht mehr ein Schuldner des kleinen Bürgers seyn will, und zu ihm schicke: läßt er sich verläugnen — Ich begegne ihm und er weicht mir aus — ich will ihn verklagen, daß er's annehmen soll und muß, und finde keinen Advokaten der sich meiner ungerechten Sache annehmen mag — wenn ich zulezt genöthiget bin, es *ad pias causas* anzubieten, so einem hübschen kleinen Mädchen, die gute Gesellschaft aufnimmt, und, was mich zulezt ganz außer mich sezt, auch die wirft mir's vor die Füsse, schickt ein paar Meßfremde fort, und behält mich wahrhaftig vom Freytag in der Zahlwoche bis Sontag bey sich. H

---

5 hätt' *H*¹   6 zweitenmal *H*¹   8 wieder *H*¹   13 'S *H*¹
22 mir] ich *H*¹   24 werden] kriege *H*¹   25 Bürgers] Philisters *H*¹   und ich zu *H*¹   26 ihm begegne *H*¹   27 ihn verklagen will *H*¹   28 und finde] daß ich *H*¹   Advokaten kriege *H*¹

88,10 sind H^1 17 Treufreund. Nun geht der Periode zu Ende. H 89,11 Einen aus einen H^1 22 umkränzende HSS^1 27 schaff H^1 90,1 wär' H^1 3 Zeit — 5 äußern] Zeit die Zuhörer ihre Verwunderung und der Papagay sein unendliches Entzücken äußert H 7 heisser H^1 10 Heidelbeere, Himbeere, H^2SS^1 11 Meelbeere H^2 Mehlbeere SS^1 Brombeere H^2SS^1 17 iede Pflaume H 19 Wann H^1 24. 25 Scene — Belieben] Scene: *Heureuse paix, tranquille indiference* p H 29 teutschen H 91,2 in der Nähe] bey nahem H^1 5 Gesang H^1 14 vor] für H 24 Geräusche H 28 fehlt H 92,4 abenteurlicher H^1 7 noch alberner] doch albern H 19 sie] Sie H^1 in Fracturschrift ebenso in 22 Du und ich sie H^2SS^1AB 21 ein] die HSS^1AB^1 ein ist daher als ein Fehler von B, der sich nach C^1C fortgepflanzt hat, in unserem Text durch die zu ersetzen.   93,8 Jahr H 12 junge HSS^1 nicht] nicht H^2 14 eh H eh' SS^1 94,1 verschonet (g?) H^1 aus verschont   5—20 Die Strophentheilung ist in H^1 nicht vorhanden.   6 verwegnen $S—C$ 24 Generals H^1 26 gros glasäugigen H^1 28 Ballen — 95,5 lauter] Ballen, 2. 3. 4. 5. 6. 7. 8., lauter H 95,2 aufgebauet B^1 5. 6 nach — hat!] rezensirt hat, ohne sie gelesen zu haben! H, daraus g durch Überschreiben: nicht ausgepackt, die er nur nach dem Geruche rezensirt hat. H^1 17.18 fehlt H 23 ungezogner HSS^1AB 25 Lettichkugeln H 28 bunten H^2 96,1 verunzieret H 3 wie] und H 8 verwegnen $S—C$ 10 Ungesäumt H^1, wie es scheint g gebessert.   18 fehlt H 20 zum H^2 24 dergleichen Völker] sie H 97,10—16 fehlt H 17 aber] so HSS^1AB^1 aber ist daher als ein Fehler von B, der sich nach C^1C fortgepflanzt hat, in unserem Texte durch so zu ersetzen.   mache H 19 euren H 20 zum] einen H 21 gereichen] machen H 22 eures H 26 vermöget HS 27. 28 Etwas — Unbekannter] Schädliches auf bekannte oder unbekannte H^1 98,4 verborgnen H^2 5 beffere] glücklichere H^1 14 euerm SS^1AB^1 20 nächste H^2 Verwandte HSS^1AB^1 24 Freund HSS^1 27 vorauszusehn und fehlt H^1 28 Rathe erwarten] Rathe nicht erwarten H^1 99,2 beste, edelste, uneigennützigste H^1 euren H 5 habt ihr] sind H^1 10.11 haben — Südpole] vom Südpole (Südpol H^1) haben uns HSS^1 11 Otaitische H 12 Linné H *ryparocandula* $S—C$, entschieden Druckfehler. 27 Ach] Ah H 100,2 Umgang] dem Umgang H^1 bem Umgange H^2SS^1 verbrüßlichen H 3 schlechte] mit schlechter HSS^1 7 Standesperſonen H^2 8 vier] acht H 9 um] nur H^1 27 bemerklich] bemerken HSS^1 28 Gefange H^2 (Schreibfehler) 101, 3 Geſichte] Angeſicht H^1 Angeſichte $H^2SS^1AB^1$ Geſichte iſt daher als ein Fehler von B, der ſich nach C^1C fortgepflanzt hat, in unſerem Texte durch Angeſichte zu erſetzen.   23 Schickſal H^1 102, 4 euren H 7 eurem H 13 wegen] willen H 15 Freund H^1 17 mehr] mehrerer HSS^1 19 vor nicht iſt g ihm eingeſchaltet, aber das nach Inbrunſt ſchon ſtehende ihm iſt nicht getilgt H^1 23 ſchluchſen H 103, 9 Ton HS 10 werdet] weder A, Druckfehler, in B^1 wiederholt.   12 ältſte H^1 15 in — Schoos] im Schooſe der Urwelt H—C^1 26 Die Worte er [Er H] fährt fort ſind in B — gegen die Vorlage, wie B^1 zeigt — in Klammern geſetzt und in Folge deſſen in C^1C als ſceniſche Bemerkung auch mit kleiner Schrift gedruckt.   104, 1 warm fehlt HSS^1 3 Sieh — her] Mit den [den fehlt S^1] Fittigen ſich HSS^1 8. 9 als — Liebe fehlt H 22 eurem H ſeine — aber] Aber ſeine Frau H^1 hatte] hat HS 23 entſtunden H Baſtarte H 24 ſein H^1 105, 2 Seinen S 4 Sieg H 5 dem] den H^2 7 geſehn H—C^1 8 Treufreund g hinzugefügt H^1 9. 10 regenbogenfarbne H^1 17 Das — Kinderſinn fehlt H 24 euren H Sinnen H 28 eigne H^1 eigene H^2SS^1 106, 6 Euren H 7 wann H^2 13 Aber ihnen im H 14 ihnen fehlt H geprägt H 15 Geſchlechtern B^1 23 ſehr] erſchrecklich H^1 24 ihnen] ſich HSS^1A Rechtem] rechts H—B^1 107, 3 darin] brinnen H 5. 6 Burgermeiſter H^2 6 Stadtwachmeiſter H 7 das freye Rom, das freye Rom B^1 16 drauf HSS^1 20 andre H 22 In HS 23 größten] tiefſten H 25 von] vor H^1 26 worden fehlt H—C^1 108, 3 Tobacksfrämer H Deſerteurs H 14 vergulbete H diamantne HS 109, 15 Fuhr H^2 16 deine H 28 Vierter — 110, 2 ihr? fehlt S—C 110, 5 nichts g aus nicht H^1 7 ungeheuren H 14 darin fehlt H 18 fliegt g aus flieg H^1 24 ſo H^1 111, 18 ihrer fehlt H^1 aushält BC^1C 22. 23 um es] um's H^1 25 in Händen] in den Händen HSS^1 27 vereinzelnen C 112, 8 ohngefehr H 14 euren H 22 — 113, 5 fehlt H 113, 3 Tag SS^1 115, 2 ſogar B^1

Den Epilog gibt *H*ª noch nicht in Verse abgetheilt und in folgender Fassung:

Der erste der den Inhalt dieses Stüks nach seiner Weise auf's Theater brachte war Aristophanes der Ungezogne. Wenn unser Dichter, dem nichts angelegner ist, als euch ein Stündchen Lust und etwa auch Beherzigung nach seiner Weise zu verschaffen in ein und anderem gesündiget, bittet er durch meinen Mund euch allerseits um Verzeihung. Denn, wie ihr billig seid, so werdet ihr erwegen, daß von Athen nach Ettersburg mit einem *Salto mortale* nur zu gelangen war. Auch ist er sich bewußt mit so viel Guthmüthigkeit und Ehrbarkeit des alten beklarirten Bösewichts verrufene Späse hier eingeführt zu haben, daß er Eures Beifalls sich schmeicheln darf. Auch bitten wir euch zu bedenken, denn etwas denken ist dem Menschen immer nüze, daß mit dem Scherz es wie mit Wunden ist, die niemals nach so ganz gemessnem Maas und reinlich abgezogenem Gewicht gegeben werden. Wir haben nur ganz kurz gefasst den Eingang des ganzen Werks, zur Probe hier bemüthig vorgestellt, sind aber erbötig, wenn es gefallen hat, den weitern weitläufigen Erfolg von dieser wunderbaren doch wahrhaften Geschichte, nach unsrer besten Moge vorzutragen.

---

2 Ungezogne *g* aus Ungezogene   13 Scherz *g* aus Scherze
14 Maas *g* aus Maaße   abgezogenem *g* aus abgezognen   16 vorgestellt *g* aus vorgetragen

Der Groß-Cophta.

Drucke.

N: Der Groß-Cophta ein Lustspiel in fünf Aufzügen in Goethe's neue Schriften. Erster Band. Mit einem Kupfer. Mit Kurfürstl. Sächs. Privilegium. Berlin. Bei Johann Friedrich Unger. 1792. Kl. 8°. S 1—241.

A: Der Groß-Cophta. Ein Lustspiel in fünf Aufzügen. in Goethes Werke. Neunter Band. Tübingen in der J. G. Cotta'schen Buchhandlung, 1808. 8°. S 1—135.

B: Der Groß-Cophta. Ein Lustspiel in fünf Aufzügen. in Goethe's Werke. Zehnter Band. Stuttgart und Tübingen, in der J. G. Cotta'schen Buchhandlung. 1817. 8°. S 121—255.

B[1]: Der Groß-Cophta. Ein Lustspiel in fünf Aufzügen. in Goethe's Werke. Zehnter Band. Original-Ausgabe. Wien, 1817. Bey Chr. Kaulfuß und C. Armbruster. Stuttgart. In der J. G. Cotta'schen Buchhandlung. Gedruckt bey Anton Strauß. 8°. S 137—285.

C[1]: Der Groß-Cophta. Ein Lustspiel in fünf Aufzügen. in Goethe's Werke. Vollständige Ausgabe letzter Hand. Vierzehnter Band (vgl. S 319). S 119—249.

C: Der Groß-Cophta. Ein Lustspiel in fünf Aufzügen. in Goethe's Werke. Vollständige Ausgabe letzter Hand. Vierzehnter Band (vgl. S 319). S 119—253.

Die Textgeschichte weist nur wenig interessante Änderungen auf; sie lässt allmähliche Besserungen und nur vereinzelte Verschlechterungen erkennen. *N* und *A* stehen sich noch sehr nah; so z. B. in den anfechtbaren Wendungen von 152, 22—23, 209, 2 und 209, 6; ausserdem sei hingewiesen auf 128, 22, 130, 15, 143, 20, 144, 26 (Ähnliches öfter), 159, 13, 167, 22 (wo NA die bessere Lesart hat), 188, 9 etc. Sodann steht NAB^1 häufig der Gruppe BC^1C gegenüber; z. B. in 122, 20—21. 124, 11 (dabei verdient NAB^1 den Vorzug), 126, 7, 186, 22—23, 223, 11, 227, 7, 237, 1, 238, 23, 244, 20, 247, 4.

Lesarten.

Erster Aufzug.

Erster Auftritt.

119, 5 fünfzehn B^1 121, 17 (vor sich.) NA 18 Betrieger! B^1C^1 23 unsere B^1 122, 18 vierzigtägige N 20. 21 Zusammenkunft NAB^1 123, 3 hänge B^1 Ihrem B^1 124, 1 triegen, B^1C^1 11 diese heißen NAB^1 die heißen BCC^1 12 der vor Hand, gesperrt NA 125, 7 aufs genauste NA 11 Getümmel! N 14 Thüre NAB^1

Zweiter Auftritt.

126, 7 hinterwärts] hinauswärts NAB^1 127, 4 Knienb B^1 10 und 12 Knie B^1 24 Ein N 128, 2 hierher, hierher B^1 6 zerbrochnen NA 22 sammlet NA 24 zu euern B^1 130, 4 Betrieger; B^1C^1

Dritter Auftritt.

130, 15 Wenn ihr aber] Aber wenn ihr NA 131, 23 daß] das $N—C$ 132, 4 hier B^1

Vierter Auftritt.

133, 11 (niederknienb). B^1 134, 12 möcht' B^1 21 Egypten N so immer.   135, 8 Libyens;] Lybiens, N

Sechster Auftritt.

138, 7 vierzigtägige N

Zweiter Aufzug.

Erster Auftritt.

140, 9 gewiß fehlt B^1 141, 9 der] ein B^1 26 Sie selbst? NAB^1

Zweiter Auftritt.

142, 24 Stillen; $N-C$ indeß] indem $B-C$ 23. 24 nach einbildete, ich Zusatz: habe ein Zimmer im Schlosse und N Dass diese Stelle von N mit Absicht gestrichen worden, ergibt 121, 28 — 122, 2.   143, 20 ihm NA 24 diesen? B^1 144, 7 mir] nur $B-C$ 21 (vor sich) NA 26 ahnden NA 145, 3 Halsband NA 5 machen. $A-C$ 146, 13 wolle] wollen B^1 148, 10 Charletanerie N 20 gehen NAB^1 25 frägt N

Dritter Auftritt.

149, 24 Jugend] Tugend B^1

Vierter Auftritt.

152, 22. 23 übrigen großen Eigenschaften NA 26 Betrieger; B^1C^1 153, 19 gesehen. NAB^1 reblich] endlich N 154, 5 hierher B^1 8 Betrieger B^1C^1 26 noch vor immer fehlt $B-C$ 155, 6 ihr BC^1C 13 zu vor sein fehlt B

Fünfter Auftritt.

157, 15 Lies: gehalten? So in NAB^1 behalten? BC^1C 158, 19 Ihnen N 25 Knie B^1 vor] für N 159, 13 bei der Hand] bey dem Arm NA 160, 1 anvertrauet NA 18 ahndet NA 161, 17 finden, wo N 162, 4 frembe $N-C^1$ 5 leichtfertige $N-C^1$ 12 andre NA Andre B^1

Sechster Auftritt.

164, 10 vor sich.) NA 16 ahndet NA 165, 14 (vor sich) NA Ebenso 165, 21, 167, 7, 198, 11, 199, 12, 201, 1, 201, 3, 202, 4.   15 Knien B^1 24 Knie B^1 167, 22 liebste] liebe $B-C$

Dritter Aufzug.

Erster Auftritt.
169, 5 Herren BC^1

Zweiter Auftritt.
171, 22 bloß B^1C bloş BC^1 172, 21 Ihnen N

Dritter Auftritt.
173, 22 Billjet N 174, 14 Auserwehlter N 21 viele Langeweile N

Vierter Auftritt.
176, 12 hierher B^1

Fünfter Auftritt.
178, 13 nicht N 25 solle NA 179, 21 zurückgestoßnen B^1 180, 5 neue, NA Ihnen N 27 baß] das N 181, 23 ungeberbig $N-C^1$ 182, 28 vorzügliche $N-C^1$

Sechster Auftritt.
185, 6 erlaubte.] machte. N 23 Cerimonien, NA weissagete N 186, 15 Cerimonien NA 22. 23 zum letzten mal N zum letztenmal A zum letzten Mahl B^1 26 mit offenen B^1 188, 9 hattet] haltet NA 26 mehreren NAB^1

Siebenter Auftritt.
190, 24 Fackeln B Druckfehler.

Achter Auftritt.
Dieser Auftritt ist, jedoch mit zahlreichen Änderungen, dem alten Opernfragment entnommen; die Anführung der abweichenden Lesarten auch an dieser Stelle würde fast eine blosse Wiederholung von Nr. 15. der Paralipomena sein; wir verweisen daher auf diese.

192, 22 Paar. Cerimonie NA 27 Knie $N-B^1$

Neunter Auftritt.
193, 5 mit einen N 196, 17 vorgestrecktem B 18 libhschen] lybischen $N-B^1$ 26 versammlete N 197, 13 sollen. C 23

und 24 (bei Seite) fehlt *N*   26 ahndet *NA*   198, 22 ahnde *NA*   26 auszudrucken *NAB*   201, 3 bewundre *N*   16 flistern *B*¹   20. 21 erkennen] kennen *N*   24 Flistern *B*¹   202, 9 ahndet *NA*

Vierter Aufzug.

Erster Auftritt.

205, 1 ohngefähr *N—C*¹   13 Betrieger *B*¹   206, 10 wenn] wann *B*¹   14 Thür *B*¹

Zweiter Auftritt.

206, 22 Billjet *N* Ebenso 207, 3. Billiet *A* Ebenso 207, 3.

Vierter Auftritt.

203, 24 keine mehr Mühe kosten. *N—C* Das Richtige nur in *B*¹   209, 2 geringe] gemeine *NA*   6 halb vor stumme fehlt *NA*   210, 2 verwegener *NAB*¹   12 ein *N*

Fünfter Auftritt.

212, 7 Billjett *N* Billiet *A* Ebenso 215, 21.   12 Kaffeehause *N* Caffeehaus *B*¹

Sechster Auftritt.

214, 26 Augenblicke *N—C*¹   215, 9 hierher *NB*¹

Siebenter Auftritt.

216, 14 Garderobenthür *N—B*¹   21 Keineswegs *N—C*¹   217, 4 sagen] denken *N*   218, 4 einander: *BC*¹*C*   220, 20 Garderobenthür *NAB* Garderobenthüre *B*¹

Achter Auftritt.

222, 3 Betrieger *B*¹*C*¹ Ebenso 11 und 223, 2.   223, 4. 5 wenn — werden, fehlt *B*¹   11 ihm] ihn *NAB*¹

Fünfter Aufzug.

Erster Auftritt.

224, 3 Nacht. fehlt N 17 Thüre NAB^1 sie $N—C$

Dritter Auftritt.

227, 1 Obrist] Oberst NB^1 2 Camerad B^1 6 gehn N 7 beyde NAB^1 10 unsere B^1

Vierter Auftritt.

228, 23. 24 zu gefallen N

Fünfter Auftritt.

230, 13 O ich] Ich B^1 231, 10 (knienb B^1 13 ob sie gleich) wenn sie N 24 konntest." $N—B^1$ 27. 28 Augenblick. $N—B^1$ 232, 12 Winken] Wünschen B^1

Sechster Auftritt.

234, 25 Oberst N 235, 1 Oberst N 9 gehn $N—C^1$ 19 Gefangene. $N—C^1$ 21 Oberst N Ebenso 235, 24, 236, 8, 237, 3, 240, 6. 12, 244, 5.   236, 9 Gefangene $N—C^1$ 12 hierher B^1 20 muß BC^1C 237, 1 möge NAB^1 6 unsere B^1 7 stehn $N—B^1$ 21 gegen ihnen B^1 Druckfehler.

Siebenter Auftritt.

238, 23 würdigster NAB^1 würdiger BC^1C 239, 1 Abenteuer N 240, 13 nur] nun N

Achter Auftritt.

242, 4 Ahnherren NAB^1 243, 7 Hofjuwilieren N 244, 11 betriegerischen B^1C^1 13 Ihnen $N—C$ 20 Verwandte NAB^1 247, 4 Nun] Nur NAB^1 248, 15 Ihnen. N

Paralipomena.

Die Paralipomena des Gross-Cophta bestehen aus zwei scenarischen Entwürfen und umfangreichen Fragmenten des ursprünglich als Oper angelegten Werkes. Erhalten sind eine Reinschrift Goethes, H^1, und eine Anzahl flüchtiger erster Niederschriften, $H^2—H^7$; alles ungedruckt bis auf die beiden Cophtischen Lieder (Bd. 1, S 130 f.) und die mit Veränderungen in das „Lustspiel" übernommene erste Scene in der ägyptischen Loge (III, 8 des Cophta, oben S 191 f.; Paralipomena, Nr. 15). — Das ganze Convolut, im Goethe- und Schiller-Archiv befindlich, ist durch den Umschlag eines Doppelquartblattes zusammengehalten und mit der Aufschrift g^1:

Der Cophta
Als Oper
angelegt.

versehen. Von Kräuters Hand beziffert mit Nr. 12.

Eine (wie aus beiliegenden Zetteln ersichtlich) von Riemer angeordnete, von Musculus ausgeführte Abschrift ist in Einzelheiten der Anordnung und des Textes fehlerhaft und für uns ohne Werth; sie enthält ausser H^1 viele Stellen aus $H^2—H^7$.

Über die Niederschrift der Bruchstücke gilt Folgendes. Nachdem der Dichter die Höhepuncte der Handlung und auch die wichtigsten Verbindungsglieder klar disponirt und in den beiden scenarischen Plänen in Einzelheiten abweichend, in der Hauptsache aber übereinstimmend festgestellt hatte, begann er die Ausführung in der Weise, dass er bald diesen, bald jenen Zug aus den verschiedensten Auftritten gestaltete und auf abgerissenen Blättern in bunter Reihenfolge niederschrieb. Die Beschaffenheit von $H^2—H^7$ lässt nur dieses Verhalten Goethes ermitteln. Nachdem derart ein grösserer Abschnitt der Arbeit gelungen war, besorgte Goethe selbst eine Reinschrift des Wichtigsten (H^1); da er aber hierin nicht alles aufnehmen wollte oder konnte, was die ersten Brouillons enthielten, vernichtete er $H^2—H^7$ nicht, während wir annehmen dürfen, dass er andere Blätter, deren Inhalt vollständig in H^1 übergegangen war, beseitigte. Die Conception der Oper fällt in den Sommer 1787; Genaueres darüber berichtet der Brief an Kayser vom 14. August und der an Bertuch vom 27. October 1787.

Sollen die Bruchstücke in einigermassen lesbarer Gestalt dargeboten werden, so dürfen wir sie nicht nach dem zufälligen Ort ihrer Niederschrift vorführen, sondern müssen sie nach Massgabe des zweiten Scenars auf die einzelnen Acte und Auftritte vertheilen. Um jedes Stück deutlich abzuheben, empfiehlt sich ausserdem die Bezeichnung durch Nummern; Anzahl und Folge der Nummern jeder Handschrift werden unten vermerkt. Die Angaben über die auftretenden Personen sowie über die von Goethe gewünschte musikalische Ausführung der einzelnen Stellen (Arie, Recitativ etc.) werden von uns, nach dem 2. Scenar, bei den einzelnen Auftritten wiederholt; ferner geben wir in eckigen Klammern rechts vom Text Verweisungen auf die entsprechenden Stellen des Lustspiels Gross-Cophta.

Drucke.

Gedruckt sind nur die beiden Cophtischen Lieder, vgl. Bd. 1, S 130—131 und Lesarten S 399 (die dort erwähnte $H^{2\text{s}}$ ist ohne Werth), sowie das überarbeitete Stück Nr. 15 der Paralipomena; vgl. oben S 191—192.

Handschriften.

H^1: 11 Doppelquartblätter, Papier hell gelblich-grau, Wasserzeichen: *J A Wunnerlich* auf der einen Hälfte der Bogen, auf der andern die Buchstaben $H\ O\ F$ in alterthümlicher Gestalt. Reinschrift *g*. Zerfällt in 8 Lagen, von denen die 1. aus zwei Doppelquartblättern, die 2., 3., 4., 5., 6. und 8. aus einem, die 7. aus dreien bestehen. Keine Paginirung Goethes. Die Handschrift enthält die Nrn. 3, 5, 10, 12, 14, 15, 16, 18 der Paralipomena.

H^2: Etwas verkürztes Folioblatt, weisses Papier, Wasserzeichen: Wappenornament, in dessen innerem Felde eine

Sonne, darunter über einem Querbalken drei Sterne, unten in dem inneren Felde über einer giebelförmigen Erhöhung noch drei Sterne. Die eine Seite des Blattes bringt das erste Scenarium; dann ist das Blatt in der Mitte gebrochen worden, und auf der einen Hälfte der Rückseite stehen 1) die Verse Nr. 17, 1—3. 2) nach zwei Strichen die Verse Nr. 11. Dann 3) nach einer freien Zeile die Verse Nr. 20. — Ausserdem knappe Notizen über Auslagen in italienischem Gelde. Das Scenarium ist mit anderer Tinte geschrieben als die Verse. Alles eigenhändig.

H^3: Folioblatt, Papier wie das von H^1, nur eine Seite beschrieben, g; enthält Nr. 2.

H^4: Foliobogen, graues Conceptpapier, Wasserzeichen: $J G K$ auf der einen Seite, auf der andern Ornament; alle 4 Seiten beschrieben. Auf S 1 enthalten: Nrn. 7, 18, 15 (V 15—18 und 11—14); auf S 2: Nrn. 5 (V 1—14), 19, 8, 21; auf S 3: Nrn. 4, 22, 10 (V 3—10), 13; auf S 4: Nrn. 6, 9, 15 (V 1—10). Alles g.

H^5: Bogen in kl. 8°, Papier wie das von H^4. S 1 enthält: Nrn. 19 und 18; S. 4: Nrn. 5, V 6—14 und 5, V 1—5. Sehr flüchtig, g^1. Auf S 2 und 3 wirthschaftliche Notizen.

H^6: Quartblatt, weisses Papier, Wasserzeichen: $N P$; enthält auf S 1: Nr. 3, V 28—49; auf S 2: Nr. 3, V 50—51.

H^7: Doppelquartblatt, Papier wie das von H^1; die beiden innern Seiten unbeschrieben; S 1 enthält: Nr. 17 (darunter flüchtige Bleistiftzeichnung); S 4: Nr. 23 und folgende Bruchstücke aus Tasso (V 1744—46 und V 1771 f.):

   Daß er nicht etwa künftig mangel leibe
   Daß ihm der Herzog seinen Unterhalt
   Auch in der Ferne willig reichen laße

   Er ist kein guter Wirth wo es ihm fehlt
5   Werd ich ihm schon geschickt zu helfen wissen

Flüchtige Bleistiftnotizen. 2 der Herzog über mein Bruder seinen Unterhalt unter was er ihm bestimmt [?] und dies unter seine Wohlthat nicht 3 willig üdZ

A. Scenarische Entwürfe.

1) Der erste (italienische) Entwurf.

Enthalten in H^2.

1.

I.
Abbate Courville Cavaliere
  Innozenza IV.
Rostro detti.
Rostro Abbate.

II
Cavalier *Innocenza.*

Courville ed Innocenza
Smanie.

III
Abbate Solo *coi ritratti*
Abbate Courville.
Detti ed i Goiielleri. [giojellieri]

Loggia d'egitto . Gran Cophta
Apparitione

IV.
Rostro Solo.
Rostro Cavaliere
=
Courville
Cavaliere *ed essa*
Cavaliere Solo
Cavaliere *ed Innocenza . Furie*
  d'amore
Innocenza sola . disperata

V

2) Der zweite (deutsche) Entwurf.

Enthalten in H^3.

2.   Die Mystificirten.

1. Act.

1 *Soupé fin.*
2 dazu der Graf.
3 die Frauen werden weg geschickt. [Egypt Loge.]

Lieb. tutti. Arie Abbe
Arie Graf tutti
Geister Scene pr....
Courville arie.

4 ber Graf ber Abbé ber [Ritter] Ankündigung[?] des groß Cophta	
	Arie Abbe.
5 ber Gr. [der Abbe.] ber Ritter 1. 2 Grad	Ritter Arie
6 ber Graf. Lasset Gelehrte	Arie. Graf

2. Act

Courville. barnach ber Ritter barnach bie Niece	[Terzett] Romance Ariette.
bie Niece ber Ritter.	Terzett.
Abbe mit ben Bilbern	Arioso Rezit.
Abbe Juweliere	
Abbe Courville. bie Nichte	Arie.
Egyptische Loge Geister sehen.	*Finale*

3. Act

Graf und Ritter Entbecken 3 Grad.	
Courville schreibt ben Brief	
Courville ber Ritter	
Der Ritter all[ein].	Arie
Der Ritter bie Niece	Arie ber Niece
Der Ritter.	Nachsatz
Nach[her]. Final[e].	
Der Graf.	
Der Ritter	
Courville bie Niece	Duett.
Der Abbe.	

14 barnach über gestrichenem *Courv.* 16 Abbe — Bilbern über Graf der Ritter. | 2 Grad. Arioso Rez. gestrichen, aber durch Puncte als dennoch gültig bezeichnet. 22 Abbe über Graf 24 *Courville* — Brief unter gestrichenem Abbe Juwelier *Courville* 26 Der Ritter all. nachträglich eingeschoben. 27 Duett vor Arie ber Niece

B. **Ausgeführte Bruchstücke.**

Die Mystificirten.

Personen.

Der Abbé [Der Domherr].
Der Graf.
Der Ritter.
Courville [Die Marquise].
Ihre Nichte.
Gesellschaft von Herren und Damen.
Zwei Hofjuweliere.
Kinder und Männer (in der ägypt. Loge).

3. Bis 37 in H^1 enthalten; 28—37 ausserdem in H^e, worin ferner die grossentheils unleserliche Schlusspartie dieser Nr.

[H^1, S 1]   Erster Aufzug.

    Erster Auftritt.   [Cophta I, 1]

Ein wohldecorirter und erleuchteter Saal. Eine Gesellschaft an der Abendtafel. Sie scheinen am Desert zu seyn. Keine Bediente sind im Zimmer.
An dem rechten Ende des Tisches Der Abbé neben ihm zur rechten M. Courville gegen dem Abbé über der Chevalier neben ihm ein Frauenzimmer und noch einige Herren und Damen biß auf neune an der Tafel.

[H^1, S 2]   Chor.   [Scenar: Lieb. tutti.]
   O steiget hernieder
   Ihr lieblichen Götter
   O Venus! O Bachus!
   Und höret die Lieder
   Der fröhligen Schaar!   5

In der scenarischen Vorbemerkung: decorirter über gezierter Damen—biß] Damen weiterhin, daß es neun Personen dann [?] sind. biß

     Es wandlen die Grazien
     Mit offenem Busen
     Es stehen die Musen
     Um euren Altar.

|: Der Abbate steht auf und geht bald auf dem vordern Theil des Theaters hin und wieder bald bleibt er an der Seite stehen.

     Courville
10   Es bringe noch Comus
     Die leuchtende Kerze
     Des Leichtsinns, der Scherze
     Zu eurem Altar!

     Chor.
     O steiget hernieder
15   Und höret die Lieder
     Der fröhlichen Schaar.

[H¹, S 3]   Der Ritter.
     O gebt mir im Unglück
     Ein selig Vergessen
     Ein kühnes Vermessen
20   Mir in der Gefahr.

     Chor
     Ihr steiget hernieder
     Und höret die Lieder
     Um euren Altar.

   Der Abbate an der vordern Seite.
     Voll Hoffnung und Sorgen
25   Bewegt sich die Seele
     O wäre doch Morgen
     Der Tag schon vorbey!

|: Die Gesellschaft hat auf ihn acht gehabt und sich über ihn besprochen :|

Scenarische Bemerkung nach 9: |: Der Abbate — stehen. nachträglich eingefügt. 14 steiget aus Steiget 18 selig aus seelig

Chor.
[Fehlt; *H*¹ S 4 frei gelassen.]

[*H*¹, S 5]   Abbé

    Und eben diese Hoffnung, diese Nähe   [Cophta, S 120]
    Des höchsten Glücks treibt meinen Geist
    In schmerzlicher Bewegung. Ach zu warten   30
    Zu warten ist so schwer.
    Am schwersten wenn der Augenblick
    Der lang ersehnten Freude naht.

    Sieh ein Chor von Amoretten   [Scenar: Arie Abbe]
    Sie bereiten Rosenbetten   35
    Schlingen sanfte Blumenketten
    Tänbland mir um Arm und Brust. [*H*¹, S 6—8 frei]

    Und auf biesen . . . . .
    . . . .
    Seh [?] ich mit bem Blick voll Güte [?]   40
    . . die . . . . ber Lust

    Und zu dieser Tage Sch . . . .
    Die uns einzeln schon [sehn?] entgegen [?]
    seh . . . .
    Gar die Weisheit noch gesellt   45

    Alle kommen mir entgegen
    . . . . . bas Herz sich regen
    Und es machen mich die drehe [?]
    Zum Meister der Weisen zum Herrn der Welt

    Und in diesem Chor von Göttern [?]   50
    Werd ich Sterblicher ein Gott [?]

---

29 treibt] bringt *H*ᵉ   Statt Geist scheinbar Sinn *H*ᵉ, aber sehr undeutlich.   30 schmerzliche *H*ᵉ Scheinbar Bewegungen. *H*ᵉ, was aber nicht in's Metrum passt.
31—33 Zu warten ist so schwer. Am schwersten
        Wo der Augenblick (Augenblick fast unleserlich) der lang
                               ersehnten Freude naht. *H*ᵉ
36 sanfte] feste *H*ᵉ, doch sehr undeutlich.   nach 43 freier Raum für eine Zeile.

4. Aus H^4 entnommen. Derselbe Auftritt. Worte der Courville.

>Der Graf von Roſtro [Anklang: Cophta, S 121, 25]
>kann entweder die Geiſter bannen
>Oder nicht.
>Kann er's ſo werden ſie [von einem [?] Glaſe]
>5 Von einem Glaſe Wein
>Von einem Kuß ſich nicht verſcheuchen laſſen
>Und kann er's nicht ſo ſind wir
>Grade ſo klug als wie zuvor.
>Drum

Zweiter Auftritt.
Der Graf. Die Vorigen [Scenar: dazu der Graf.]

5. Enthalten in H^1, V 1—14 ausserdem in H^4 und H^5 (in H^4 mit Blei durchstrichen).

>[H^1, S 9]   Chor.   [Scenar: tutti Cophta, S 127, 4]
>Vergieb dem Frevel
>Verzeihe! Verzeihe!
>Sieh unſre Trähnen
>Sieh unſre Reue!
>5 Wir liegen hier.
>
>   Der Graf   [Scenar: Arie Graf]
>Verwegne! Verdientet
>Daß ich euch knien ließe
>Biß an den jüngſten Tag

---

2 Verzeihe Verzeihe H^4
    3—5 Sieh unſre Reue
       Sieh unſre Trähnen [undeutlich]
       Sie fließen hier H^5
4 Reue H^4 vor 6 Der Graf fehlt $H^4 H^5$ 6 Gewißlich ihr verdientet $H^4 H^5$ 6—14 in zwei Theile getrennt geschrieben H^5, so, dass 6—10 vor 1—5, und 7—14 nach 1—5 stehen.
7 ließe] lieſe H^4 8 jüngſten] hellen $H^4 H^5$

Und daß ich aus der Tiefe
Die schlimmsten Geister riefe 10
bände
behende
Vor eurem Blick verschwände
Mit einem Donnerschlag!

Courville.

Ich weiß es daß der Kerl ein Jauner ist [Cophta, S 130,₃—₅] 15
Und dennoch kann er mich zu fürchten machen [*H*¹, S 10—12 frei]

Fortgang und Schluss des Auftritts; Scenar: die Frauen werden weg geschickt. Geister Scene pr..... *Courville arie*

Die Ziffer 3 vor diesen Worten des Scenars offenbar (wie die andern) nachträglich gesetzt, wobei übersehen, dass kein Personenwechsel.

Dritter Auftritt.

Der Graf. Der Abbé.

Scenar: der Graf der Abbé Ankündigung [?] des groß Cophta Arie Abbe. Keine Bruchstücke der Ausführung. Entspricht I, 4 des Cophta; insbesondere S 133, ₂₇—135, ₂₂

---

10 Die schlimmsten] Arg böse *H*⁵   11. 12 bände und behende *g*¹ *H*⁴   11. 12 unleserlich, etwa:

zu peinigen zu plagen

dies dann wahrscheinlich als ungültig betrachtet, und hierauf 2 Zeilen eingesetzt, von denen allenfalls zu entziffern:

Und daß ich nach dem
— — — — *H*⁵

13. 14 fast unleserlich *H*⁵, scheinbar = *H*¹   14 Donnerschlag. *H*⁴   15. 16 nachgetragen *g*¹ *H*¹

Vierter Auftritt.
Der Graf. Der Ritter.

Scenar: der **Gr.** der Ritter 1. 2 Grab Entspricht Cophta I, 3 und III, 5 (jene die Lehren des ersten, diese des zweiten Grades darlegend). Auf Lehren des zweiten Grades nimmt das zweite Cophtische Lied Bezug, das in *H*⁴ erhalten:

Der Graf.

6.
    Ja gehorche meinen Winken   [Cophta, S 182,7]
    Nütze deine jungen Tage
    Lerne zeitig klüger seyn
    An des Glückes grofser Wage
5   Steht die Zunge niemals ein
    Du muß[t] steigen oder sinken
    Du muß[t] herschen und gewinnen
    Oder dienen und verlieren
    Leiden oder thriumphiren
10 Ambos oder Hammer seyn.

Für die Angabe des Scenars Ritter Arie fehlt die Ausführung.

---

1 Ja über O   4 An *g*¹ über Auf   vor 6 Du muſt herſch
6 Du — ſinken aus Wer nicht ſteiget der muß ſinken   muß vor ſinken nicht ausgeſtrichen.   vor 7 noch Du mu

Fünfter Auftritt.
Der Graf.

Scenar: der Graf. Laſſet Gelehrte Arie. Graf Dies erste Cophtische Lied (vgl. Bd. 1, S 130) erhalten in *H*⁴:

7.
    Laſſet Gelehrte ſich zanken und ſtreiten
    Streng und bedencklich die Lehrer nur ſeyn
    Alle die weiſeſten aller der Zeiten
    Lächlen und winken und ſtimmen mit ein
5   Und auf den Höhen der Indiſchen Lüffte
    Wie in den Tiefen Egyptiſcher Grüffte
    Hab ich die Heiligen Worte gehört.

---

6 Wie aus Und

> Merlin der alte im leuchtenden Grabe
> Wo ich als Jüngling gesprochen ihn habe
> Hat mich mit ähnlicher antwort belehrt. 10
> Töhrig! auf Beßrung der Thoren zu harren!
> Kinder der Klugheit o habet die Narren
> Eben zum [Narren] auch wie sich's gehört

Zweiter Aufzug.

Erster Auftritt.
Wohnung der Courville.
Courville.

Scenar: Romance Nicht ausgeführt. Inhalt vermuthlich monologische Darlegung der geplanten Unterschlagung, wie jetzt dialogisch Cophta, S 144, 7—147, 15.

Zweiter Auftritt.
Courville. Der Ritter.

Scenar: darnach der Ritter. Inhalt aus Cophta II, 4 (S 152, 11—155, 4) zu ermitteln: Gespräch über den Grafen; heute Erscheinung des Gross-Cophta zu erwarten. Hierher gehört kleines Fragment aus H^4:

Der Ritter.

8.   Die Wunderwerke sind nur gar bequem
       Um sich und andre zu betrügen

Dazu Cophta S 154, 12 ff., vgl. auch 147, 28—148, 1.

Dritter Auftritt.
Courville. Die Nichte.

Scenar: darnach die Niece Ariette. Entspricht II, 6 des Cophta. Dem Monolog der Marquise, der diese Scene beginnt (Cophta, S 164, 10—24) steht Nr. 9 der Fragmente zur Seite; anzunehmen, dass die Courville aus dem Gespräche mit dem Ritter erkannt hatte, wozu des Grafen Experiment zu gebrauchen. Dass ihr Plan mit der Nichte wie im Cophta II, 6 feststeht, ergeben die folgenden Stellen zu dieser Scene, Nrn. 10 und 11.

9. Aus *H*⁴.
     Courville.

    Ich biene mir selber [Cophta, S 164,10—24]
    Ich helfe dir Spielen [?]
    Und traue dir nicht.

Es folgt das Bekenntniss der Verführung.

10. Aus *H*¹; V 3—10 auch in *H*⁴.

[*H*¹, S 13]   Nichte.
  Im Beichtstuhl hat es mir der Pater oft gesagt
  Mit einem Kuß sey auch die Unschuld hin.

    Ich werde, ich Arme [Cophta, S. 165, 4—5]
    Mit Schanden bestehn,
5   Ich werd ach ich werde
    Die Geister nicht sehn.

    O schrecklich! O Schande
    Ohnmögliche Pflicht
    O wenn ihr mich liebet
10   So fordert es nicht. [*H*¹, S 14—16 frei]

Die Marquise besteht nachdrücklich auf ihrem Verlangen. Darauf folgt Nr. 11.

Von V 3—10 in *H*⁴ mehrere Entwürfe; zuerst:
    O weh mir ich werde
    Die Geister nicht sehn
Dann:
    Ich werde mit Schanden
    Mit schanden bestehn
    Ich werde ich werde
    Die Geister nicht sehn
Hierauf Fassung unseres Textes, auch durchstrichen.
7 O schrecklich o *H*⁴ 9 O wenn ihr mich liebet über Geliebteste Tante *H*⁴ 10 So] so aus O *H*⁴ nicht *H*⁴

11. Aus *H*².   Nichte.
    Ja ich gehorche
    Zitternd gehorch ich
    Stille! — Was hör ich.
    Nein! — Es war nichts.

Ist das die große Welt
Heute zum ersten mal
Tret ich hinein
Und es begegnen mir
Sorgen und Pein.

9 Fraglich ob Sorge

Vierter Auftritt.
Courville. Die Nichte. Der Ritter.

Scenar: die Niece der Ritter. Dass die Courville noch zugegen, ergibt Zusatz: Terzett. Inhalt: Beziehungen zwischen dem Ritter und der Nichte werden angeknüpft, wie in II, 4 des Cophta. Keine Fragmente.

Verwandlung: Zimmer des Abbés.

Fünfter Auftritt.
Der Abbé.

Scenar: Abbe mit den Bildern   Arioso Rezit. Vgl. III, 1 des Cophta. Hierzu Fragment:

12. [H^1, S 17]   Zimmer des Abbé.

In der Mitte ein Camin zu beyden Seiten das Portrait des Fürsten und der Prinzessinn ganze Figuren in Lebensgröße.

Der Abbé |: gegen das Bild der Prinzessin gekehrt :|
Wenn ich mit heisen Trähnen
Wenn ich mit tausend Schmerzen
Den Fehler büßen kann,
So sieh! o, sieh mein Sehnen,
So hör aus meinem Herzen
Die tiefen Seufzer an.   [H^1, S 18—20 frei]

Vorbemerkung, 1. Zeile: Vorher Abbé   3 Den F[ehler] aus Die S[ünde?]

Sechster Auftritt.
Der Abbé. Die Juweliere.

Scenar: Abbe Juweliere   Keine Fragmente.

Siebenter Auftritt.

Der Abbé. Courville. Die Nichte.

Scenar: Abbe Courville. die Nichte Arie. Abweichend vom Cophta, wo III, 3 der Schmuck durch Jäck der Marquise zugesandt wird. Fragmente erhalten.

13. Aus *H⁴*.

Courville.

Ihr seht es ist in meinen Händen
Die Handschrift der Prinzessin!
Ihr seyd nun völlig überzeugt
Die Fürstin will das Halsband haben

Hierdurch vollends beruhigt, antwortet der Abbé:

14. Aus *H¹*.

Abbé.

[*H¹*, S 21] Bring ihr Freundinn die Juwelen, [Scenar: Arie]
Sage! Sag ihr wie ich liebe.
Und verlangt sie stärckre Proben,
Dieses Leben wag ich dran.

5   Ich entsage meinem Stande
Und in weit entferntem Lande
Auf dem sturmbewegten Meere,
Greif ich Schiffe greif ich Heere,
Greif ich Türck und Heiden an.

10   Geh! o geh!
Geh und sag ihr wie ich liebe
Geh und bring ihr die Juwelen
Und verlangt sie stärckre Proben
Biet ihr Leib und Leben an.

15   Sie wird mich beglücken!
Welch himmlisch Entzücken
Schon seh ich im Geiste
Den Garten, die Wege
Die nächtliche Laube den   Ort
20   Es faßt mich die Freude
Sie reißt mich mit fort.   [*H¹*, S 22—24 frei]

Verwandlung:
Vorsaal und Eingang in die ägyptische Loge.

Achter Auftritt.

Der Graf. Sechs Kinder. Männer.
Später: Der Abbé. Der Ritter.

Scenar: Egyptische Loge Geister sehen. *Finale* Ausgeführt in Fragment Nr. 15, das als III, 8 in den Cophta aufgenommen.

15. Aus H^1 und H^4.

[H^1, S 25] Der Graf begleitet von sechs Kindern
mit fliegenden blonden Haaren und Kränzen auf dem Haupte
mit langen, weißen Kleidern und Rauchfäßern.

Ich eröffne diesen Tempel
Diese Hallen, diese Grüfte!
Weihrauch reinige die Lüfte
Die um diese Säulen wehn.
Holde Kinder! Zarte Sprossen   5
Bleibet in dem Vorhof stehn
Hier! hie! hier! hie!
B[leibet in dem Vorhof stehn].

|: er rangirt sie zu beyden Seiten des Theaters, dann singt
er für sich :|

Und gewöhnet euch die Poßen
Mit Verehrung anzusehn. [H^1, S 26 frei] 10

Vor 1 sechs Kindern aus sechs, weis Kindern H^1 V 1—13 in H^4 flüchtig geschrieben, mit Blei durchstrichen. 2 Diese Hallen unter Diese Grüfte H^4 Grüfte!] Grüfte H^4 4 wehn.] wehn! H^4 5 Kinder. H^4 Zarte] Schöne H^4 6 Vorhof. H^4 stehn fehlt H^4 7 Hier! hie! hier! hie! nachträglich eingefügt H^1 7. 8 fehlt H^4 vor 9 |: er rangirt — für sich :|] |: für sich H^4 9 die vor Poßen fehlt H^4

Der Groß-Cophta. Paralipomena.

[*H*¹, S 27]
        Das Paar
   mit mäſiger Stimme

Klein und ärmlich wie die Zwerge
Trüb umhüllt von Dunſt und Wahn
Stehn wir vor dem heilgen Berge
Geiſter! Dürfen wir hinan.

     Inwendig
     |: leiſe :|

15 Bringet Ernſt zur ernſten Sache
Kommt zum Licht aus Dunſt und Wahn.

     |: leiſer :|

Daß der Cophta nicht erwache
Leiſe Leiſe tretet an.

|: Dieſes wird ſo oft wiederhohlt als man Männer Paare zum Chor hat, endlich treten auf der Abbé und der Ritter und gehen mit gleichen Cerimonien und gleichem Geſang hinein :|

                [*H*¹, S 28—30 frei]

11—18 in *H*⁴ 15—18 vor 11—14; erſt *g*¹, dann 11 bis 14 und 15 zur Hälfte übergeſchrieben *g* vor 11 Das Paar— Stimme fehlt *H*⁴   12 D[unſt] aus R[auch] *H*¹   14 Geiſter *H*⁴ heran *H*⁴ vor 15 Die vor Inwendig *H*¹   16 unlesbar bis auf Wahn *H*⁴ Laſſet über Kommt *H*¹   nach 16 |: leiſer :| fehlt *H*⁴ 17 Koptha *H*⁴

     Neunter Auftritt.
  Die Vorigen. Courville. Die Nichte.

   Scenar: Geiſter ſehen. Ausführliches Fragment Nr. 16 erhalten; entſpricht der Darſtellung im Cophta III, 9 von S 200, 9 — 203, 25. Der erſte Theil von Cophta III, 9 (der Graf gibt ſich ſelbſt als Groſs-Cophta zu erkennen) hier noch nicht geſtaltet.

16. Aus *H*¹.

[*H*¹, S 31]
        Die Nichte.
  In einem Zimmer   [V 1—10 = Cophta,
  Herrlich gezieret   S 200, 17—24]
  Prächtig meubliret
  Seh ich ich ſehe —

Graf.
Was siehst du da?

Alle
Rede verheele nichts!

Nichte.
Hell! Helle Kerzen!
Und eine Dame
Sitzet im Schimmer
Schreibet und liest.

Graf.
Was siehst du weiter?

Nichte
Zwar will sie lesen
Zwar will sie schreiben
[*H*¹, S 32]   Doch will ihr keines
Von Statten gehn.

Courville
Scheint sie bedencklich

Nichte
Gar sehr bedencklich
Fast mögt ich sagen
Der Engel scheint mir
Traurig zu seyn.

Ritter.
Wie ist ihr Anzug

Nichte
Von blauer Seide   [Cophta, S 201, 5—7]
Mit Silber=Muschen
Oder mit Sternen
Ist es besät.

---

9 Schimmer über Zimmer

                    Abbé
            Und ihr Gesichte?

[H¹, S 33]   Nichte
            Ist mir unkenntlich   [Cophta, S 200, 28—30]
            Schwebt wie gedoppelt
            Als wie im Wasser
30   Ein zitternd Bild

                Courville, Graf, Ritter
                    Abbé zu vier.
            O weh was soll ich sagen?
            Mir schaudert ach mir schaudert!
            Ich fürchte mehr zu hören
            Doch sprich o sprich nur fort!

                    Nichte.
35   Welche Gestalten!   [Cophta, S 201, 12—13]
            Himmel! Zwey Geister   [Cophta, S 201, 15—16]
            Einer zur rechten
            Einer zur lincken
            Stehen bey ihr.

[H¹, S 34]   Graf.
40   Ich erkenne meine Geister
                |: zum Abbé :|
            Und sie wachen und sie wircken   [Cophta,
            Vielgeliebter Freund für dich.   S 201, 19—20]

                    Nichte.
            Einer der hindert   [Cophta, S 201, 24—26]
            Jetzt sie zu lesen
45   Einer der hindert
            Jetzt sie zu schreiben
            O wie die Gute
            Zweifelt und schwanckt.

---

37 und 38 Einer aus Eine   42 für über durch

Abbé
Sage sage mir was thut sie? 50
Ach ich bin in schweren Aengsten
So begleitet sie zu sehn.

Nichte.
Sie steht! Sie steht! [Cophta, S 201,26]
Und nach dem Spiegel [Cophta, S 202,13]
Seh ich sie gehn.

[H¹, S 35]
Graf
Und in dem Spiegel? 55

Nichte
Ahi! [Cophta, S 202,13]

Courville
Was schreist du?

Nichte
Ahi! [Cophta, S 202,17]

Ritter
So rede!

Nichte
Ahi!

Abbé
Geschwinde.

Nichte
Steht der Abbé! [Cophta, S 202,19]

Abbé
Wie glücklich! ach wie glücklich [Cophta, 60
|: zum Grafen. S 202,20—21]
Was muß ich dir verdanken!
|: zur Nichte.
O sag was thut die Schöne?
Was zeigt ihr Wesen an?

Die scenarischen Bemerkungen nach 60 und 61 zwischen die Verse nachgetragen.

[H¹, S 36]   Nichte
Ach! — Erschrocken!
Ach! — Betroffen!
Tritt sie zurück.

        Zu vier wie oben.
Hier ist, hier ist der Knoten.
Er liegt zu fest geschlungen
Ich fürcht' er wird ich fürchte
Nicht wohl zu lösen seyn.

        Nichte.
Ja sie schauet in den Spiegel   [Cophta,
Mit den holden Zauberblicken.   S 202, 23—24]
Aber ach! im hellen Spiegel
Sieht sie nur ihr eigen Bild.

Ja ich erkenn es   [Cophta, S 202, 27—28]
Sie ist sie ist es.

        Zu vier
Wer?
        Nichte
Darf ichs sagen?

[H¹, S 37]   zu vier
Sprich!
        Nichte
— die Prinzessin!

        zu vier
Die Prinzessin!

        Nichte.
Ja ich erkenne
Das herrliche Wesen! —
Und mit trüber süßer Mine   [Cophta,
Stehet denckend am Camine   S 202, 28—203, 2]
Still gelehnt das Götterbild.

---

68 E in Er aus D gebessert.

    Und im Camine   85
Was muß ich sehen!
Ein glühend Herze
Schwebt in der Flamme
Es zischt und sprudelt
Und zehrt sich auf.   90

[*H¹*, S 38]   Abbé |: für sich :|
Ach dieß Herz! Es ist das meine
Glühend roht von eignem Feuer

     Graf
O an dem gebratnen Herzen
Gleich erkennet sich der Thor

     Ritter
Nein ich kann es nicht begreifen.   95
Ist es Wahrheit ist es Lüge.

     Courv.
Ganz fürtrefflich lügt die Kleine [Cophta,
Ihre Lection uns vor.   S 201, 1—2]

   Zu vier wie oben.
Was soll was soll ich sagen
Mich schaudert ach mich schaudert   100
Ich fürchte mehr zu hören.
Doch sprich o sprich nur fort.

[*H¹*, S 39]   Nichte.
Sie eilt, sie schaudert [Cophta, S 203, 6—8]
Nach der Terasse
Um Luft zu schöpfen   105
Scheint sie zu gehn. —

     zu Vier
Siehst du nichts weiter?

     Nichte.
Die beyden Geister [Cophta, S 203, 11—12]
Eröffnen eilend
Die beyden Flügel   110
Der Gläserthüre —
Nun laßt mich los.

     Courville
   Siehst du ihr draussen   [Vgl. Cophta,
   Niemand begegnen.   S 203, 13—15]

     Nichte
115 Wehe mir schaudert   [Cophta, S 203, 16]
   Wehe mir schwindelt
   Ich fall in Ohnmacht
   Und trübe Wolken
   Ziehn sich um mich.   [*H*¹, S 40 frei]

    Dritter Aufzug.
     Erster Auftritt.
 Scenar: Graf und Ritter Entdecken 3 Grab. Vgl. Cophta III, 6. Vermuthlich sollte, wie im ersten Scenar angegeben, vor dem Auftreten des Ritters ein Monolog des Grafen eingefügt werden. Ein solcher in Nr. 17 erhalten.

17. Erhalten in *H*⁷ und ausserdem V 1—3 in *H*²

     Der Graf.
   Hohe Nacht die ich verehre
    Höre höre
   Deinen edlen treuen Sohn.
   Ganz vergebens prahl[t] die Sonne
5 Auf dem hohen Mittags Trohn.
   Licht bringt in der Menschen Auge
   Nicht in das Gehirn hinein.

---

3 edlen üdZ, mit dunklerer Tinte *H*⁷ 4. 5 Ganz vergebens — Mittags mit der dunkleren Tinte in die ursprünglich frei gelassenen Zeilen eingetragen, wo nur das Reimwort Trohn stand; darauf folgt:

  Ganz vergebens prahlt [aus strahlt] die Sonne
  Tages lang am Himmel zu stehn
6 mit dunklerer Tinte in freigelassenem Raum, darauf folgt:
  in dem Kopfe du regierst.
Darauf 7 mit dunklerer Tinte.

Halte ben Verstand in Ruh
Daß der Kluge mit dem Dummen
Immer spiele blinde Kuh. 10

Vor 8 Zeile offen gelassen; halber Buchstabe mit dunklerer Tinte Ansatz zur Ausfüllung. 9 Daß der mit dunklerer Tinte über Und die Dann zu lesen die Klugen, was bei der flüchtigen Handschrift nicht zu unterscheiden. 10 Immer spiele mit der dunkleren Tinte unter Spielen immer

Zweiter Auftritt.
Courville.

Scenar: *Courville* schreibt den Brief Vgl. den Brief Cophta III, 3. S 174, 8—13, wo freilich auch auf die hier bereits erfolgte Geisterscene hingewiesen wird. — Keine Fragmente erhalten.

Dritter Auftritt.
Courville. Der Ritter.

Scenar: *Courville* der Ritter Inhalt fraglich.

Vierter Auftritt.
Der Ritter.

Scenar: Der Ritter all[ein]. Arie. Inhalt fraglich, vielleicht wie im vorigen Auftritt: des Ritters Liebe zur Nichte.

Fünfter Auftritt.
Der Ritter. Die Nichte.

Scenar: Der Ritter die Niece Arie der Niece Inhalt wahrscheinlich wie Cophta IV, 6.

Sechster Auftritt.
Der Ritter.

Scenar: Der Ritter. Nachsatz Inhalt: Reflexionen über die bittere Enttäuschung; wahrscheinlich ferner: Entschluss, das Verbrechen anzuzeigen.

Die folgenden Angaben des Scenars (s. o.) lassen keine genauere Deutung zu; doch vgl. Brief an Kayser vom 14. August 1787 (Briefe, Bd. 8, S. 246). Von Fragmenten kommen nur noch in Betracht Nr. 18 und 19, die dem

letzten Auftritt,

dem Abschied des Ritters von der Nichte, angehören werden.

18. Aus H^1, H^4, H^5. Vgl. Cophta S 249, 17—20.

[H^1, S 41]   Der Ritter.

  Jetzt da ich Abschied nehme
  Empfind ich erst das schmerzliche
  Und fühlst du nicht das herzliche
  Von diesem letzten Blick.
5 Zwar mag uns die Entfernung
  Die treusten Freunde rauben
  Doch jetzt schon — soll ichs glauben!
  O trauriges Geschick. [H^1, S 42—44 frei]

2 schmerzliche! H^4 3 Und du fühlst nicht H^4 4 Letzten H^4 5 mag] kann H^4H^5 über kann H^1 6 Die treusten Freunde] Ein treues Herze H^5 Die] Ei die H^4 rauben. H^4 7 Doch iezo schon! — Soll H^4 8 Geschick! H^4

19. Aus H^4 und H^5.

Die Angabe Duett. am Schluss des Scenars wohl hierauf bezüglich; wir setzen die Fassung von H^4 und H^5 neben einander.

H^4. Die Nichte.	H^5. Der Ritter.
War ich der Zeit	Wart ihr der Zeit
War ich der Tage	Wart ihr der Tage
Nur mir der lieblichen	Aller der lieblichen
Tage bewußt.	Tage bewußt

Zweifelhaft bleibt die Einordnung folgender Schnitzel:

20. Aus H^2, flüchtig geschrieben, fast unlesbar:

  Ja gewiß du bist der erste
  · · · · · · · · · ·

21. Aus H^4:

    Das Gold dem Menschen weg zu ... [unleserlich]
    Der es nicht fest zu halten weiß

22. Aus H^4:

    Der wahre Stein der Weisen
    ist den grosen sich gefällig zu machen

23. Aus H^7, fast unlesbar, etwa:

    Kein Mann der Ehrlich ist brav und ...
    Und kein gescheiter geht hinein

Der Bürgergeneral.

Handschrift.

H: Vollständige Handschrift von der Hand Vogels. 60 Blatt in 4⁰. Wasserzeichen *C & J HONJG* und Wappen. Lesarten, die nur auf orthographisches Schwanken des Schreibers zurückzuführen sind, wie ließe für ließe; Hauße für Hause; Schulten für Schulden; Purſche für Burſche; Batter für Vater; ſeit einen; in unſern Dorfe; mit geriebenen Brob; mit jeden Augenblick; von einen armen Teufel werden nicht vermerkt; desgleichen alle anderen Schreibversehen nicht, wie z. B. 256, 4 Märter ausnahmsweise für Märten. Von Belang sind die Lesarten von *H* 253, 1 und 254, 3. 4, wodurch alle bisherigen Drucke zu berichtigen waren.

Drucke.

E: Der Bürgergeneral. Ein Luſtſpiel in einem Aufzuge. Zweyte Fortſetzung der beyden Billets. Berlin. Bei Johann Friedrich Unger. 1793. Kl. 8⁰. 138 S. (Titelblatt nicht in die Paginirung eingerechnet. Auf S 1 Titel Der Bürgergeneral, ein Luſtſpiel in einem Aufzuge. wiederholt.)

A: Der Bürgergeneral. Ein Luſtſpiel in einem Aufzuge. Zweyte Fortſetzung der beyden Billets. in Goethe's Werke. Neunter Band (vgl. S 318). S 257—316.

B: Der Bürgergeneral. Ein Luſtſpiel in einem Aufzuge. Zweyte Fortſetzung der beyden Billets. in Goethe's Werke. Zehnter Band (vgl. S 318). S 257—316.

*B*¹: Der Bürgergeneral. Ein Luſtſpiel in einem Aufzuge. Zweyte Fortſetzung der beyden Billets. in Goethe's Werke. Zehnter Band (vgl. S 319). S 287—350.

C^1: Der Bürgergeneral. Ein Lustspiel in einem Aufzuge. Zweyte Fortsetzung der beiden Billets. in Goethe's Werke. Vierzehnter Band (vgl. S 319). S 251—307.

C: Der Bürgergeneral. Ein Lustspiel in einem Aufzuge. Zweyte Fortsetzung der beiden Billets. in Goethe's Werke. Vierzehnter Band (vgl. S 319). S 255—314.

Lesarten.

253,1 Scenarische Angaben vor dem ersten Auftritt: Der fehlt H ist vor] vor H ist in $E—C$

Erster Auftritt.

253,5 spricht] und spricht B 254,3 Röse. Leb wohl, Görge! H fehlt $E—C$ 4 Görge (geht, H Röse (geht, $E—C$ stehen,] stehn H 5 kehrt] kehret H zurück:) E 11 Wart] Warte H 17 gesagt!] gesagt? H 19 sich fehlt H wir es] wirs H 25 gibt's?] giebt's? EA Stets so bei den entsprechenden Formen.   29 (ihm] (ihn B 255,2 (küssend.)] (sie küssen sich) H

Zweiter Auftritt.

255,20 eifersüchtig H Sie] sie H 256,6 ist sie] ist $E—C$ 13 Das] Daß $E—C^1$ 16 Sie es] Sies H 25.26 verheurathen. H 27 andrer $HEABB^1$ 257,19.20 Lotto=geld H 21 gescheute HE gescheide ABC 23 gerne. H 27 seelgen H 258,7 heurathe H

Dritter Auftritt.

259,9 nur,] nur; BC^1C 11.12 über den HE

Vierter Auftritt.

260,2 (Märtens] Martins H 3 mit] und H 3.4 Gegen über — Leiter. fehlt H 7 mein Vater. H 10 schwazt H schwazt B^1 12 (auf den] (aufs H 15 das] den H 16 in den] ins H 20 vergißt. $HEAB^1$ vergißt. B 27 doch!] so! H

Fünfter Auftritt.

262,18 stünde! H 21 und 22 Pursche! H 22 Thür) H

Sechster Auftritt.

264,2 Stirne *H*   12 Geschwinde! *H*   18 Schon das ist] Es ist das *H*   265,23 lauscht] belauscht uns *H*   266,1 Gescheute *H* Gescheide *ABC*   Ländern] Landen *H*   25 einen] einem *E* (Druckfehler)   27 So sagte man mir. *H*   267,2 in der Stadt nicht auch *H*   3 gäbe. *HE*   23 eröffnet *H*   28 anderer *H*   268,1 für den Manne *H*   9 weitläuftig *H*   13 Cerimonien. *H*   14 Die möcht' ich] Laßt mich sie *H*   15 sehen. *HE*   17 Barbiersack *H*   23 nochmals] noch einmal *H* nochmal *E* 269, 7. 8 das Käppchen] die Mütze *H*   10. 11 Rock. — hervor.)] Überrock (Er zieht eine Art Überrock von der National Uniform hervor) *H*   18 meine] eine B^1 271,10 die völlige *H*   20 Schnurbart. *EA* stets so.   25 Ansehen. *H*   272,11 mir vor nur fehlt *H*   17 Was denn?] Was? *H*   19 hatt'] hätt' *H*   273,21 Geschwinde *H*   25 ja vor nicht. fehlt *H*

Siebenter Auftritt.

274, 9 Ist es] Ists *H*   11. 12 da sie weg ging, *H*   13 hab *H*   16 Beine *H*   18 alle den *H*   275,1 Vorbeygehn: *H*   25 gebenken] benken *H*

Achter Auftritt.

276, 5 schon wieder am *H*   8 lies't's] ließ *H* (Schreibfehler)   9 oben] droben *H*   22 alles so sauber *H*   277,4 Fürtrefflich. *H*   5 Hausthüre *H*   8 Vater Märtin, *H*   12 Hinterthüre *H*

Neunter Auftritt.

277, 21 braucht *H*   25 Probstück *H*   278,12 gescheuter *HE* gescheider *AB*   19 pflegt — *H*   279, 8. 9 neun hundert acht und neunzig *H* Kein Punct.   10 Leute *H* Leute. *EABB*^{1} 280,10 weiß Ihr *H* (Schreibfehler)   19 Herre, *H*   281,1 Wenn es *H*   mag es angehen. *H*   14. 15 verschlossene *H*   26 Weitläuftigkeiten! *EAB*^{1} 282, 3 Henker?] Teufel *H*   283, 3 wenn wir hier nur erst *H*   8 betriegt B^1C^1 niemanden *H* 20 Keineswegs. *H*   284,28 gescheut *H* gescheid *AB*   285,1 daß ihr gleich werden müßt, fehlt *H*   4 wollte *H*   9 Keineswegs *H* 286, 6 Das dritte Pu! fehlt *H*   17 Brüder! Bürger! *H*   27 Tropfen] Tropfe *HE*   28 Märten. Das läßt sich nicht läugnen. fehlt *H*   287, 18 Schlüppermilch! *H* Ebenso 24.   20 Die ist] Das ist C^1C 26 nehm *H*   289, 3 welche noch bey dem *H*

15 gestreuet. *H*   17 Kommt *H—C*   Vgl. 24, dort: kömmt *E—C*   24 kommt *H*   26 an das] ans *H*

Zehnter Auftritt.

290, 1 Zehenter Auftritt *H*   17 ist's] ist *H*   Der] Mein *H*   19 Hinterthüre auffand! *H*   20 euren *HB*[1]   21 der vor Freiheit fehlt *H*   291, 9 es bald] bald alles *H*   13 vor sich) *HEA*   18 Seht] Schaut *H*   292, 20 (auf Schnaps *H*   293, 1 besprat! *H*   2 mir] nur *H*   9 Capituliren? *H*   11 spaßte *H*   19 Willst du schweigen!] Ob du schweigst! *H*   23 (hinter zwey Stühle *H*

Eilfter Auftritt.

294, 7 Elfter *E*   22 Thüre *H*   295, 14 hier fehlt *H*   296, 6 aber ja sagen — *H*   16 hätte ihm Görge brav abgeprügelt. *H*   19 und vor verläugnet fehlt *H*

Zwölfter Auftritt.

297, 12 geschrien? *H*   19 hatt'] hat *H*   26 zurechte *H*   stehts *H*   298, 11 es vor selbst fehlt *H*   13 aufpaßt *H*   24 wäre] sey *H*   25 ist's] ist *H*   299, 7 Nun? fehlt *H*   9 (vor sich) *HEA*   300, 6 Freyheitsbaume *H*   301, 4 Criminalsache, *H*

Dreizehnter Auftritt.

301, 8 Dreyzehenter *H*   302, 18 vor] für *H*   23 es vor gar fehlt *H*   27 nur vor um fehlt *HE*   303, 1 saure] sauer *H*   zu rechte *H*   3 wegschmeißen, *H*   14 wäre] sey *H*   15 warb] wurde *H*   22 so übel fehlt *H*   23 wo gutmüthige] Wo sie gutmüthige *H*   24 ihnen fehlt *H*   zufielen,] für sich einnahmen, *H*   wo sie fehlt *H*   26. 27 ehrlicher Leute — Begegnung fehlt *H*   27 Dankt] Dant *H*

Vierzehnter Auftritt.

304, 6 Der vor Richter fehlt *H*   12 (Er setzt] (sezt *H*   15 geschleppt!] geschickt. *H*   305, 1 ohnmöglich *H*   9 Kriegsgefangner *E*   Kriegsgefangnen *AB*   wurden — *H*   22 Rock *H*   306, 5 drüber *H*   12 alles fehlt *H*   18 liebt Euch,] bleibt ruhig. *H*   23 Landesart *H*   28 wohl fehlt *H*   307, 3 gegönnt] vergönnt *B*[1]   7 ohnmöglich *H*   17 geschieht] geschickt, *H*   18 aufrührerische *B*[1]   27 hervor.)] vor) *H*   308, 1 Übels *H*   7. 8 vor meinen Abzuge *H*

Im Text zu berichtigen.

12, 1 ist statt spielt zu lesen sie spielt
12, 21 ist zu lesen Gescheibteste
20, 19 ist zu lesen Kasten
25, 1 ist zu lesen eins
36, 13 ist statt im zu lesen in
40, 19 ist zu lesen blumenreiche
43, 5 ist zu lesen Augenbraunen
45, 2 ist zu lesen goldenen
51, 11 ist zu lesen Kasten,
52, 14 ist zu lesen eröffnen
56, 28 ist statt um zu lesen ein
61, 12 ist zu lesen recht
70, 13 ist zu lesen sei dir ein
85, 1 ist statt den Leuten zu lesen Leuten
88, 10 ist statt Wie zu lesen Wo
92, 21 ist statt ein zu lesen die
97, 17 ist statt aber zu lesen so
101, 3 ist statt Gesichte zu lesen Angesichte
157, 15 ist statt behalten zu lesen gehalten

Im Apparat zu berichtigen.

339, 30 ist statt mit zu lesen: mit
350, 12 ist statt mit zu lesen: mit

Inhalt der Lesarten.

	Seite
Der Triumph der Empfindsamkeit	311
Die Vögel	354
Der Gross-Cophta	362
Der Bürgergeneral	395